编纂委员会名单

丁春燕	王　慰	王浙红	孔伟红	孙丽萍	孙利琴
朱建莉	朱燕敏	朱洁蓉	朱晓梅	吴旭丹	何彩红
汪陆群	陈碧霄	邵丽芳	杨淑娟	胡　英	高飞燕
钱利燕	倪丽利	章伟群	黄水涓	舒素娥	蒋春丹

杭州市萧山区幼儿园游戏改革的十年探索

杭州市萧山区教育发展研究中心　俞春云

游戏既是幼儿发展的一个方面，也是幼儿发展的源泉。在《3—6岁儿童学习与发展指南》和《幼儿园保育教育质量评估指南》精神的引领下，萧山区十年来积极地开展幼儿园游戏改革，期望把幼儿的学习从"集体教学为主"转向以"游戏为基本活动"，从而实现"认真教"向"自主学"的转变，最终提升幼儿园教育质量。回顾改革的历程，尤其是2018年以来，改革不断突进。以"放手游戏，观察儿童"为主线的游戏改革不仅仅是场地和材料的调整，更重要的是教师理念和行为的转变，而最艰难的是教师要打破固有思维与模式，对幼儿游戏保有好奇心，对游戏的观察与解读保有独立的思考性。

第一个阶段：让幼儿有地方玩，有材料玩，有时间玩

2018年。萧山区教育局以区域推进的方式进行游戏改革，提出"让幼儿有地方玩，有材料玩，有时间玩"。各幼儿园迅速行动起来，多方争取资金，首先对幼儿园的户外游戏场进行改建：草地、山坡、树林、水池、沟渠、台阶、道路、墙面被逐步开发和利用起来；其次，对游戏材料进行丰富和归整：添置材料、收纳材料，材料超市日渐成型；最后，对游戏时间进行制度保证：以模块化的方式对幼儿一日活动计划进行重新安排，保证了幼儿每天90—120分钟的自由游戏时间。短短一年，幼儿园游戏场地、材料、时间的改革顺利推进，区域游戏改革初见成效。

第二个阶段：在理念交织中"学习放手"

2019 年。游戏改革其实是一场新旧教育理念的较量与博弈，这种较量如果只是物质或形式的改变，那么可能是立竿见影的，就像让幼儿"有地方玩，有材料玩，有时间玩"的改革一样。而游戏改革重要的是转变教师的理念与固习，需要教师从关注"认真教"转向"自主学"，如游戏改革中提到"放手游戏"和"幼儿自主"等。改革的推进举步维艰。一方面，新旧理念带来的差距或冲突让教师手足无措。受传统教学模式的影响，绝大部分教师"教"的思想根深蒂固，即使是游戏，也摆脱不了"预设和高控"。与此同时，在"放手游戏"新理念的指引下，老师们也开始认识到游戏的重要性，两种理念共存，但还无法共融。另一方面，教师缺乏辩证的学习与思考能力，对新理念的理解容易产生偏差。比如：对于游戏开展过程中提出的"材料要丰富多样"，教师会理解为"越多越好"，一味投放材料，造成杂乱、无序、重复、堆砌，反而影响了幼儿游戏的开展；对于"用材料诱发游戏"，教师会理解为"无声的暗示"，精心设计好材料的玩法，游戏的步骤，将游戏变成了剧本；对于"要让幼儿参与游戏材料的选择与投放"，教师会理解为"让幼儿提出材料清单"，于是什么材料都不提供，造成幼儿游戏的低水平重复。反思原因，当然有地域的共性，也有教师的个性。

1. 地域共性：萧山区地处城郊接合部，大部分幼儿园分布在农村和乡镇，全区共有专任教师 5700 多名，教师数量居杭州市各区县第一，但在编教师仅 1600 多名，非编教师居多，教师队伍流动性大，专业水平整体偏低，再加上区域学前教研培训力量不足，在区域推进游戏改革的过程中，虽然游戏环境调整快，但游戏理念的转变还远远跟不上发展的需要。

2. 个体现状：区域绝大部分教师习惯于传统的教学模式，更多的关注点在自己教什么，怎么教，观察幼儿的意识淡薄。对于游戏中提出的新思想、新要求，也还是习惯从教的视角，思考"我做什么？"而忽略了幼儿游戏的需要。正因为教师的观察意识和能力较弱，也就很难看到幼儿在游戏中的学习与发展，因此他们不相信幼儿可以自己玩游戏，也不相信幼儿可以在游戏中获得发展，导致真正的放手游戏难以推进。

第三阶段：在游戏观察中理解幼儿

2020年。萧山区教研室提出游戏观察，即让教师能"看—看到—看懂"。首先，培养教师"看"的意识，留出时间看，愿意看，静下心来看。其次，教会教师"看到"的方法，什么时间看，看什么，怎么看，能看到什么。最后，提升教师"看懂"的能力，看到了什么？有什么特点？哪里不一样？不一样的背后是什么？

各幼儿园开始游戏观察的实践与研修。通过视频拍摄、案例解读，帮助教师掌握观察的方法，如三通道观察法（看到，听到，感受到），鱼骨图记录（以时间或事件为鱼身主轴，用每一条鱼骨记录幼儿的游戏行为、语言、细节、作品）。老师们开始尝试进行客观、详实的游戏观察与记录，细致的记录确实让我们的教师对幼儿有了不一样的认识与了解。

案例1：《螺旋桨转起来》

男孩从积木柜里拿了三块高度10厘米、直径10厘米的小号圆柱体积木和两块长度、形状一模一样的长方形木板。他将三块小号圆柱体积木整齐地叠在一起当作支点，将两块长木板交叉摆放当螺旋桨的叶片，开始旋转游戏。

◆第一次旋转尝试：男孩小心翼翼地转了一圈，发现支点开始移动，他继续转动，最上面的一块小号圆柱体掉了下来。

◆第二次旋转尝试：男孩将"螺旋桨叶片"拿下，重新搭了一个与刚才一样的构造，继续尝试旋转。这次他半蹲着身体随"螺旋桨"一起转，一边转一边关注下面的支点情况，转到一半时，发现下面的支点又开始移动。他马上停止转动，重新调试将支点移正。

◆第三次旋转尝试：这次他是双手交替着旋转，一转动，下面的2块支点积木又移开了，最上面的一块仍旧掉了下来，男孩马上捡回，重新放好支点。

◆第四次旋转尝试：他一手扶住长板，一手扶住下面的支点重新尝试旋转，但是桨一转动，下面的支点仍旧容易移开，特别是最上面的第一块积木，男孩停止旋转。

　　然而，即使能对幼儿的游戏行为做各种细节的描述与呈现，教师对幼儿的理解仍停留在行为的表面，对于游戏行为的背后，学习是如何发生的，经验是如何增长的，还是看不懂。为了帮助教师更好地理解幼儿，为解读找到科学的依据，我们学习了不同类型游戏的特点及发展价值，重读了《3—6 岁儿童学习与发展指南》，尝试在观察记录之后，可以进行对标分析。比如教师在幼儿建构游戏中发现幼儿对材料的观察与比较、对模式的学习、对数学中整体与局部关系的把握。对标解读确实让我们的老师看到了幼儿在游戏中的发展，这是一个很大的进步。但过于强调对标式的观察与分析，很快又使教师的游戏观察进入模式化。模式一：对标发展目标，忽视学习的发生。无论游戏中幼儿出现怎样的行为，教师都会进行多领域甚至全领域的发展目标分析，即对每一个领域的发展目标进行对照分析，忽略了幼儿当下真正学习的发生。模式二：预设解读框架，无视游戏的过程。无论幼儿在游戏中真实的想法与兴趣是什么，教师在游戏解读的过程中，过早地确立了游戏解读的思路与发展走向，窄化了教师的观察视角，不容易发现幼儿的"哇时刻"。模式三：追求完美解读，缺失案例的鲜活性。因为过于注重教师的主观分析与解读，游戏案例的选择趋向成功完美，分析解读趋向集中统一，看似客观精细的分析与解读的背后，难以看到鲜活的幼儿游戏。

　　为什么不能使用模式化的解读？

　　1. 幼儿在游戏中的学习与发展具有个体独特性。游戏中的幼儿是鲜活的个体，他们在游戏中的学习与发展本就没有固定的模式，教师的解读若是固化或刻板，容易造成对幼儿游戏的主观解读甚至曲解。

　　2. 教师对幼儿在游戏中的行为解读应具有灵动性。游戏案例的观察与解读是为了更好地了解幼儿，过于强化对标和分析的案例解读，则强化了教育功能而忽略了幼儿主体。当一个案例因分析的需要被强拆成一个个片段时，幼儿游戏的连续性、幼儿发展的整体性就会被破坏，案例解读的准确性和真实性就会减弱。教师对幼儿游戏行为的观察与解读，其实是教师内在儿童观、游戏观和发展观的外在表现。

第四阶段：在观察评估中不断破局

2022 年，《幼儿园保育教育质量评估指南》指出："要充分尊重和保护幼儿的好奇心和探究兴趣，相信每一个幼儿都是积极主动、有能力的学习者，最大限度地支持和满足幼儿通过直接感知，实际操作和亲身体验获取经验的需要。"游戏观察不仅可以帮助教师了解幼儿的个体特点，为因人施教找到方向，还可以帮助教师进行情景分析，为教学决策提供依据。真正的观察评价需要教师把视角转向幼儿，从关注自己的"教"转变为关注幼儿在生活和游戏中的表现，关注幼儿的主动学习。因此教师在对幼儿游戏观察的过程中，要始终保持自我的警醒，时刻洞察自己对幼儿游戏与发展的好奇心和敏感性，保留对游戏观察的自然解读和对专业的真实反思，发现一个"完整儿童"的兴趣需要、情绪情感、思维、想象和创造、优势领域以及个性特点。

1. 保有对自主游戏的好奇心。教师观察解读幼儿游戏的出发点是什么决定了教师解读的深度。如果仅仅只是为了完成任务，教师的解读往往是抽象和概念的，如角色游戏总是指向社会交往的发展，运动游戏总是指向动作技能的练习，建构游戏总是指向建构水平的提升。真正的游戏观察，是对于幼儿在游戏中会发生什么的好奇。如：幼儿在建构游戏中除了搭建还会玩什么？运动游戏中材料的选择和搭建有什么秘密？滚筒游戏真的只适合大班吗？小班幼儿只能玩平行游戏吗？为什么下雨天，幼儿玩得更开心？如果教师能对幼儿的游戏产生这样强烈的好奇心，并有耐心在幼儿的游戏中找到"好奇"的答案，那么，教师对幼儿游戏的观察可能会更客观、更深入，对幼儿在游戏中的行为有更多惊喜发现。

2. 保有对幼儿发展的敏感性。对幼儿游戏行为的敏感性，可以进一步引发教师对幼儿学习与发展的关注。比如，在跳水沟的游戏中，一群幼儿在水沟上跳跃，不停地从水沟的一边跳到另一边，这看似危险的游戏行为，立马引起了教师的关注，是什么吸引了幼儿在水沟上的跳跃？幼儿会以怎样的方法跳跃水沟？这样的游戏安全吗？带着对幼儿游戏与发展的期望，教师在一次次的跳跃中选择了观察与等待。最终欣喜地发现，每个幼儿面对挑战，都有自我判断和风险评估的能力，他们每一次在岸边来回移动，每一次确立起跳点和落地点，都是在做自我判断与评估，而正是这样的自我评估能力，使幼儿能够勇敢面对游戏的挑战。

3. 保有对专业反思的真实性。游戏案例的观察与撰写是教师专业成长的过程。这一方面体现在教师对幼儿游戏案例的选择上，怎样的游戏案例值得记录与分析，体现了教师对游戏价值的认知。有些老师眼里看到的满是成功的案例和优秀的孩子，而有的教师看到的更多是游戏的过程与独特的个体，无关成功与优秀，这两种老师对于游戏在幼儿发展中的价值的理解自然是不一样的。另一方面体现在教师对游戏反思的撰文中。很多老师一谈到反思，就觉得需要谈出高度，谈出新意，所以，总是在反思上求新求异，其实教师的专业成长是一个漫长又曲折的过程，是一个"不断自省自悟"的过程。教师的反思与成长首先是来自于情感的冲击与认知的冲突。如小班游戏案例《滚筒摩托车来了》，当看到小班幼儿也能利用滚筒和长板玩游戏，而且是 7 个孩子的合作游戏时，教师首先是兴奋与惊讶，因为这个游戏"重新刷新了我对小班幼儿不会合作的认知。对照《3—6 岁儿童学习与发展指南》中社会领域人际交往的子目标 2，我发现参与游戏的孩子的合作意识、分工能力、合作方式似乎已经完成第一个、第二个阶段的发展，正在实现第三个阶段的发展"。这就是教师看到游戏时的真实思考。

4. 保有对游戏解读的自然性。游戏解读与游戏之间，应该是如影随形、双向奔赴的。解读随着游戏的发展缓缓展开，游戏随着解读的深入拨云见日。在这个过程中，教师的解读是自然真实、富有情感的。围绕着游戏和发展这条主线，教师的解读有时需要穿越时空做经验的链接，有时需要深入内心做自我反思，有时需要展望未来谈发展支持；在这个过程中，无论教师解读的思绪如何穿梭，游戏一定还是幼儿自己的游戏，不转向，不脱轨，在教师真实客观的解读与反思中，游戏向着更高更远的方向前行。

　　在萧山区幼儿园近五年的幼儿园游教学实践中，我们逐步构建了"双慧"理论框架，揭示游戏作为学前教育核心内容在师幼共生系统中的运作逻辑。《慧玩·慧研：幼儿园游戏共生实践的26个现场》这本成果集，正是通过一个个生动的案例，展示了游戏场域中儿童主体性与教师专业性的辩证关系，也体现了萧山区幼儿园的教育范式正从"知识传递"向"经验共建"的结构性转变。

　　"慧玩"以具身认知理论为基础，强调儿童在开放性游戏情境中，通过具身操作实现经验符号化，在问题解决中完成图式建构，借助社会性互动形成初步的元认知能力。"慧研"则依托教师实践性知识理论，强调教师在儿童游戏过程中参与式的行动研究，实现教师专业认知的三维重构：在方法论层面形成游戏解读的诠释学框架，在实践论层面发展动态课程生成能力，在价值论层面确立儿童本位的教育伦理。本书中的26篇案例是从2000多篇参评游戏案例中精选出来的作品，从不同的视角向我们呈现了慧玩、慧研的基本样态，真正体现了"双慧共生"的理念：即儿童的游戏赋权与教师的专业自觉构成双向建构关系，游戏情境作为中介工具催化师幼共同体的意义协商。

　　回望五载耕耘路，心中唯有感恩。深深致敬始终支持我们的领导与专家，是你们在迷茫时的点拨、在瓶颈期的鼓励，让我们坚信"以游戏为基本活动"的方向。那些深夜的研讨、现场的指导、字斟句酌的建议，化为照亮前路的星光。由衷致敬萧山区50多所"玩中学"项目实践园，以开放的胸怀接纳变革，将教室与操场变为研究的实验室。孩子们的笑脸、教师的成长、园所文化的焕新，是本书最厚重的底色。特别致敬26位案例作者，你们在繁忙的教学中挤出时间，将零散的经验凝练为系统的叙事。每一篇文稿背后，是数不清的观察记录、推翻重来的勇气，以及对教育理想的赤诚。更要深深感谢杭州市基础教育研究室汪劲秋老师，杭州市拱墅区学前教育指导中心俞春晓老师，湖州市教育科学研究中心莫娇老师，浙江师范大学幼儿教育集团胡瑛老师，浙江师范大学儿童发展与教育学院王春燕教授、张莹教授、杨妍璐教授、刘宝根教授、朱蓓凌教授、杭州师范大学经亨颐教育学院朱晓斌教授，杭州师范大学张三花教授，华东师范大学张婕教授、柳倩教授，北京首都师范大学刘昊教授，上海教育报刊总社王坚老师，《学前教育》编辑部程洁老师，浙江省特级教师杨蓉老师、王芳老师，安吉游戏研究中心程学琴老师等专家。你们为每篇文章写下的点评，不仅是学术的指引，更是对一线教师的深情托举。那些精辟的批注、温暖的肯定、犀利的追问，让案例从"实践故事"升华为"共生教育的最佳注解"。

此书的付梓，恰似一颗种子的萌芽。愿它能带着所有支持者的温度，扎根于更多幼儿园的土壤，在"慧玩"与"慧研"的共生中，长出一片让童年自由呼吸的森林。

目 录

C O N T E N T S

建 构 区

大班建构区游戏案例

小车变形记

杭州市萧山区浦阳镇中心幼儿园　钱婷婷　李枚擎

题记：放手游戏，看见幼儿自主解决问题的能力。

一、案例背景

游戏时间：2021 年 12 月 7 日至 13 日

游戏地点：螺母游戏区

观察幼儿：小语、伊伊、橙橙、家欣

　　2020 年 9 月，我们在区域教研的推动下开始安吉模式的户外自主游戏试水。2021 年 9 月，为了满足全园幼儿同时开展户外自主游戏的需求，我们拓宽了游戏场地，新增了游戏材料，螺母材料就是其中之一。而根据园所户外自主游戏四周一轮换的安排，12 月，大一班的孩子们第一次接触到螺栓螺母组合材料。12 月 7 日，在第一天的游戏中，孩子们利用螺栓、螺母将不同形状的木板进行组合，探索搭建。他们发现简单的木板装上四个轮子后，就出现了可移动的，他们称这个可移动的结构为小车。

二、游戏实录

（一）我们给小车做一个凳子吧

小语和伊伊复刻了昨天的搭建，用一块长木板做车身，用螺栓、螺母把四个轮子分别安装在前后两侧，组装成了一辆简单的小车。完成后，两个人迫不及待地跨坐在小车上，两人同时双脚蹬地，驱使小车向前行进。

车子刚前进了不足 1 米，小语就喊道："停一下，停一下！"

停车后，小语没有言语，只是揉着自己的屁股走向材料柜，伊伊有些茫然但紧随其后。小语用视线扫描一遍材料柜后，快速拿起一块异形木板搁在了小车上，说道："这样屁股就不会痛了！"伊伊听见后也学着拿上一块异形板，垫好坐下（图1）。

两人一前一后，小语在前，双手扶在异形板的两侧，伊伊在后，双手搭在小语肩膀上。两人默契地喊着"1，2，3"，紧接着脚一蹬，车子没往前进却向一边侧翻了。两个女孩你看看我，我看看你，笑了起来。

图1　加了异形木板的小车

当两名幼儿发现无法坐在小车上时，非常自然地选择了增加一个面来解决坐凳的问题，这是幼儿基本的生活经验。但如何安装好这个凳面，却并不像她们想的那么简单。加了凳子的小车虽然会发生侧翻，但显然这让她们感觉非常有趣。

第二次尝试，两人的双手都扶在了木板两侧，双脚一蹬，车子缓缓地动起来了！但不满足于龟速前进的伊伊提议道："这样太慢了！我来拉你吧！"只见伊伊来到小车前面，双手抓住木板前端用力地拉，但车子没拉动几厘米，手却从木板上滑了下来，于是她建议道："我们给它装个拉拉的吧。"说着，两人便在车身的前侧加装了两个钩子，一个用来拉，一个用来扶（图2）。

图2　加装了钩子的小车

小车在伊伊的拉动下缓缓向前，小语双手紧紧地扶在钩子上。在小车稳稳地前进了几米后，两个女孩子脸上慢慢勾起了笑容。就在小语的手渐渐松了下来，伊伊也加快了速度时，小车突然侧翻了。

小语抱怨道："你太快了，我都坐不稳了！"

伊伊反驳说："是你自己坐不稳，车子要加速才好玩！"

小语不服："那你来坐坐看呀。"

两人交换位置尝试后，伊伊一样坐不稳。

刚刚的各执己见的争执让两个女孩都有点沉默，也不知是无法表达还是陷入了思考。

突然伊伊眼睛一亮，似乎是想到了什么，拉着小语说道："我有办法了！我给你扶住就好了！"

小语问："那谁来拉呀？"短暂停顿后，又说："我们给小车做一个凳子吧？这样就可以坐在上面了。"

两个女孩子在材料柜翻找之后，拿来了四块转接板，分别安装在长板两侧，组成了两张坐凳（图3）。

一直在旁关注进展的家欣第一个坐了上去，但凳子立刻向后倒下了。见状，小语掰正转接板后再次坐了上去，也出现了相同的问题。

随后，伊伊和小语加紧了转接板和车身连接处的螺母，但结果只是延缓了

图3　转接板坐凳

图4　用短木板加固

转接板后倾的时间，问题依旧悬而未决。接着，两人在几块转接板上加装短木板（图4），却因为螺栓凸起的手柄无法落坐，只能作罢。

　　游戏后，我倾听小语和伊伊分享着这次游戏的过程，并帮助她们回顾自己的游戏，继而引发她们的思考。正当我打算出示游戏中拍摄到的照片时，围观的伟伟突然出声："可以搭一个有个框框的车子，这样凳子就能装上去了。"

　　小语说："我们的凳子已经装上去了，就是不太稳。"

　　伟伟说："那你就搭一个长方形像个框框的车子，然后放一根木板，不会倒的。"

　　小语似乎还想说什么，但却保持了沉默。

案例分析

　　搭建一辆可以开动的小车一直是幼儿建构游戏的最大目标。小语和伊伊在游戏中完成小车的搭建，但为了有更好的游戏体验，决定加装一个凳子。从把一块积木搁在小车身上，到选用两个面的L型结构材料（转接板）固定在小车的两边，幼儿逐渐对于材料的固定有了一定的认知，并且还想到了用不同方向的木板加固坐凳，虽然没有成功，但幼儿对于如何组织才能让物体更好地固定有了自己的想法。在游戏分享过程中，对于坐凳的设计，伟伟在游戏过程中提出了与小语她们不一样的想法，就是把车身变宽，搭建一个四边形（像个框框）的车子，再横向加上木板，这就能够解决坐凳的问题，但好像与小语她们原先的车子有较大的不同，我不知道小语会不会采纳他的建议。

（二）这样就可以坐下了

12 月 9 日，我们第二次来到游戏场地。伊伊放弃了小车的搭建投入到新的游戏中，小语也迎来了新的合作伙伴——橙橙。

橙橙提议参考伟伟的建议来搭建小车，但小语并不接受，所以复原了自己的小车。接着在橙橙的辅助下，小语尝试了不同长度的螺栓，互换螺栓、螺母的位置，试图让它们不再凸起从而可以落座。但结果都失败了，这时小语显得有些沮丧，开始漫无目的地捣鼓着散落在边上的材料。

我试探着问道："小车的凳子问题解决了吗？"

小语拨弄着连接板，声音低低的："我的凳子还是会倒。"

我转向橙橙，想听听橙橙有什么想法。橙橙思考了一下，指着转接板的后侧说："我知道，因为后面没有东西挡住它，它就掉下去了。"橙橙有点迟疑地反问："那找个东西挡住？"小语突然来了精神，补充说："那我们去找个木板装上去吧！"但两人寻找了许久都没有找到适合的材料，橙橙再次建议按伟伟的方式更改车身。小语犹豫之后终于点头同意了。

小语在第一次听到伟伟的建议时，有过迟疑，或许她也觉得伟伟说得有道理，但还是想坚持自己的想法，所以在听到橙橙的第一次建议时，她并没有接受，而是积极地寻找材料想要解决自己的问题。在两次尝试失败，没有找到合适的材料后，她最终选择了同伴的建议。

小语和橙橙先用四块转接板、两块长木板和两块短木板，组成一个长方形的车身框架。接着在框架外侧的长木板上安装好四个轮子。最后用一块短木板作为凳子，利用两块转接板将它加装在了小车长木板的内侧中间。

家欣依旧是第一个上前尝试的，可如同昨天一样，凳子还是倒下了（图5）。小语赶紧上前紧了紧螺母，然后自己坐上去试了一下，发现坐凳没有倒下，几个女孩子开心极了。三人商量后，决定家欣和橙橙坐车，小语推车。可一落座才发现短木板只能容下一人落座。小语说："我们换一块长一点的木板，这样就可以坐下了！"家欣说："我们找一块超级长的！三个人都能坐下的那种！"将短木板更换成了长木板后（图6），几个小朋友开心地坐上了小车。

突然家欣喊道："我要掉下去了！快停下！凳子歪了！"仔细一

图5　后倾倒下的凳子

图6　更换长木板

看，原来是转接板和长木板一起向后倾倒，但由于长木板比车子宽，并没有完全向后倒下。小语说："这样也可以坐的呀！不会倒下去的！"家欣说："可是这样不舒服。"

在这次游戏中，我发现小语最终采用了伟伟的建议，很快，一个长方形的车身就搭好了。但在解决坐凳问题的时候，小语还是沿用了转接板的做法，并想通过转接板再加横板的方式形成三人的座位。在发现凳子向后倒的问题时，小语首先想到的是螺母的松紧问题，当发现木板因为长度足以架在小车身子上，所以并没有完全倒掉后，小语认为这种构造也可以作为凳子。

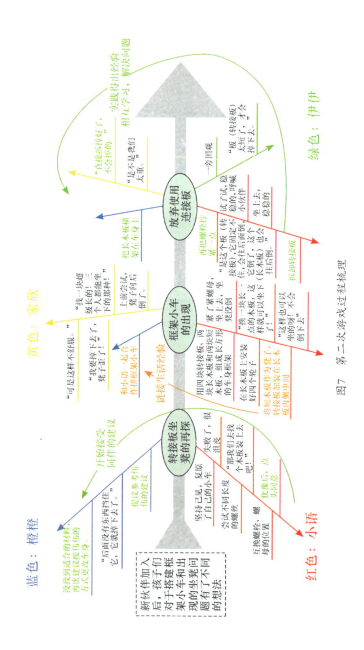

图 7 第二次游戏过程梳理

几个女孩子把小车推回了原地，继续改装。小语说："我再把螺母拧紧一点吧！"家欣问："是不是我们太重了？"围观了很久的伊伊插嘴说道："这个板（转接板）太短了，才会掉下去。"小语突然加大声音说："不对！是这个板（转接板），它固定不住，会往后面倒，它倒了，这个（长木板）也会往后面倒。"家欣说："直接拆掉就好了呀！它（长木板）不会掉的。"

三个女孩子对坐凳的后倒有不同的猜测，小语和伊伊聚焦在材料的使用上，小语觉得是螺母不够紧，无法固定住转接板，而导致整个长板也会往后掉；伊伊认为是转接板不合适，而家欣则认为是承重的问题。三个人都有自己的想法，我想正是这样的思维碰撞才能让幼儿摆脱自我中心，学习从多角度去解决问题。

小语听从家欣的建议，在拆卸转接板和车身连接处时，发现随着螺母的转动，转接板也一起转，她看到后停顿了四五秒，而后用手扶住转接板继续拆卸。小语卸完转接板后，其他两个女孩子把长木板横架在了车身上。小语试了试，发现稳稳的！马上呼喊几个伙伴一起坐下来。游戏后，我和幼儿进行交流时问："今天你们是怎么解决凳子问题的？"橙橙："我们直接把长木板放上去就好了！那个转接板不用了。"教师："转接板不用了？"小语："对呀，它肯定还会一直往后倒的。"教师："为什么？"小语："因为转接板上只有一个洞，没有其他地方穿螺栓了。"教师："再穿一个会怎么样？"小语："再穿一个它就不会转圈圈，不会往后倒了。"

这次小语的回答让我很惊讶，原来拆转接板时她的停顿是在观察和思考这个问题，也正是她自己动手拆卸的过程，才让她明白了，一个物体如果只有一个固定点，就很容易造成转圈，需要有两个固定点才行，这或许也是她最终放弃使用转接板的原因。

案例分析

在面对凳子凸起无法落座的问题时，小语从螺栓和螺母的角度思考，尝试不同长度螺栓及互换位置却都无法解决问题，继而采纳同伴的建议，尝试从改变车子主体结构的角度解决问题。小语从开始拒绝提议到多次尝试失败后的接受，说明小语能够反思自己的行为和策略，根据结果调整解决问题的方法，这是能从失败中获取经验的能力体现，也是问题解决能力不断提升的重要表现。而橙橙在游戏中能够积极地与小语合作，主动提出自己的想法，并在小语接受建议后一起迅速地按照新的方式搭建，展现了她良好的合作交流能力与积极接受新事物的能力。

接着在出现凳子向后倒的问题时，小语认为是螺母不够紧导致转接板固定不住凳子，伊伊觉得转接板太短，家欣则考虑是承重问题。然而，在拆卸转接板时小语通过观察转接板随着螺母一起转的现象，思考其原因，最终得出转接板只有一个固定点所以不稳定的结论，最终确定放弃转接板，直接用长木板横架解决了凳子向后倒的问题。这是她在这次游戏中最重要的学习成果，也是她思考能力和观察能力发展的重要体现。从整个游戏的进程中看，孩子们通过观察与尝试发现问题，多角度思考与讨论进行猜测，最后在实践中找到了关键点，实现了问题的突破，完整经历了"发现问题—讨论猜测—实践反思"整个流程；从孩子们个人的发展看，她们在共同游戏的过程中都实现了各自不同方面的学习与发展目标。（游戏过程梳理见图7）

三、教师反思

（一）自主游戏也是幼儿的自发性的学习

在游戏伊始，尽管我们给予了幼儿自主游戏的空间，然而内心却对她们自主学习和解决问题的能力持有怀疑态度。当小语和伊伊初次给小车加装凳子失败时，我已做好随时介入指导的准备。而随着游戏的推进，我目睹了她们在材料运用方面的持续探索，从单纯放置木板到运用转接板以及不同木板进行加固；在遇到问题时，她们积极尝试解决，针对凳子易倒的情况提出了不同的推测和方案，且多次失败后仍不放弃，这使我见识到她们在游戏中所展现出的学习动力和能力。到了游戏后期，她们不仅掌握了搭建稳定小车的相关知识与技能，还能够从不同角度思考问题，例如小语明白了固定物体需要两个点，思维能力得以发展；通过合作、交流和讨论，学会了倾听、表达与合作，社交能力也得到了提升。这种极具能动性的发展，令我大为惊喜，也让我从心底里完全认可了自主游戏中的自发性学习。

（二）教师在游戏中的有效介入是必不可少的

回顾整个游戏过程，我在游戏中大多以语言介入为主，大致起到了两种作用。其一为引发思考，例如我通过"然后呢？""后来？"等引导孩子们回忆、分享过程，接着询问他们的想法，以此激发幼儿的思维碰撞，促使她们深入思考问题，拓宽思维和解决途径；其二是促进交流，在后续改造小车的过程中，我通过询问幼儿如何解决凳子问题，引导她们表达想法，从而促进她们之间的交流与合作。在以往的游戏进程中幼儿如果遇到伙伴离开或遇到游戏瓶颈的情况，放弃的概率极大，但在这次游戏中，由于教师全程跟进并拍照记录，幼儿觉得自己在游戏中的表现得到了老师的关注，从而增强了自信心和自我认同感，她们也会因此而更加积极地投入游戏。

所以，教师要关注幼儿在游戏过程中的表现和进步，及时给予指导和反馈，就像在教学过程中关注她们的学习情况一样。这样才能确保幼儿在游戏中不仅仅是娱乐，而是真正实现了学习和发展的目标。

（三）螺栓游戏材料蕴含的儿童发展的价值

螺栓游戏材料是幼儿在自主游戏中实现学习的重要载体，它能激发幼儿的学习兴趣，提供实践操作的机会。幼儿天生具有好奇心和探索欲，有趣的螺栓游戏材料能够满足他们的这种心理需求，当他们对游戏材料感兴趣时，就会更积极主动地参与到游戏中，从而在操作过程中直观地感受、理解物体之间的关系，例如空间关系、因果关系等。

其次，螺栓游戏材料既能促进幼儿个体多方面的发展，也能适应不同幼儿的个性化发展需求。螺栓游戏材料有助于幼儿空间认知、因果关系理解、精细动作发展、问题解决能力和创造力以及社交能力的提升，而不同幼儿的发展程度和速度有所差异，这就意味着他们对相同的螺栓材料有着不同层次的游戏需求，作为教师，我们只有深入研究游戏材料，才能了解其蕴含的教育价值，从而更好地引导幼儿利用材料进行学习和发展，以满足他们的不同需求。

专家点评

在这个案例中，我们看到的是几个小女孩连续多天致力于搭建小车的游戏过程。跟很多人的性别刻板印象不同，几个小女孩对于汽车、建构活动表现出了极大的兴趣，她们没有轻易地满足于自己搭建出的作品，总是会提出更高的目标：车子要更快、更稳、更舒适、更好玩…… 一次次的不满意推动着她们孜孜不倦地探索，解决了一个又一个问题，体验到了成功的快乐。

几位小女孩表现出的浓厚兴趣不禁引发我们的思考：幼儿天生就对周围世界充满了兴趣，很多时候他们的兴趣看起来是偶发的、转瞬即逝的，但是有的时候他们的兴趣能够持续很久，并且会付诸行动，开启长时间的探索，促成深度的学习。究竟是什么原因导致了此种不同呢？从本案例中我们似乎能找到答案：首先，是孩子们对车子的观察所积累的丰富经验，让他们面对游戏材料时能够为自己树立明确的目标——"我要搭个能开的车"，并且在游戏过程中还会不断提出更高的目标。有了目标就有了方向，也就有了探索的动力。其次，适宜的游戏材料给了她们充足的机会去进行各种不同的尝试。螺母组合积木具有丰富的可变元素，能幻化出多样的结构，蕴含着无数可能。当这些潜在的可能性与孩子们头脑中所构想的目标相遇时，就能激发幼儿的行动，催生出鲜活有趣的现实作品。再次，教师为幼儿提供的支持也不可或缺，在本案例中好像不太能看到教师的影子，但其实教师发挥着重要的作用，比如在交流环节，通过提问启发解决问题的突破点，通过幼儿游戏视频的分享帮助她们回顾和总结经验、发现关键问题……为孩子们提供可以存放作品的空间以便进行持续的探索，可以说，幼儿在游戏的学习中，教师是不可或缺的角色。正是他们的细致观察、适时支持，推动着孩子们的兴趣从短暂变为持续、从表面走向深入。

幼儿的学习是形式和内容的统一。对于游戏中的学习，我们不仅要关注他们是否进行了探索和体验，还要深入分析游戏中的经验、知识、技能、成果。没有行动目标、缺乏经验支撑的探索在幼儿头脑中留不下印记，无法促成真正的学习。本案例的一个值得学习的地方就在于，教师们没有停留在"热热闹闹走过场"的表面，而是深入游戏背后，细致地分析幼儿在搭建小车过程中所遇到的问题，以及解决问题过程中通过观察和发现获得的经验，通过动手获得的技能。当然，对于大班幼儿来说，如果在本案例的基础上提出更有难度的目标、进行更具复杂性的活动，可能带来更有深度、更有成效的学习。教师们也看到了这一点，在反思中提出要在下一步帮助幼儿全面了解材料，拓宽游戏思维。这让我们对下一步更精彩的活动也充满了期待。

点评专家：北京首都师范大学　刘昊

*本案例获萧山区第一届幼儿园游戏案例评比一等奖

大班建构区游戏案例

螺旋桨转起来

杭州市萧山区级机关幼儿园　王陆芳　陈海燕

题记：像"科学家"一样探究的男孩。

一、案例背景

游戏时间：2020 年 5 月 22 日

游戏地点：建构区

观察幼儿：大三班白衣男孩

　　在安吉游戏精神的影响下，2019 年暑期我园对户外游戏场进行了全面改革，对 9 大游戏场的环境和材料做了较大的优化和调整。基于幼儿的需求，2020 年上学期开始，游戏时长从原来的两周一轮换延长至一月一轮换。今天是大三班孩子在积木区游戏的第三周，我看到一位白衣男孩独自一人在建构区游戏，他已经在地面上用一些三角形、半圆形、正方形、长方形积木搭了一个平面造型，男孩告诉我这是直升飞机，接着，他就要搭直升飞机的螺旋桨了。

二、游戏实录

（一）第一次搭建：三块小号圆柱体当支点

上午 10 点 10 分，只见男孩从积木柜里拿了三块高度 10 厘米、直径 10 厘米的小号圆柱体积木和两块长度、形状一模一样的长方形木板。将三块小号圆柱体积木整齐地叠在一起当作支点，将两块长木板交叉摆放当螺旋桨的叶片，开始旋转（图 1）。

第一次旋转尝试：男孩小心翼翼地转了一圈，发现支点开始移动，他继续转动，最上面的一块小号圆柱体掉了下来。

第二次旋转尝试：男孩将"螺旋桨叶片"拿下，重新搭了一个与刚才一样的构造，继续尝试旋转。这次他半蹲着身体随"螺旋桨"一起转，一边转一边关注下面的支点情况，转到一半时，发现下面的支点又开始移动。他马上停止转动，重新调试将支点移正。

第三次旋转尝试：这次他是双手交替着旋转，一转动，下面的 2 块支点积木又移开了，最上面的一块仍旧掉了下来，男孩马上捡回，重新放好支点。

第四次旋转尝试：他一手扶住长板，一手扶住下面的支点重

图1 白衣男孩搭建直升机

新尝试旋转，但是桨一转动，下面的支点仍旧容易移开，特别是最上面的第一块积木，男孩停止旋转。

🔵 案例分析

男孩搭了这样一个螺旋桨构造，并进行了四次比较明显的旋转尝试。从动作上看，男孩为了让螺旋桨叶片转动起来，不断地调整自己的身体姿势和手部旋转动作：从"直接转—半蹲着身体随螺旋桨一起转—双手交替着旋转"到"一手扶住长板，一手扶住下面的支点重新尝试旋转"。在这个过程中，他逐渐地关注"支点"在旋转中的作用。第一次旋转尝试时，作为支点的积木开始移动，男孩没有在意，继续旋转，直到积木掉落。第二次旋转时，他改变身体的姿势，一边转一边观察作为支点积木的变化，发现了旋转会导致支点积木的位置发生变化。第三次旋转时，改用双手交替旋转，但还是发现支点移动了。在第四次旋转时，他开始用手扶的动作来进一步感知叶片转动与支点的关系。从对这个男孩的搭建观察中，我认为他对于螺旋桨由四个叶片组成有清晰的认知，对于叶片的转动需要由一个支点来支撑也有丰富的认知。在这次转动中，因为叶片的转动导致两块支点积木位置发生位移是他遇到的新问题，他及时发现并通过四次旋转观察，非常认真且专注地探索着其中的原因。我没有在这一轮游戏后马上与男孩进行沟通，而是安静地等待他后续的游戏。

（二）第二次搭建：三块圆饼积木当支点

10点23分，男孩回到积木柜，看了一会儿，最后拿了三块高度约5厘米、直径约20厘米的圆饼积木出来，依旧按第一次搭建的方法，从下往上叠整齐当支点，仍旧用刚才的两块长板交叉摆放当螺旋桨的叶片，开始了旋转游戏。

第一次旋转尝试：男孩开始旋转，但一旋转，上面的那块螺旋桨叶片长板就掉了下来。男孩重新将它放好。继续旋转了一次，仍旧发生了同样的现象。

第二次旋转尝试：男孩用左手按住两块长板交叉的中心点，右手转动长板，但这样只能旋转到约四分之二圈就转不过去了。男孩马上站了起来，走动着跟随旋转，下面支点中的第一块圆饼积木开始往外移动，男孩一会儿扶长板，一会儿又要将往外移的支点积木扶正，他停了下来。

第三次旋转尝试：他又重新调整旋转姿势。这次他是单膝跪着，两手交替扶桨旋转。旋转了四分之三圈后因自己手臂长度的关系停住了，又往回旋转四分之三圈。他大概不满意这样的旋转范围，将手放开用力旋转，一旋转，最上面的一块长板又掉了下来。他索性将两块长板都拿掉，看了看支点积木，最上面的那块圆饼积木也已经往外移开了（图2）。

图2　男孩在不断尝试

🔵 案例分析

这一次他调整了支点处的积木，换了三块高度只有原先一半，但直径将近原先2倍的圆饼积木来搭。可以看出，男孩将之前螺旋桨总也转不起来的原因大致归结在支点处的材料上，因此他对支点处的材料进行了调整。支点积木调整后，他又进行了三次旋转尝试。第一次旋转时，发生两次一转动。螺旋桨叶片就掉下来的情况，他马上调整了动作；第二次旋转时，男孩用手指按住螺旋桨交叉点，螺旋桨转动了约四分之二圈；第三次旋转时，男孩两手交替扶桨，螺旋桨转动了四分之三圈。很明显，男孩通过自己的观察和动作调整，使螺旋桨可以进行短暂旋转了，但显然还没有达到他想要的那种可以整圈旋转的效果。我也发现，男孩在关注螺旋桨转动幅度的同时始终不忘查看支点部位的三块圆饼积木的情况，可见，他已经将螺旋桨的旋转和下面的支点材料建立了联系，他在一点一点地探究：螺旋桨旋转的时候支点发生了什么情况？怎样才能实现螺旋桨的灵活转动？怎样才能让支点在螺旋桨转动时不掉下来？我仍旧不予打扰，继续耐心观察。

（三）第三次搭建：一块小号圆柱体积木和一块圆饼积木当支点

10点38分，男孩再一次调整材料，这回只见他用了第一次搭建时用过的小号圆柱体积木一个，和第二次搭建时用过的圆饼积木一个，将圆饼积木放在下面，小号圆柱体放在上面，一上一下做为支点。这时他轻轻地说了一句："这回应该可以了！"他开始尝试，左手三个手指轻轻搭在两块长板积木的交叉点，右手助力了一下，左手手腕一用力，螺旋桨就很轻松地转了起来，旋转了好多圈。他又反方向转了好多圈，在转的过程中，他也一直在看下面的支点转动情况：小号圆柱体在比他面积大的圆饼积木上旋转着，但没有掉下来。他的表情开始变得轻松愉悦起来。

案例分析

整个过程约5分钟，非常顺畅。这一次，他选择了前两次分别用过的两种尺寸的积木来搭支点，呈现出"下大上小"的特点，螺旋桨就轻松地转起来了。从他搭建的动作、搭建中的自言自语"这回应该可以了"，可以看出，他在这

图3 螺旋桨终于转动起来了

次搭建前心中应该已经有了思路，或者说找到了问题原因（图 3 ）。他可能是
发现了同样大小的材料在做支点时存在的问题：第一种材料太高，与螺旋桨叶
片的接触面小，一移动就会掉到地上；第二种材料稳定，但与螺旋桨叶片的接
触面太大，使螺旋桨不能灵活转动。

　　当然，这只是我的猜测。我非常好奇，男孩自己到底是怎么思考这个问题
的？为什么一开始用三块小号圆柱体积木当支点？在第二次探索时，调整为用
三块圆饼积木当支点？第三次又调整为用一块小号圆柱体积木和一块圆饼积木
当支点？于是我与这位男孩进行了游戏后的交流。

　　我："为什么一开始螺旋桨下面要用三块小小的圆柱体搭？"
　　男孩："螺旋桨要转起来，下面要高一点的！三个小小的、圆圆的，是最高的。"

　　我："那为什么后来换成了大大的、圆饼样的积木搭？"

　　男孩："因为第一个太高了（第一次的三个小小的圆柱体），容易倒。这个比较矮。"

　　我："最后我看你又换成了一块小的、一块大的积木来搭，为什么呢？"

　　男孩："我转的时候，最上面那个（三块圆柱积木的最上面一块）就会动，动了就会倒。如果下面那块大一点，可能就不会倒了。"

　　这一次交流，使我对男孩解决问题时的思考有了更准确的认识。第一个问题的交流，说明他了解旋转是需要一个支点的，这个支点可以把旋转的物体高高地架起来。同时，他有意识地比较了所有圆柱积木的高低，然后选择了其中最高的三块圆柱体的积木来做支撑。第二个问题的交流，说明他发现未必最高的就是最合适的，太高了就不稳了。第三个问题的交流，使我发现了他思维的进阶。在他发现换成矮矮的三块积木当支点，最上面的那块仍旧会移开时，他换了一种解决思路，让下面的积木面积大于上面的积木，这样上面这块积木移开一点是没关系的。通过交流，我不得不佩服男孩在解决问题过程中一步一步的思维逻辑，这让我看到了一个像科学家一样在专心探究的儿童，虽然他现在还不能用科学的语言来解释这些物理现象。

教师反思

　　在本次观察中，我主要通过现场视频拍摄、游戏后的交流以及事后反复观看视频的方式记录和了解了白衣男孩为了让螺旋桨转起来而不断调整支点材料的游戏行为和思维过程。本案例使我对"游戏观察"有了更深的感悟和思考。

（一）重新认识了幼儿一个人游戏与学习的价值。

我们常常希望幼儿无论在游戏还是生活中都能和同伴一起玩儿，在观察时也会比较多关注小组合作性的游戏情境，认为团队游戏对幼儿的学习与发展价值比较大，因此常会弱化或者无视幼儿独自玩耍游戏的情境。但通过这一次的观察和交流，我重新认识了一个人游戏的价值也是多方面的。首先，在游戏中幼儿往往自己决定玩什么、怎么玩。教师可以通过观察，比较直观且准确地了解幼儿当下的兴趣。其次，在游戏中，幼儿需要面对并自己解决各种问题，且在没有他人干预的情况下，幼儿能更加专注于自己的思考和探索过程。这是教师发现和了解幼儿内心需求和思维模式的一个很好的机会。

（二）游戏后的交流必须基于教师观察理解的基础上。

我们常常会通过游戏后分享、交流的方式去尝试知晓幼儿在玩什么？想什么？怎么交流？交流什么？怎样最大化实现交流的价值？以上问题是教师需要思考清楚的。前提就是教师需要通过认真观察，看懂幼儿在玩什么，能站在同频者的角度和幼儿交流，这样才能和幼儿做"同游戏"的对话，才能听懂幼儿的语言。因为，幼儿的回答与行为之间存在着密切而复杂的关系。这种关系反映了幼儿在游戏中的体验、思考和成长。而这也是教师了解幼儿的想法、思维水平的重要契机。

（三）对游戏观察的价值理解和后续思考。

观察让我们把视角转向儿童，开始关注幼儿的主动学习，发现儿童的兴趣需要、情绪情感、思维、想象和创造、优势领域以及个性特点。如果我们能够有意识地在日常活动的每个情景、尤其是在游戏活动中做好观察，我们就会发现更多像"科学家"一样探究的儿童！同时，在观察和分析时，还有两点感悟：第一，观察的基础是"能静心"。静心的前提就是要坚守"游戏是儿童的游戏"，我们就是带着好奇心看看儿童在玩什么？是怎么玩的？而后更要相信儿童，尊重游戏后续发展的自然性。第二，我们要把观察和分析当成一个诊断和发现的过程，是对幼儿发展的认识，而非人为介入和硬性指导。我们已然相信他能基于自己的水平向上发展，因为，这个自我建构、自我学习的过程对孩子来说是最重要、最珍贵的。

🟡 专家点评

　　幼儿的游戏具有鲜明的"幼儿"特点，这种特点可以通过他们在游戏中的表情、动作、角色扮演、言语、活动材料等外部行为特征表现出来，让成人看见。专业的幼儿教师可以通过对这些外部行为特征的观察来判断幼儿是否在游戏，也能够从中发现幼儿游戏的秘密，即游戏的欢愉性、自发性、假装性、有序性这些基本特征。

　　发现之一：幼儿游戏是欢愉的

　　欢愉，是游戏的一个重要特点。幼儿总是通过欢愉地游戏来反映他们独特的生活和自身体验，这个案例中的教师就看到了游戏中的白衣男孩总是那么趣味盎然、开心愉悦、持续不断地搭建螺旋桨。这种在心理或是生理上体验到的欢愉感，都是他在游戏过程中真实的感受与"获得"，可以说，游戏的魅力正是能让游戏者获得这种无与伦比且无可替代的愉悦体验，这是游戏给予幼儿的最好礼物。从教师连续观察到的游戏镜头中，可以看出游戏最凸显的本质特征是欢愉性。游戏启于幼儿，源于兴趣。因此，我们虽然知道幼儿的游戏即学习，希望在游戏中看到幼儿的探究与发展，但我们应坚信：幼儿在游戏中欢愉的体验是这一切的基础。我很欣喜地看到案例中的教师就"发现了喜悦的儿童"！

　　发现之二：幼儿游戏是自主的

　　真正属于幼儿自己的游戏，总是自然生成、自由生发的。每一个游戏都是独一无二的，是幼儿自己发明的"自己的游戏"。从案例中教师观察记录下来的游戏镜头中，我们就可以看到游戏的自主性。游戏的主题"搭建螺旋桨"是白衣男孩自己确定的，在游戏中，他就这个游戏主题一直玩到游戏结束，时间比较长，主题内容也一直保持着稳定，游戏过程中幼儿还不断更换材料和动作，一系列积极的调适也充分展现了他在游戏的同时也在学习。通过这个游戏案例可以看出，自发的游戏主题往往折射出的是幼儿成长中他们比较关注和感兴趣的事物。而案例中的教师也比较懂得尊重与支持幼儿自己确定游戏的主题、自然表现并开展游戏，细心观察并充分支持了幼儿的游戏自主性。

发现之三：幼儿游戏是假装的

游戏以客观世界为依据，反应幼儿真实生活、展现幼儿真实生活经验，但同时又是"假装的""虚拟的"。白衣男孩在游戏中使用各种积木材料搭建螺旋桨并变换动作，通过想象将日常生活中的表象建构成新的形象。这种游戏的假想可以有两方面的理解。首先，儿童通过游戏满足需求、获得快乐，不断再现和重构自己的经验认知；其次，游戏中的儿童经常会将物品进行假想，赋予物品象征性。该游戏中白衣男孩的游戏行为既满足了自己"搭螺旋桨"的愿望——沉浸在快乐游戏中，又自发地对材料进行创造性运用和表现，是一种以物代物的假装。这些平常的玩具和材料，通过该幼儿的假想，展现了多种形式的运用。可以说，正是该幼儿对材料多种用途的探索，推动了游戏的持续开展，也是他具有较高游戏水平的体现。

发现之四：幼儿游戏是有序的

虽然说游戏是幼儿自发、自主、自由的活动，幼儿可以自主决定玩什么、和谁玩以及怎么玩，但在游戏中并非毫无约束和限制。幼儿游戏中的规则，维持并保障着他们在游戏中能够免除自我冲动,遵循良好的行为规范并养成习惯，从而使幼儿能更好地完成游戏并获得学习和发展。从案例的游戏镜头中，可以看到这个搭建"螺旋桨"的建构游戏中的一些内隐或外显的规则，如：搭建作品的技能规则、对待作品态度的规则、换取材料时的规则等。有了这些规则，这个建构游戏才能自主有序地进行并发挥其应有的价值。透过教师对白衣男孩搭建螺旋桨游戏的观察记录，我们可以充分感受到男孩对规则的遵守，这让他的这个搭建游戏更为有序地进行着。

点评专家：杭州市基础教育研究室　汪劲秋

＊本案例获萧山区第一届幼儿园游戏案例评比一等奖

大班建构区游戏案例

秋千荡起来了

杭州市萧山区勤诚幼儿园　方金丽　蔡君萍

题记：在螺母游戏中探索稳定的奥秘。

一、案例背景

时间：2022 年 6 月 7 日至 6 月 9 日

地点：螺母游戏区

人物：小宝、睿哲、晓瑶、小烨、梓渲

　　6 月初，螺母区游戏已经持续三周，随着游戏次数的增加，孩子们已经熟悉了螺母材料，知道各种木板、螺栓和螺帽的名称及用途。在此之前孩子们通过拼接已经能够搭建出滑板车、小汽车、跷跷板等作品。当游戏进行到第四周时，在一次晨间锻炼中，晓瑶和玥玥争抢着幼儿园里仅有的一个秋千，晓瑶在一旁愤愤地说："哼，都被她们抢走了，我都没得玩。"一旁同样没机会玩的小宝对晓瑶无奈地说道："算了算了，我们玩别的，等会儿去螺母区搭一个秋千。"

二、游戏实录

（一）寻找秋千支架晃动的原因

6月7日，小烨和小宝提议先去游乐区观察秋千的造型，在观察中孩子们了解了秋千由木板、支架、绳子、螺丝等材料组成，于是在螺母区选择了相似的材料为搭建秋千做准备。小宝和睿哲为一组搭建秋千左边的支架，梓渲、晓瑶、小烨为一组搭建右边的支架。

图1　使用直角板固定六孔板

他们搬来了几块螺母区最长的六孔板作为支架的主体，但要怎么让这块六孔板立在地上呢？他们选择了用两块直角板夹住六孔板让它立起来（图1）。

小宝组迅速动工，睿哲负责扶住六孔板，小宝负责拧螺帽，他在螺栓上拧了2颗螺帽，但是板与板之间松动得厉害，小宝继续增加螺帽数量。与此同时，小烨组的晓瑶扶住木板，小烨和梓渲负责拧紧螺帽，拧好后，晓瑶小心地松开了扶住木板的手，但放开后的木板摇摇欲坠，梓渲急忙扶住说："不可以，它还没有稳定住。"他们又开始重新固定，梓渲和小烨先去观察小宝组的支架固定方法，看看是否与他们不同。而另一头的小宝、睿哲则依旧专注地在固定，为了让板之间没有空隙，睿哲用手用力按住三块板，小宝则使劲地拧螺帽。"好！"睿哲慢慢放开木板，惊喜地发现木板被固定住了，小宝高兴地拍手。一旁观察的小烨想去触碰支架，两人立马制止道："别碰！"

小烨组的孩子们向小宝组投去了羡慕的目光，他们看着搭建成功的支架，这时梓渲碰了一下小宝组的六孔板问："为什么我们的倒了，你们的就没有倒呢？"就在这时木板竟然倒了下去，小宝烦躁地说："都怪你。"又开始拧紧螺帽。小烨看了看小宝组的支架，说："我觉得我们的支架是固定架（直角板）

有问题。"梓渲坚定地说："固定架（直角板）没有问题啊。"小烨又疑惑地问："那是不是我们的螺帽太少了？"晓瑶看了一下支架说："我们是4颗。"小烨看了下小宝组的也是4颗，所以这个想法不成立。

梓渲又拧了好几次，都没有将六孔板固定住，她向小宝请求帮助。小宝说："你们把木板扶牢，我来拧螺帽。"于是晓瑶扶住木板，睿哲和梓渲则把直角板用力地往中间推，小宝负责拧螺帽，可是拧了几次后这块木板依旧会向两边倾倒。小宝将螺帽拧出，不断地调整几块板之间的缝隙，尝试了4次，六孔板还是没有被固定住。

"有了！"小烨又拿来两个直角板放在支架的另外两侧，兴奋地说："我准备用更多直角板把木板靠住。"（图2）此时小宝正拧着螺帽，对小烨不耐烦地说："别弄，小烨！"并拿掉了小烨放在两边的直角板。当再次尝试放手时，木板还是会倒。小宝着急地说："不行，螺帽还是没有拧紧，要把它们都拆下来。"螺帽拿掉后，他们用力地推着木板往中间靠拢，又重新开始拧螺帽，但是拧好后木板还是会倾倒，小烨又把两块直角板放在了两侧，这时小宝将手放开后，发现木板不倒了，可是当他拿掉了小烨增加的两块直角板，木板又马上倒下去了。小宝对他们说："我们再重新搭一遍，看会不会再倒。"

小宝继续拧螺帽，这时梓渲指向螺栓说："诶，好像问题出在螺栓上。"（图3）小宝也发现了问题："哦！这里有一截多出来的，螺帽拧不进去，难怪六孔板

图2　直角板四周围绕靠住

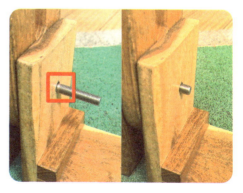

图3　发现螺栓长度的问题

老是会摇来摇去。"梓渲马上去拿来了最长的 15 厘米灰色螺栓，小宝往上一套："这个更长，更加拧不紧了，换最短的！"梓渲拿来了最短的 8 厘米黄色螺栓，拧上后发现木板居然不松动了，小宝开心地说："原来是螺栓长短的问题。"

案例分析

　　游戏围绕搭建秋千的支架展开，支架是秋千基本且最重要的组成部分。孩子们在一开始的分组搭建中通过多人协作、用力拧紧、相互借鉴等方式不断调整六孔板，让六孔板能够更加稳定，在多次尝试中，六孔板立住了 2 次，但是一碰就倒，所以支架的搭建工程一直停滞不前。小烨说："我准备再要用两块直角板把木板靠住。"她想通过以四周围绕的方式把六孔板固定住，但是被小宝拿掉后六孔板依旧倒了下来。游戏结束后，我们围绕支架固定的过程进行分享讨论，小宝告诉我："靠住的方法是没有用的，六孔板还是会动，一定要用螺帽把六孔板牢牢固定住。"小宝的回答让我发现他已经初步意识到支架稳定的重要性。

　　梓渲的发现让我感到惊喜，当其他孩子还在把问题聚焦在板之间的空隙上时，梓渲指向螺栓说："好像问题出在这儿。"在她的启发下，小宝把 12 厘米的螺栓更换成 8 厘米的螺栓后，六孔板果然牢牢固定住了！通过观察发现螺母长短对六孔板固定有所影响，难题克服后停滞的游戏有了新的突破，他们顺利完成了两个支架的搭建。

（二）寻找秋千的稳定要素

　　两个支架做好后，他们拿来了一块六孔板举在头顶将左右支架连接固定位，然后解决了绳子和坐垫的问题，最终完成了秋千的组装！他们都迫不及待地想要试试这个螺母秋千（图 4）。小宝第一个坐上去，小烨在他身后助推，没推几下秋千就开始前后晃动，吓得晓瑶、梓渲纷纷退后，睿哲立马双手扶住支架，一脚踩住固定的直角板，告诉梓渲："你看我用手扶住，它就会不动了。"小宝坐在秋千上，但是睿哲的力量依旧不能阻止支架晃动。梓渲提议："我们想想办法吧，让秋千变得更加牢固。"这时，小宝指着内庭院的秋千说："你看，这个秋千的支架是三角形的，是不是这样才牢固？"晓瑶点点头说："这

图4　完成一组秋千支架的搭建

个秋千是四个脚的，我们的只有两个脚，是因为这样才不牢固吗？"小宝建议："那我们再加两个支架试试吧！"说完几人兴致勃勃地继续组装另一组支架。

组装结束后，他们想把两组支架连接起来，于是拿来直角板想要在横向的六孔板上安装。睿哲在中间的两个圆洞上分别连接了一块直角板，又在两块直角板上连接了一块二孔板，可是当他们想要在两组支架之间连接时，发现二孔板的中间不能固定螺栓（图5）。因此他们的秋千工程暂停了……

小宝发现二孔板的问题："不行，这个二孔板中间是空的，螺栓不能用！"小烨提议："我们去找找有没有别的能拧螺栓的板。"梓渲指着六孔板："这个中间没有洞，我们就没办法把支架连接起来。"小宝想了想说："去找一下有没有中间有洞的木板。"小烨拿来了一块五孔板，说："这个中间有洞，就是短一点。"梓渲接过后数了数，兴奋地说："是五孔板，中间有洞，那我们就可以在中间拧螺栓了！"

几个人举起五孔板开始安装，晓瑶、睿哲举着木板，小宝和梓渲分别在两头拧紧螺帽。很快两组支架就搭建完成了，他们在五孔板上安装好直角板，使用六孔板连接好两组支架，安装好坐凳后，梓渲看着自己制作的秋千，发出感叹："哇，我们成功了！"大家迫不及待地想要坐上去试一下。在试坐的过程中，虽然秋千依旧还是有点晃动，但是他们分别用自己的双臂、双脚将支架撑住（图6），依旧玩得不亦乐乎。

图5　二孔板中间不能固定

图6　完成两组秋千支架的搭建

 案例分析

　　在完成一组支架后孩子们进行了秋千的组装，试玩后晓瑶及时发现秋千摇晃的问题，睿哲想出了用手扶住支架的对策，但梓渲认为这并不是长久之计，建议继续加固秋千。在这个搭建探索的过程中，孩子们对于稳定性已经有了一定的认识，通过参照对比幼儿园的秋千，发现支架缺少对秋千的稳定可能有所影响，因此他们又增加了一组支架，增强秋千的稳定性。

　　在连接两组支架时，由于二孔板的特殊性，导致螺栓在连接时不能使用，小宝在出现问题后及时认识到应该更换孔板，因此他们寻找到五孔板，顺利解决了问题。我惊讶地发现中班幼儿已经有初步的意识去利用单双数在建构中找到中心点，虽然解决这些问题的过程漫长，一次次重构，又一次次打破，但在这个过程中，他们了解了秋千稳定的基本要素，足见他们在搭建、探索和团讨的过程中有细致入微的观察和发现问题的能力。

（三）优化秋千支架结构的稳定性

　　回到教室后，孩子们兴奋地和同伴分享成功搭建秋千的过程，画下了自己的游戏故事。在分享时我问孩子们："你们的秋千已经搭好了吗？"小宝挠挠头说："搭是搭好了，就是需要旁边有人扶着，会牢固一点。"我继续追问：

"那你们有没有方法解决这个问题？"睿哲摇摇头说："他们荡秋千的时候我们用手扶牢就好了。"我微笑着说："那没有人扶呢？"其他孩子仍沉浸在搭建成功的喜悦中，只有小宝陷入了思考……我让孩子们把秋千放在了游戏场地上，我觉得在下次的游戏中，没准又会冒出新的想法。

　　第二天上午，大家都在室内游戏。小宝跑过来跟我说："老师我可以去把秋千改装一下吗？我觉得昨天还没有搭好。"我惊喜地说："当然可以啊，你想怎么改进？"小宝不确定地说："我觉得支架中间可以再装几个五孔板，昨天我们用手撑住就不会动了，我想了想，再加几块木板固定住，应该就不会动了。"我好奇地问："你是怎么想到用这个方法的？"他告诉我："早上我特地去幼儿园的秋千看了一下，三角形支架中间有一条横的木板，我们的秋千上没有，昨天我们玩的时候睿哲把手张开扶着支架，我想能不能用木板来试试。"我支持他的想法，鼓励他："那你去试试看，需要帮忙吗？"

　　于是小宝叫上了晓瑶、梓渲，一起在两组支架的中间和上端各连接上一块五孔板，小宝建议道："上面有这么多洞，我们再加一块吧，这样可能会更牢固。"听了小宝的建议后，他们又分别在两组支架上增加了一块五孔板（图7），晓瑶迫不及待地坐上了秋千，果然晃动幅度又减小了，梓渲激动且大声地说："走，我们回教室去告诉他们这个好消息吧，让他们也来试试！"（秋千改进过程梳理见图8）

图7　加入两条横杠后的秋千

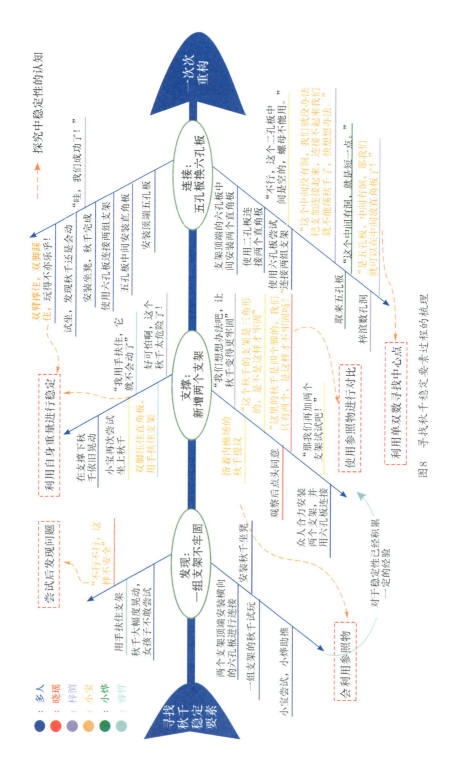

图 8 寻找秋千稳定要素过程的梳理

案例分析

在孩子们分享成功的喜悦时，只有小宝提出了新问题："搭是搭好了，就是需要旁边有人扶着才会牢固一点。"我顺着小宝的回答启发式地追问："那你们有没有方法去解决这个问题？"让他又有了进一步的思考。不过事后我回想：要是我没有启发式的提问，再多一点耐心和等待，小宝通过自己的思考也能找到进一步优化秋千支架稳定性的方法。

新的问题没有让小宝停止对秋千支架稳定性的思考，而是一直把问题留在心中。第二天小宝路过幼儿园的秋千时，再次将两个秋千进行了参照对比，发现幼儿园的秋千支架两侧连接着一个横杠，他受到启发后再次激发了优化秋千支架的热情，和晓瑶、梓渲在螺母秋千的两组支架上分别增加了两块五孔板，秋千的确更加稳定了。我为小宝有这样主动思考、锲而不舍的品质感到骄傲，我也相信他们有足够的能力解决问题。

三、教师反思

搭建螺母秋千对于中班的孩子来说并不是一件容易的事情，在整个搭建的过程中，我看着孩子们通过与不同孔板、螺栓、螺帽等多种材料进行互动，困惑随着游戏深入自然出现，给幼儿提出了不同挑战，在一次次的重构中我仿佛也置身游戏中，不断思考与成长。

（一）孩子的多个问题，是游戏的推手

在游戏过程中，五名幼儿先后遇到了不同的问题，是什么原因造成的？怎么解决这些问题？梓渲发现螺栓长度问题并非偶然，这是他们在排除了多项因素后得到的结果，体现着幼儿探索游戏的努力。

在最初搭建好只有一组支架的秋千时我已经预想到了结果，秋千出现大幅

度摇晃，但他们能够通过团讨不断地调整，从一开始的一组支架到两组支架，从六孔板到五孔板，又从上板固定到上下多板固定的调整，直至基本完善，他们在游戏中的创造性和锲而不舍的精神远比我预想的厉害得多。

（二）孩子的多种构思，是学习的积淀

对于孩子来说，他们的工作就是游戏，搭建一架螺母秋千就像是完成一个工程，在这个工程中会有前期的构思、组建工程队、选材等准备工作，中期搭建从单一的一组支架到完整的两组支架的架构，知道了支点数量对稳定的重要性，后期再通过横向加固，让秋千变得更加稳定，这样一个游戏是孩子们自己玩出来的，想法越多，玩游戏的水平越高。孩子们的成功并非偶然，这就像一块踏进物理世界的敲门砖，他们正用游戏认识并感受着物理的奇妙。

（三）孩子的多次尝试，我始终支持

问题会一直存在，被解决后，新的问题又会出现。在游戏探究中，对于一个新教师的挑战也是巨大的，不仅要学会耐心等待孩子们自我探索的发现，还要针对游戏的进程进行有技巧的指导。起初我时常会忍不住想要提出我自己的建议或者想法，但是当看到孩子们完整地经历了"发现问题—分析原因—提出设想—实践验证"的探究过程，逐渐解开稳定性这个谜团，让我和孩子们经历了共同成长。在这个过程中，我能感受到：等待并不是"无所作为"，而是通过默默地观察并解读他们的游戏行为，结束后耐心倾听他们的分享并给予启发式的引导，在一日生活中观察发现孩子们身上更多的亮点。基于核心经验支持孩子们的深度学习，成为一名启发式教师，做孩子们游戏的背后推手！

专家点评

游戏是幼儿的基本活动，游戏中一定有幼儿的学习。《秋千荡起来了》讲

述着小宝、睿哲等五名幼儿用螺栓玩具建构秋千的故事。接下来，让我们跟随作者，一名两年教龄的小老师一起走进孩子们的游戏世界，去发现幼儿的学习与发展，去发现老师的介入与支持。

一、相信每一个幼儿都是积极主动有能力的学习者

两次"寻找"反映出幼儿面对问题情景时的主动表现，从寻找秋千支架晃动的原因，到寻找秋千的稳定要素，这两次"寻找"的问题都来自游戏现场，可见问题情景诱惑着幼儿的好奇，继而引发幼儿深度、持续地探究。游戏中老师支持幼儿重复、试错的行为。

二、游戏中老师与幼儿一起分享游戏经验

案例反映出幼儿对建构秋千的兴趣和坚持专注的态度，而老师能充分尊重和保护幼儿的好奇心和探究兴趣，不断发现和支持幼儿有意义的游戏行为，如游戏中老师倾听幼儿、等待幼儿、鼓励幼儿表达自己的观点；幼儿用事实说话，提出问题、分析原因，寻找答案。

三、从寻找问题出发到任务驱动推进

游戏一、游戏二中多个片段呈现的线索，让我们看见了幼儿思维气质的成长。

1. 关于支架的固定。幼儿首先发现了晃动的原因是因为"直角板与六孔板之间有空隙，不紧密"，又发现了"2个直角架不稳定"接着，幼儿通过交流、沟通、参照、对比、排查，最终尝试用"再增加2个直角板"将直立柱都围起来。幼儿发现"螺栓太长了，怎么拧都拧不紧"，因为螺栓长度有三种，分别是15厘米（灰色），12厘米（绿色），8厘米（黄色），最终幼儿选择了8厘米的黄螺栓，终于长短合适、匹配成功，完成了秋千主体直立柱的搭建。

2. 关于秋千稳定。当搭建的单柱秋千出现支点不稳的问题时，幼儿会联想到实际中的真实秋千，实地比对，"这个秋千的支架是三角形的""这里的秋千是四个脚，我们只有两个，是这样才不牢固吗？"幼儿通过比对、猜想获得了关于搭建"几个脚更稳定"的新思路，开始了新计划：从2个支架调整到2组支架；从六孔板调整到五孔板；从上板固定调整到上下多板固定。终于成

功了！

四、最令人感动的场景

从"手臂支撑支架"到"横的木板支架"是最令我感动的场景，当大家都在思考如何调整材料达到牢固稳定的效果时，睿哲小朋友说"你们荡的时候我们用手扶牢就好了，"哇！好赞的人体支架。照片上的孩子摆出了"大"字的架势，趴脚趴手撑在主干之间，好得意、好神气！第二天，小宝向老师提出改装秋千的请求，"昨天我们用手撑住就不会动了，我想了想，再加几块木板固定住，应该就不会动了。""幼儿园的秋千两边有一条横的木板，我们秋千上没有，加加试试看呗。"就这样，在生生影响、师幼互动中，秋千稳稳地荡起来了。

《秋千荡起来了》是建构游戏，是自由游戏，是项目活动，是探究活动……让我们坚信游戏点亮童年的力量！

点评专家：浙江省特级教师　杨蓉

*本案例获萧山区第二届幼儿园游戏案例评比一等奖

中班建构区游戏案例

瞧！我的军事武器

杭州市萧山区级机关幼儿园　吴雪　王陆芳

题记：幼儿在假想游戏中的不断建构。

一、案例背景

游戏时间：2022 年 4 月 13 日至 29 日

游戏地点：建构区

观察幼儿：汤圆、当当、多多、二宝、森森

根据幼儿园的游戏安排表，周一周二是室内自主游戏，周三至周五将进行户外自主游戏。4月份中一班的孩子们在建构区游戏，这里投放了包含正方形、长方体、长圆柱、长板等多种型号的积木供幼儿选用。

在 4 月 5 日、11 日和 12 日的室内游戏时间里，我观察到汤圆和他的伙伴们连续在玩打仗游戏，汤圆将纸杯擦成长条当刀砍打，也有将立方体纸盒垒成高高的防御塔，孩子们在教室里追逐攻击，兴趣很浓。这期间的三次户外建构区游戏中，他们分别搭建了两次桥和一次板凳。4 月 13 日是幼儿第四次在户

外建构区游戏，我发现汤圆他们第一次将"打仗"的主题延伸到了户外游戏中。

（一）"我们来打枪吧！"

4月13日，汤圆拿来了一个长圆柱抱在手里，走到自己搭建的地方，看到一旁的当当手里也拿了一个长圆柱，一边嘴里发出"哒哒哒"的声音。而另一个小伙伴森森正蹲下身子伏在自己的"瞄准器"前面，眯着一只眼看向远方，好像在瞄准什么（图1）。森森一边瞄准一边说："看，我要用枪打中二宝那里的桥。"这时多多也从旁边拿了一个圆柱，一手托着，另外一手将圆柱体一端贴近自己的肩膀，头靠上去，眯着眼对准汤圆，大声发出"哒哒哒"的打枪声音，还开心地说："汤圆，我们来打枪吧！"

汤圆看了看手里的长圆柱，一下子兴奋地笑起来，手指着森森的瞄准镜说："森森，你来瞄准吧，我们三个就是三把枪，我们一起把对面的桥打倒。"分工完，汤圆也学着多多双手托圆柱，头靠圆柱，单眼瞄准对面的二宝，森森保持眯眼瞄准的姿势，突然大喊："瞄准！准备！发射！"当当和汤圆立刻边前后推动长圆柱做射击状边发出"哒哒哒哒"声。对面的二宝听到声音回头，一边大喊"啊！他们有枪！"一边快速丢下手上的积木躲到自己搭建的

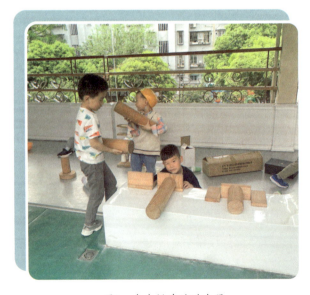

图1　森森搭建的瞄准器

桥后面，匍匐在地上做躲避状。当当和汤圆停下动作，互看一眼，一边单手举起"枪"摇晃同时仰头大笑。森森也站起来，右手捏拳向前一挥，大声欢呼"打中啦！胜利！"

案例分析

这是幼儿第一次将室内的打仗游戏延伸到了户外。"打枪游戏"的主题源自同伴森森和多多向汤圆发起的邀请，一开始汤圆并没有将手中的长圆柱当作枪，但是看到了同伴瞄准做射击状的动作，又结合他们的言语邀请，汤圆很快就接受了长圆

图2　孩子们画的游戏场面

柱作为枪的存在，并自然加入到打枪的游戏中，在一对一倾听环节，孩子也画下了三个同伴人手一把枪的画面，并说道"我和二宝他们玩打仗游戏"（图2）。

在游戏中，我们也能观察到汤圆是非常主动且有目标的，他很自然地用语言对三个同伴进行了分工，让森森继续瞄准，而自己和当当负责射击，目标是打倒对面二宝的桥。在射击的过程中，他会模仿多多瞄准时的手和头部动作，三个小伙伴配合非常默契，待瞄准的森森发出"发射"的指令后，汤圆和当当立刻开始射击，看见对面的二宝匍匐在地做躲避状时，三人的动作和语言中也表现出胜利后的极度开心。

（二）"我们来搭一个探测器吧！"

4月15日，汤圆一开始拿了一个长圆柱体在手里当枪，和当当玩了一会

图3　汤圆搭建的探测器

儿后，他放下手里的枪，对当当说："又没打中，枪法太烂啦！打不中他们的桥了！"然后，跑到积木屋，拿来了许多长方体和小正方体积木，开始一层一层由下至上的重新搭建。一边搭一边嘀咕说："当当，我们来搭一个探测器吧，我把枪放进去，这样我们就可以发射炮弹对准二宝的桥了，一定能够马上把他的桥打塌！"他先用几块长方体和正方形积木组合垒高，然后用两块正方形将一个长方形围合成一个小口，最后把长圆柱穿过小口，一个"探测器"就完工了（图3）。

汤圆和当当用探测器瞄准发射导弹，不一会儿，当当大叫："没电了没电了，瞄不准了，我们的探测器！"于是他拿来几块扁圆柱和长方体接在探测器后面，汤圆一个一个调整积木的位置直到"发动机"完工，然后自信地对当当说："我加了按钮，当当你来试试，这次有发动机了，探测器已经重新启动，你来瞄准二宝！"随后，当当坐在建成的发动机上，凑近炮口认真瞄准着，新一轮的游戏又开始了。

案例分析

这次的游戏一开始，汤圆的目标仍是想打中远处二宝的桥，但是游戏进行一会儿后，他提出了第一个问题："枪法太烂啦！打不中他们的桥了！"这个问题推动了幼儿对自己武器的改进，也推动了游戏的发展。汤圆开始搭建探测器，并且搭建的造型非常精准，过程中用到了一些基本的搭建技巧，如垒高、穿过等。随后，在游戏中同伴当当提出了第二个问题：瞄准器没电了就瞄不准了。汤圆接着又在探测器后搭建"发动机",发动机是可以供电的,所以在探测器后接一个发动机就可以解决续航的问题。两次问题的提出,其实都是幼儿想象的,他们的"打仗"游戏就在自己这样的想象中变得越来越激烈,武器的功能也随着游戏的需求变得越来越"高级"。

(二)"多几个炮口的大炮,才能有超大威力"

4月19日,汤圆和当当继续军事武器的搭建,这一次他们把目标放在建造大炮上。

游戏开始,他们俩就设计把炮口对准远处的桥。两个人商量说:"我们要多几个炮口的大炮,这样才有超级大的威力。"只见他们拿来四个圆柱体,用之前搭探测器的方法很快完成了下面的两个炮口。正搭着,汤圆突然对当当大声说:"忘了,忘了瞄准镜了,我们还要有探测口瞄准才行!"于是,他从旁边拿来两块正方形积木和一块长方形积木,在第二个炮口之上连接围合成了一个瞄准的探测口。接着,他们又在这一层的探测口上继续添加一个长圆柱大炮口。只见汤圆绕着自己的大炮走了几圈,又拿来积木,用同样的搭建方法,在最上面又新添了一个瞄准镜。一边搭还一边很开心地说:"这么高的炮口,肯定能打得更远。"(图4)

这下,一个拥有三个炮口,两个瞄准镜的大炮就初步建成了。这时二宝走了过来,看了一会儿,突然说:"你们才打不中我,我不是在你前面!",汤圆立马反驳道:"我可以转我的大炮,你在哪里我都可以打到你!"于是,他

图4 汤圆和当当设计的多炮口大炮

又拿来两块长圆柱体放在大炮左右两边充当轮胎和履带。全部完成以后，当当站直身体对准最高的一个瞄准镜开始瞄准，而汤圆则站在当当的后面，小手一伸，冲着远处的桥大喊："准备瞄准！开炮！"

案例分析

　　游戏前，汤圆他们对自己搭建的武器是有预设和计划的，要搭建一个大炮，并且要"多几个炮口，才能有超级大的威力"。在游戏后的表述中，他也说到"特别高，有很多炮口和探测口"，说明他对于"超级威力"是有具象化的认知的。在搭建作品的时候，他们也会紧紧围绕"超级威力"的要求，完成多炮口、瞄准镜、探测器的建构，为了更好地完成作品，还时不时地对作品进行自我检查。在二宝对汤圆提出了质疑"你们才打不中我，我不是在你前面！"时，汤圆立刻给出了解决办法，让大炮转动，并在大炮底下新增了长圆柱作"轮胎和履带"。我们真实感受到儿童的游戏就是在这样的一种同伴互动的探索过程中变得越来越生动。

（三）"坐上战斗机"

　　4 月 29 日，汤圆和当当的武器搭建也勾起我们班其他男孩子的搭建兴趣，二宝和小宝也加入了汤圆的搭建队伍，他们四个人决定一起挑战更大的军事武器——战斗机。

　　首先，汤圆和二宝拿来许多长短不一的圆柱体，把它们垒成八根高度一致的支架，然后他们用四根长板并排平铺，架在这八根支架上作为战斗机的底座。接着，用大大小小的正方体、长方体积木在底座上堆叠，形成了一个四层的机身，随后又依次搭建座位、前后的机翼。完成后，他冲着对面的小宝大喊："小宝，看我飞上天炸飞你！"小宝"哈哈哈"笑了几声，低头继续自己的搭建。

　　这时，当当突然在旁边说："我想坐上去。"于是汤圆跑去拿了一块长板，在长板上面放上一个正方形积木当他们的座位。接着，他又在座位的后面放上了一块半圆形积木，说："这是驾驶舱的玻璃，坐进去就可以开了！"（图5）这时，二宝走了过来，摸摸机翼的部分，说："我可以进去坐吗？"汤圆挠挠头，指着自己的战斗机说："这里只有一个座位，坐不下了。"汤圆在大飞机旁边转了两圈，指着旁边的空地对身边的二宝和当当说："要不我们再搭一个小飞机吧，也搭一个座位。"于是，当当和二宝往返于材料筐和空地间运送积木，汤圆则用积木快速地搭了一个小飞机。刚完成，二宝和当当迫不及待地各自坐上小飞机。二宝双手作驾驶方向盘的样子，时不时倾斜身子像是飞机正在变换方向。而汤圆站在大战斗机旁边指挥他们攻击其他的建筑，当当选择当炮弹发射员，靠在大战斗机的机翼旁眯眼瞄准对面，嘴里时不时发出"砰砰砰"的发射导弹声。

图5　孩子们搭建的战斗机

🔵 案例分析

大战斗机的搭建整体是快速而顺利的，虽然这次的武器体积庞大，但是在同伴协作下只用了15分钟就基本完成了。在搭建顺序上，幼儿是按底座、机身、座位、机翼的顺序一步步进行的，之前游戏中围合、垒高、穿过等搭建技巧也都有了综合性的运用。

搭建中，我发现汤圆很重视同伴的需求，当当提出"我想坐上去"的愿望时，他很积极地搭建驾驶舱，满足同伴的心愿。随后二宝走过来也提出想坐进去，虽然他们在之前的游戏中一直是对手，但是汤圆没有立刻反对二宝的想法，而是先告知这里的真实情况是只有一个座位，同时又在思考后提出新的解决办法：再搭建一个小飞机。这是让我非常惊喜的点，幼儿在游戏中和谐友好，有竞争也有合作，每个人站在自己的分工范围，配合得很开心，比如在汤圆的游戏表述中，二宝是他的重要伙伴，比如在后面搭建完成后，大家一起玩打仗的游戏，这正是自主游戏最大的魅力。

三、教师反思

我为自己没有错过他们的持续游戏而庆幸，当看到孩子们抱着单个的长圆柱跑来跑去且持续整个游戏过程时，我也有那么一瞬间在想这对于中班的孩子来说是不是有点单调简单？但是看着孩子们在打仗的情境中积极对话、笑容洋溢的样子，我选择了等待，继续观察。幸运的是，从第一天的打枪游戏到后面的搭建探测器、大炮、战斗机，正因我持续观察，才能发现他们同一"打仗"主题下每个阶段的不同精彩，而这个过程也启发了我的思考。

（一）幼儿的游戏是在想象中不断演化与推进的

打仗游戏的起源正来自幼儿将"长圆柱"假想为"枪"的想象，幼儿已将自己置身于打仗的情景想象中，通过模仿扮演了射击手的角色。这时教师的等待不仅体现着对幼儿想象力的尊重，也是对幼儿游戏的肯定和隐性支持，更激发了后续幼儿的想象力与创造力。"打不中远处的桥""探测器没电了""让大炮转动打击""让战斗机飞上天"这些问题和目标也都源自幼儿的想象，但恰恰推动了他们的"武器"一次次升级，变得射程更远、续航更久。"打仗"游戏就在这样丰富的想象和创造中持续推进，变得越来越激烈。

（二）幼儿的搭建作品反应了他们的学习与发展

从枪到后面的探测器、大炮、战斗机，不断升级的"武器"反映出幼儿在探究能力上的提升，对形状与空间关系的认识也不断深化。在探究能力上，幼儿能主动思考并尝试解决情景中的问题，让自己的"武器"在功能上越来越完善，从最开始的近距离射击，变得射程更远、威力更大、能空中作战等，每一步都潜含着幼儿在游戏中探究能力的不断发展；在对形状和空间关系的认识上，从最开始"枪"的基础性搭建，拓展到"战斗机"的立体组合型搭建，幼儿逐渐掌握垒高、穿过、架空、围合等技术，并熟悉运用各种类形积木，拼搭和组合能力不断升级，搭建的层次组合逐渐丰富，形态造型也越来越趋于具象化和细节化，体现着幼儿对形状和空间关系的认识越来越深刻。

（三）教师可以为幼儿游戏提供适宜的支持

孩子的游戏才是真游戏，尊重幼儿在游戏中的自主性是教师支持幼儿游戏的第一要素。但在放手的同时，我们也可以根据幼儿的游戏情况，思考并为他们预备更多维度的支持。如，汤圆和同伴们对打仗游戏和武器搭建抱有持续的兴趣，我们是否可以投放一些关于军事武器相关绘本，拓展幼儿关于武器种类的知识性经验呢？在游戏现场，幼儿的"瞄准镜、轮胎、按钮"等都是完全假想的，如果我们能够及时提供相关的辅助材料，是否能帮助幼儿更具象地认识到武器的形态、结构呢？除此之外，当关注到幼儿的搭建游戏持续单一时，是否可以在幼儿的分享和讨论中展示更多样的搭建结构以丰富幼儿的建构技能呢？

在持续的观察中，教师要不断追随幼儿的游戏，看见他们的快乐、进步和需求，也要不断反思自己的行为，调整自己的心态、视角和策略。游戏中的幼儿始终专注、坚持和快乐，游戏观察中的教师也应耐心、持续和智慧。

⬤━━ **专家点评**

　　幼儿园教师应该具备"支持儿童游戏"的专业能力。因此，教师不应只是做一名幼儿游戏的"旁观者"和"记录者"，更应是一名幼儿游戏的"好伙伴""支持者"和"推动者"。简言之，就是要努力做到从"看"到"看见"，努力落实"以游戏为基本活动"，积极尝试在游戏中增进吸引力、生发创造力、丰厚表现力、提升学习力，促使幼儿在游戏中获得更好的学习与发展。

　　一、增进吸引力

　　首先，要真正落实以游戏为基本活动，营造宽松的游戏氛围，吸引幼儿愉悦地参与各项活动。从这个案例中，反映出正是教师能确保班上幼儿每天有充足的自由游戏时间与环境，在保证幼儿有更多游戏体验的前提下，增强了幼儿参与制作一系列军事武器游戏的吸引力，让幼儿轻松自在地享受自己的游戏，沉浸在游戏的世界里。其次，是教师能设法增进效能，让幼儿多形式共享游戏过程。教师在游戏中关注让幼儿充分体验到自己是有能力的学习者，从而变得更有自信，使效能感得以增强，并有机会将幼儿的游戏过程或成果与大家共享，进一步使幼儿感受到自己和同伴在游戏过程中的认真专注、坚持不懈、协商合作、主动思考等，从而增强幼儿参与活动的吸引力。

　　二、生发创造力

　　游戏是自发的，幼儿是游戏的主体。但这并不意味着教师可以"放任自流"，不加任何干预，教师适时、适当的指导恰恰能推动自主游戏的"创造性"。在尊重和发挥幼儿主体性的前提下，案例中的教师能基于幼儿的兴趣和需要与他们共同创设适宜的游戏环境，提供充足适用的材料；认同并鼓励幼儿自己积极生成、选择、规划、实施游戏；细心观察解读并准确把握游戏干预的时机和干预的度，支持幼儿在自主游戏中的自由创造。这其中，尤其重要的是如何在积极的游戏环境中推动幼儿自主创造。案例中的孩子们无疑是在宽松自由的环境下游戏的，所以他们才能够大胆表达和表现，充分发挥想象力和创造力，创造出了枪、探测器、大炮、战斗机等一系列游戏玩具。

三、丰厚表现力

教师应该积极鼓励充分肯定幼儿的游戏行为，分享传递他们的经验；还应该通过仔细观察，准确研判游戏过程中幼儿的经验与表征，有效支持并丰富幼儿在游戏中的表现与表达。从这个案例中，我们看到老师的观察和支持是多方面的，既提供了低结构化的材料，使幼儿能够根据自己的意图，充分发挥想象，赋予材料不同的意义和使用方法，创造出各种不同"武器"，丰厚了游戏的表现力，又十分关注丰富幼儿在游戏中积累的相关经验，根据游戏的需要，通过多种方式巩固、丰富、完善和提升他们的经验，以扩展游戏情景和游戏内容，这才使得幼儿能持续游戏并有可能使游戏有更丰厚的表现力。

四、提升学习力

这个案例还反映出教师是怎样让幼儿通过游戏获得了更好的"学习力"——即幼儿在游戏中的学习动力、毅力和能力。例如，怎样支持幼儿自主解决问题？案例中的教师将这项权利还给幼儿，让孩子们自己协商讨论，寻找解决办法，并在实践中相互协同落实，以多种方式感受和强化相应行为。幼儿自主解决问题的过程，实际上就是他们积极主动学习的过程。因此，我们的老师并不只是在简单地"看"，而是分明"看见"了——在符合幼儿需求且自主形成的游戏中，幼儿更加愿意投入地持续发展游戏，这将最终转化成一种内在的能力，不单使游戏的"学习力"得以彰显，也使幼儿在游戏中获得"学习力"的提升。

点评专家：杭州市基础教育研究室　汪劲秋

＊此案例获萧山区第二届幼儿园游戏案例评比一等奖

中班建构区游戏案例：

"多米诺骨牌"撞高楼

杭州市萧山区市心幼儿园　夏梦迪　丁春燕

题记："问题驱动"下培养幼儿的小组探究意识。

一、案例背景

时间：2022 年 10 月

地点：三楼天空之城

人物：小八、旦旦、琛琛、萱萱、浩浩

2022 年 10 月的一天，中一班的孩子在三楼天空之城开展场地游戏，游戏场投放了软垫、泡沫砖、纸筒、清水积木等材料，孩子们围绕"城市里的高楼"主题自选材料，利用平铺、垒高、围合等方式进行创意搭建。小八、旦旦、琛琛 3 人用木块在场地上搭建高楼，萱萱将木块竖起来摆成长长的一排当作与其他高楼连接的马路，萱萱："浩浩，木块不够了，你再去拿一些。"浩浩起身去拿木块，裤子不小心碰到了竖着的马路木块，木块依次倒下，正好碰到了另一边正在搭建的高楼，高楼还未建成就倒塌了。这一现象引起了琛琛的注意，

他激动地说："这个就像多米诺骨牌一样。"小八："我知道，教室科探区里就有，一块块排好队，一推全都会倒，可好玩了！"旦旦："它竟然能把我们搭建的房子都推倒，我还想再玩一次。"孩子们一下子对"木块可以推倒高楼"的现象充满了兴趣……

二、游戏实录

（一）纹丝不动的"高楼"

10月10日又到了自主游戏时间。小八、旦旦、琛琛、萱萱、浩浩5人组队选择用清水积木搭建多米诺骨牌，并进行任务分工，琛琛和浩浩担任后勤保障，负责运送木块，其余成员负责搭建"马路"和"高楼"。

萱萱负责搭建高楼，她找来中等长的木块平铺在地上当作高楼的底部，在上面竖放一层正方形木块当作高楼的第二层，又从柜里找来厚长方形木块平放在正方形木块之上作为高楼的第三层，将圆柱形和三角锥依次放在第三层上面作为高楼的屋顶，在高楼四周用短薄木块围在一起作围墙，高楼出现基本的雏形。

小八和旦旦以高楼中心为起点，用高10厘米、厚5厘米和高10厘米、厚2.5厘米两种木块搭建"马路"，小八将木块竖着有规律地直线摆放，木块间距大约2厘米，直直的"马路"出现了。旦旦看到马路搭建得够长了，就对小八说："高楼马路都已经搭好了，我们先试试看吧！"小八点头同意说："好，一起来推！"小八朝着小伙伴们喊道："你们来看，我们准备推了！"召集小伙伴后，两人站到马路面前，小八用手轻轻推倒马路的第一块木块，后面的木块随之倒下，正在孩子们开心欢呼的时候，木块缓慢地在第8块的位置停下了，旦旦在木块停下的地方又推了一次，木块继续向前倒下，但最后仍在未到高楼的位置停下了。旦旦失落地对大家说："没有成功推倒高楼。"浩浩："是不是因为木块离得太近了所以推不动了？"琛琛："我觉得一条路不够，我们多搭建几条路试试看。"征求大家同意后，小伙伴们决定再次尝试。

小八仍用上述的两种木块以高楼为起点向外搭建，一块一块有规律地直线摆放，相邻两块木块的间距大约 4 厘米，直直的马路复原了；且且以高楼的左侧为起点，将木块一块块向后排列，随后她调整了排列角度，马路排成半圆，这时且且发现了什么："快来看呀，这是一条弯弯的小路。"琛琛和浩浩闻声加入队伍，"这条小路看起来很不错，肯定能推倒高楼"。他们俩模仿着且且的方式搭建了第二条弯弯的小路，和且且搭建不同的是这条小路有两个弯（图 1）。

工程竣工后，推"多米诺骨牌"开始，小八推第一条直直的小路，木块中速前进最终在高楼前停下，小八："这

以高楼为起点，往外搭"小路"

木块排列成半圆

搭建多条"小路"

图 1　尝试搭建不同的"小路"

次快了好多，真不错！"旦旦推第二条弯弯的小路，木块缓缓前进，在转弯处停下，旦旦用手助推后继续前进，最终在高楼前停下；浩浩推第三条弯曲更多的路线，木块在转弯处停下，琛琛过去用手助推一次，木块继续前进，在第二个转弯处又停下，琛琛："怎么还是没推倒？"用手助推第二次，木块继续前进，最后，在高楼面前停下，所有路线都推完，高楼还是纹丝不动。

案例分析

旦旦在初次搭建完成后急切地想要推倒高楼，我看到她对推倒高楼充满了自信，但推了一次停在半路又推第二次时，她的情绪也随之低落。当第一次尝试推倒高楼失败时，孩子们并没有气馁，浩浩和琛琛观察木块停下的位置寻找原因并尝试改进，他们发现：失败可能是由于木块之间的距离太近、路径不够多、力量不够大导致的。找到可能存在的原因后，旦旦的情绪从失落再到重新振作。

于是，他们尝试调整了路径中相邻木块的间距，从原来的2厘米增大到4厘米，间距的变大让孩子们发现推倒的速度比之前快了一些，验证了浩浩的想法。另外，他们增加了路线的数量，并尝试了直直的路和弯弯的路，然而，调整后的三条小路相继倒在了大楼的面前，宣告失败。从孩子们调整并搭建出弯曲的马路时，我就知道大概率会失败，但我没有打断他们的尝试，因为这是他们在探究中获得的宝贵经验。

（二）摇摇欲坠的"危楼"

小八、旦旦、琛琛、萱萱、浩浩5人准备继续尝试，这次萱萱提出要重新搭建高楼，小八、旦旦、琛琛、浩浩想继续搭建马路。

萱萱很快搭建了一幢与之前极其相似的高楼，浩浩看着高楼思考了一会："萱萱，这个高楼太牢固了，我感觉还是推不倒。"萱萱："应该不会吧，我

实心高楼 　　　　　　　　　　　　　架空状高楼

图2　由实心到空心高楼的改进

来试试看。"说着萱萱用手推了一下高楼的底部，高楼只倒下了围墙部分，其他主体部分丝毫不动。浩浩："我就说吧！房子不能太牢固，要不然木块推不倒它。"萱萱点点头认同："浩浩，你和我一起搭高楼吧。"浩浩加入高楼组。浩浩将高楼的木块全部推倒重建，将 2 块厚长方形木块短边朝下竖立摆放当地基，地基上面放一块薄木板，这样第一层完成，同第一层方法一样继续搭建第二层、第三层，最后在顶上依次放上圆柱体木块和圆锥形木块，架空状四层高楼建构完成。与之前的实心高楼相比更容易被推倒（图 2）。

　　小八、旦旦他们这次决定用高 20 厘米、厚 5 厘米的木块搭建两条马路，两人兵分两路，小八搭建的路径从高楼地基出发，旦旦搭建的路径对准高楼地基的中间，并排从高楼前向外有规律地排列成两条约 5 米长的弯曲小路。浩浩："马路已经很长了，你们可以推了。"萱萱也激动地跳起来："快点快点，我要看看我搭的高楼会不会倒！"琛琛和旦旦急切地想要推倒马路，小八连忙道："等下等下，这几块的距离好像太近了，我再摆一下。""旦旦，你看木块间距只有 4 厘米，这样又会和上次一样停在半路了。"旦旦听到小八的话，马上将木块之间的间距从 4 厘米左右调至 7 厘米左右，停下来看看小八，小手犹犹豫豫地又拿起木块，又将其间距调至 10 厘米左右。调整完毕，征求大家的同意后，琛琛和小八一人推倒一个木块，两条路同时向前倒下，左边的路径最后一个木块倒在了高楼的旁边，木块与高楼擦肩。

我想他们是想将路径对准高楼最左边的地基，但是摆放时没有将第一块木块对准导致最后倒在了旁边，对准或许可以将高楼顺利推倒；右边的那条路径最后靠在了高楼第二层木板上，旦旦也在思考路径对准高楼的位置，从无意识地摆放到有意识地对准地基，说明旦旦和小八已经对"路径要对准高楼地基"这一点有了初步的认识，高楼摇摇欲坠，依旧未倒。

旦旦："有一条路没有对准高楼，倒在了旁边。"

浩浩："木块要对准高楼地基的木块才行。"

小八："空心的高楼比实心的高楼更容易倒。"

这一次小八将路径的第一块木块对准高楼地基最左边的地基，从高楼地基出发向外排列，小八搭的马路很快就成型了，转头看看旦旦还在搭建，于是她将每一块木块都仔细调整，把离得近的向后调，离得远的向前调，相邻两块木块大约在 10 厘米左右；旦旦将木块对准高楼底部中间的木块，刚开始她将木块相距 9 厘米左右摆放，过了一会又将木块向后调整了一些，使相邻木块大约相距 13 厘米，摆放结束后又微调了一些木块，很快两条直直的马路搭建完成。激动时刻来临，小八和旦旦一人推倒一个木块，两条路同时向前倒下，左边的路径最后一个木块倒下并倚靠在高楼底部，高楼摇晃了一下，中间的路径最后停在接近高楼的路上，高楼还是没倒。

小八："旦旦，你这两块木块离得太远了，所以它中途停下了。"

琛琛："小八搭的路第一块离得太近了。"

萱萱："木块不能离太远也不能离太近，什么距离最好呢？"

旦旦："我还以为远一点力量会大一些，没想到太远了。"

浩浩："是不是两条路木块的力量还不够？"

小八："高楼可能太重了，推不倒，可以把厚木块换成薄的。"

孩子们带着问题再次尝试，小八、浩浩、琛琛、萱萱共同加入搭建马路，四人各自对准高楼底部地基的木块，由里向外排列木块……（图3）一旁的旦旦拿了8块木块竖起来摆好，反复调整距离推倒观察木块倒下的力量，尝试许久，开心地叫："我知道了，你们看这样的距离力量最大。"小八："那我们都放这样的距离。"琛琛："没有尺子怎么办？"旦旦："用木块，这样量差不多是木块的一半。"小八："好，那我们都调整一下。"4个小朋友拿着一块木块，

第一次尝试，发现有一条"小路"没有碰到高楼地基。

第二次尝试，第一块木块对准高楼左边地基。

第三次尝试，多条"小路"对准不同的高楼地基。

图3　三次尝试，搭建不同的"路径"

对着两块木块中间一点点调整木块的间距。就这样 1.7 米、2.5 米、4 米、3.6 米四条路径完成。小八兴奋地跳着："这下高楼肯定会倒了，我们一起来推！"4 人分别站在自己搭建的路径前，萱萱倒数："3、2、1，推！"，浩浩激动地跟着自己搭建的路径嘴上不停地说着："倒！倒！倒！"最左边的路径缓慢停在了转弯处，最右边的路径快速倒在高楼地基上，前面的路径速度最快但仍倒在了高楼底部中间的木块上，后面的路径也随之依靠在其旁边，高楼摇晃了一下，依旧未倒。

虽未成功，但小八的发现意义非凡，因为它标志着之前那些无意识地摆放至此已转化为初步的探究成果。通常情况下，中班阶段的幼儿的注意力主要聚焦于直观的现象，尚不具备深入探究事物间内在联系的能力。然而，小八已经展现出特别的洞察力，她开始注意并探索这些关系，这无疑是游戏的重要进步。

案例分析

马路组的第一次尝试中，旦旦面对积木的距离犹豫地放下又拿起，可以看出她内心的纠结和不确定性，对于这个间距的把握还是模糊的。于我而言，意料之外的是小八能够通过观察与比较多条路径木块的摆放方式及距离，得出相邻木块的距离 10 厘米时倒下的力度最大的结论。小八已经能够将事物之间的关系进行比较，并将探究结果落于实践之中。

孩子们从第一次尝试中得知，木块之间的距离与房子的坚固程度都与最终结果有关联；在第二次尝试中感知，木块之间的距离不能过远也不能过近，明确木块要对准高楼的地基；在第三次尝试中，他们通过表达自己的观点和质疑同伴的观点，进行梳理调整，把个体经验变成集体经验，按照自己的想法进行了调整。虽然结果还是没有成功，但是孩子们掌握了探究与比较的方法。

（三）瞬间轰塌的"高楼"

10 月 18 日，孩子们第三次来到天空之城。萱萱和浩浩将厚木块替换成薄木块，短边竖立摆放，搭建四层架空状高楼，两人用之前相同的方式完成了四层高楼，浩浩拿来了一个很大的三角形放在高楼上，小八见到连忙："这个不能放，太重了，高楼就不会倒了。"浩浩在柜中重新拿了一个小三角形放在高楼最上层，高楼建构完成。

小八、旦旦、琛琛分别将不同的路径对准高楼的地基，路径的木块相距 10 厘米左右，由里向外直直排列。萱萱和浩浩在高楼完成后也加入马路组，搭建第四条路径……这时，意外发生了，浩浩拿木块时不小心碰到了小八搭建的路径，木块随之连续倒下，高楼一瞬间坍塌。孩子们兴奋不已，"推倒高楼了！""终于倒了！"一次偶然，让孩子们看到惊喜，他们商量决定搭建更多的"小路"，再次推倒"高楼"。

大家扶起地上的木块，将四条路径复原。另一边琛琛发现有部分木块距离太近，于是叫上旦旦一起检查。"这边高楼地基与路径木块的距离太近了，快来调整一下。"旦旦说道，小八马上将第一块木块往后移，第二块、第三块木块匀了匀。调整完聚集到一起再次检查，小八："浩浩你搭的路上怎么还有木块，赶紧去拿掉！"浩浩将木块小心翼翼地拿走。反复检查后，萱萱："现在没问题了可以推了。"琛琛、旦旦同声道："一人一条路，准备好！"四个孩子各自站在自己搭建的路径前，等着队长小八发号施令，小八："准备，推！"大家同时推倒第一块木块，小八的路径快速向前倒下，最快碰倒地基，高楼瞬间倒塌；紧接着旦旦的路径抵达高楼底部；琛琛的路径走到 3/4 的位置，受到高楼倒塌时底部的木块向外倒的力量，将路径向反方向推倒；浩浩的路径前面是直的但后面有点弯曲，所以倒下的时候在转弯口停顿，浩浩马上用手助推，抵达高楼的速度比旦旦晚 3 秒左右（图 4）。"哇哇哇！高楼终于推倒了！"几个孩子开心雀跃，兴奋地欢呼着！

高楼已经被推倒，我邀请孩子们仔细观察在推倒骨牌时，四条路径不同的

4个孩子各自搭建一条"路径"

"高楼"被成功推倒

图4

情况。并对有效路径进行了提问。

　　教师："四条路径都成功了吗？"

　　浩浩："有两条成功了。"

　　琛琛："我搭的马路太长了，速度就比别人的慢。"

　　琛琛："高楼已经倒了，木块就被反着推了。"

　　旦旦："转弯的木块放的距离太远了。"

　　幼儿屡次失败却总是能在不断自我调整后达到目标。

　　教师："高楼推倒最主要的原因是什么？"

　　萱萱："因为我们对准了高楼最下面的木块。"

　　小八："高楼只要推倒最底下的木块，上面就会倒。"

案例分析

　　高楼被推倒后，孩子们不断反思影响结果的各种因素：比如，浩浩在前期搭建转弯路径时，木块摆放出现并靠、距离太近等问题……再比如，琛琛提出了一个关键问题——路径长度与速度的关系，他观察到，自己设计的路径过长，导致在别人的路径都到达目的地时，他还没到达，于是开始思考如何优化路径，缩短到达的时间，从而完成推倒高楼任务。这次游戏经历让孩子们深刻体会到对木块的间距、摆放位置以及路径长短等关键因素细致考量的意义，这是他们在以往的游戏和学习中未深入触及的领域。从失败的反思中，孩子们都意识到每一个细微的调整都可能对最终的结果产生重大影响。

三、教师反思

（一）放手游戏，鼓励幼儿敢探索

孩子们对游戏都有自己的判断，小八搭建路径时，将木块的间距从 4 厘米调整到 10 厘米又调到 13 厘米，我想她在思考如何才是合理的摆放位置，在这一过程中她可能会尝试不同的组合和排列，直到找到满意的解决方案。在孩子们遇到难题时，我庆幸没有急着介入，那样有可能会抹杀孩子们的自主性、积极性、创造性。在他们的世界里，游戏有着无数的可能性。老师要放下预期、放下心中的"我认为"，与其介入，不如放手，在放手中观察，在观察中发现。

（二）支持游戏，促使幼儿深入思考

在游戏的过程中，我们会帮助幼儿梳理问题和经验，引导幼儿回顾与分享，让经历沉淀转变为新的经验。在前两次搭建中，孩子们对高楼、路径的搭建还基于比较粗浅的生活经验，所以出现了失败。面对孩子的失败，我们要通过失败来鼓励孩子们寻找原因并满足他们的学习需求，积极支持幼儿的探究学习，如：提供不同大小、形状和重量的木块，让幼儿尝试不同组合，以便让他们更直观地理解重量、形状与稳定性之间的关系；通过提问引导幼儿深入思考，如："你觉得为什么高楼没有按预期倒塌？"让幼儿慢慢地发现木块间距、摆放位置以及路径长短之间的关系。

（三）合作游戏，引发经验共生长

中班幼儿以半行游戏为主，他们会以自身的逻辑思考问题与解决问题，而本次"多米诺骨牌"的合作建构为中班孩子们提供了讨论的机会，他们在讨论中形成问题同盟，一起计划、探索、反思、改进。随着游戏的开展，孩子们一起计划搭建方案。他们需要考虑"骨牌"的排列顺序、间距大小、转弯角度等因素，以确保整个路径能够顺利推倒。在这个过程中，孩子们学会了如何协调彼此的想法，如何妥协和达成共识，这对于他们未来的合作和社交能力的发展至关重要。

 **专家点评**

一、在偶发事件中看到引发幼儿有意义的学习机会

孩子的衣角撞到一块块排队的木块，导致正在搭建的高楼倒塌，由此引发幼儿对"多米诺骨牌"撞高楼产生兴趣。老师能精准判断该事件存在的意义：

1.孩子们有浓厚的兴趣点；

2.孩子们有需要自主解决的问题点；

3.孩子们在此过程有需要迁移的学习经验，如空间距离、力度、重量等，且能增加同伴合作学习的机会。

分析了游戏的意义，老师开始自主观察和支持孩子们开展游戏。

二、多方位提升教师儿童本位的理念及指导策略

游戏过程中孩子经历很多失败和困难，老师用什么方法支持孩子坚持玩、继续玩呢？

1.儿童会议：让孩子们坐下来讨论，发表各自的观点，在相互交流与碰撞中开拓新思路，找到新方法。

2.影像捕捉：利用影像、实物、榜样等支架帮助幼儿清晰木块之间的距离与木块的长度息息相关。以独特的视角深入观察，引发幼儿自我学习。

3. 提炼梳理：老师把孩子们的想法记录下来，用思维导图进行梳理整理，让个体经验变成集体经验。

在整个过程中教师从未给答案，问题来自孩子们的搭建过程，解决来自孩子们的讨论交流，思考并不断实践，让我们看到了孩子们学习的过程。

三、从一维到多维激发幼儿不断深入探究持续学习

我们认为这是一个复杂游戏，那么在游戏中孩子看到了什么呢？迁移了什么经验？案例中我们看到了孩子们的发现：

1. 木块的距离和厚薄都会影响推倒的速度；

2. 高楼上不能放太重的木块，太重不容易倒；

3. 骨牌搭建路上的木块要清理干净，否则会阻碍推倒高楼；

4. 与高楼相连接的木块不能离太近，木块会卡在高楼上。

在这些发现中，我们看到了孩子们发现问题、解决问题的能力，理解距离、重量、空间之间关系的经验在增长；交往合作经验在迁移和运用；专注坚持的态度在体现；发表意见、表达观点在不断重复；学习在游戏中持续进行。

四、在评价与回顾中助推幼儿的游戏发展新样态

收集游戏中每个孩子在合作行为、探究能力、学习品质方面的行为表现，能让老师看到每个孩子在游戏中的学习样态，且比较全面与深入。反映了幼儿在不同阶段遇到的问题、猜想、解决方案、结果、反思及经验，老师只有看到了游戏中儿童解决问题的过程与方法，深入了解和学习的过程，才能有效支持孩子们的深度学习。

游戏在持续，孩子们的学习发展和教师的成长也在持续。

点评专家：浙江省特级教师　王芳

*此案例获萧山区第一届幼儿园游戏案例评比一等奖

大班建构区游戏案例

数数大烟囱

杭州市萧山区北干幼儿园　颜玲琳、朱行波

题记：在建构游戏中发现孩子有意义的数学学习。

一、案例背景

时间：2022 年 6 月 15 日

地点：庭前长廊游戏场

人物：小花、柚柚、珂尔、小军、紫溪、球球

　　本次游戏者为大三班幼儿，该班是华师大建构游戏中深度学习研究的试点班，班里幼儿对积木搭建有一定的基础，建构游戏积极性较高，会根据一定的主题搭建。在游戏中幼儿的专注度大部分较好，愿意和同伴合作解决问题。日常观察可见，幼儿基本掌握目测点数的方法，能通过实物操作进行 10 以内的加减运算，有按数群计数的前经验。

　　6 月，大三班的游戏场地正好转到庭前长廊游戏场，面对满场的各式积木，孩子们或一个人创作，或三两成群合作，从歌剧院到人民广场再到跨湖桥博物

馆，孩子们围绕萧山的独特建筑搭建了一系列的积木作品。这次，小花等幼儿搭的"萧山最大烟囱"极为引人注目，这个比孩子们个子还高的大烟囱究竟由多少积木组合而成，引发了孩子们的猜测与探索……

二、游戏实录

（一）爬上梯子数一数

孩子们来到游戏场。小花很快就打定主意喊道："我想搭个大烟囱，你们谁会搭烟囱，我们一起来试试。"珂尔回应："我会搭的，我们一起吧。"这时，紫溪也主动加入："我们可以用圆形和半圆形组合到一起，这样搭上去就好了。"

图1　不拆烟囱数一数

孩子们开始搬圆饼积木和半圆饼积木进行拼搭（图1）。搭到第七层时，孩子们发现这种方式搭的速度很慢。小军："大烟囱很高很大，光用圆饼积木不够，太慢了。"柚柚："对啊对啊，我们都搬了很多圆饼了，积木都要不够了。"小花观察了一圈材料柜说："那用圆柱体搭吧，这个高，搭起来就快了。"珂尔："可以啊，用圆柱体围一圈也是圆的，跟大烟囱一样。"接下来，孩子们调整积木类型，用圆柱体围合往上搭，搭完第一层圆柱体后，小军作为个子最高的男孩，去烟囱前对比了一下，发现烟囱还不高，于是讨论再往上搭一层。小花搬来了梯子，爬上去后，其他同伴把圆柱体递给她，她往上搭，终于完成了烟囱。

看到小伙伴搭的大烟囱，球球惊呼一声，紧接着抛出了一个问题："这烟囱这么大，到底用了多少积木？"老师顺着这个问题提出："你们有什么好方法可以数出来？"小花："就这样一层一层数就可以了。"柚柚："一层一层数。"紫溪："让小军（现场个子最高的男孩）爬到梯子上去数。"

讨论完，孩子们决定先采用不拆烟囱保持原状的方式数数。其中，小花和球球爬上梯子从上往下数，紫溪则是从下往上数。小花和球球边数边在梯子上从左往右转换方向"1、2、3、……64"，紫溪则是一个一个点着积木数数，并时不时探到积木的缝隙间数数"1、2、3……62"。柚柚分别问小花和紫溪数出来的结果是多少。

小花说："64。"

紫溪说："62。"

听完答案，两个人瞪着眼睛看着对方说："不是64吗？""不是62吗？"4个人都不清楚到底是多少。小花："我们一起数，声音太大互相影响了。还有我们可能中间的积木看不清就没有数进去。"紫溪："中间我数了，我从缝里看进去数的。"小军："我数了一会，没有数全。"球球："我数着数着，就忘记数到哪了。"讨论到最后，小花提出："我们应该要拿笔和纸把它们记下来就不容易搞错了。"

案例分析

幼儿围绕问题"大烟囱用了多少积木"，在团讨后先尝试不拆烟囱进行计数，虽然考虑到从不同角度进行点数，以保障最后结果的准确性，但是在计数时，因为烟囱造型的特殊性，所以围合在中间的积木难以清楚观察并点数，数出来的结果就会有问题。观察可见，从烟囱的自主搭建到对搭建的积木数量产生好奇，孩子们逐渐开始对游戏中遇到的事物与问题产生兴趣并进行持续思考与探索，展现了极强的探索欲。这一阶段，孩子们以不拆烟囱的方式进行整体点数，可见孩子在用数学的方法和思维对计数进行实践体验与分析整理，体验真实操作到数学抽象的转换过程，从而促进幼儿数学思维的形成和发展。但在实际操作中，因缺乏对烟囱圆形围合特征的预判，导致第一次计数失败。

（二）拆了再来数数

经过一番讨论，孩子们决定把烟囱拆开来再数数。于是孩子们迅速进入工作状态，小花和小军分别从烟囱顶部开始拆，小花把拆下来的积木交给珂尔点数，小军把拆下来的积木交给紫溪点数，每一次收到积木，珂尔、紫溪都会大声地报出点数的结果，然后把积木堆放在旁边，柚柚则单独在一旁边拆边数。

孩子们分成两边，边拆边数。烟囱拆到一半时，紫溪说："先把它拆下来，然后我慢慢数。"重复了一次后，没有小朋友理睬她，于是她就默默走到另一边，看着其他同伴在数数。等拆到底部时，5 个孩子凑到一起，集体边拆边一个个点数，紫溪则在周边走来走去观察，并在梯子边上发现几块积木，她喊道："这里没数，这里没数。"紫溪的发现并没有引起同伴的注意，大家仍然埋头继续数着（图 2）。

很快小花完成了点数，说道："我数出来是 42，谁的结果都不对。"

图2　分好类数一数

这一次数到最后得到的结果是42，和第一次得数又不同，孩子们都有了疑问：究竟是哪里出问题了？大家争执不休。紫溪："肯定是漏数了，我刚才就说这里的没数。"柚柚："积木都拆得乱七八糟的，所以数不清。"小花："要不然，我们把积木分清楚再数。"

　　小花的这个提议得到了其他五人一致同意，于是他们开始把积木从原来的场地搬到旁边的空地分类摆放。柚柚一边把圆柱积木搬到旁边，一边数着："1、2、3……"紫溪听到后拉着柚柚的手臂，提醒道："先分好再数。"积木分类摆好后，孩子们又聚在一起开始讨论怎么数数。柚柚："小军和球球可以数这个，小花和紫溪数这个。"柚柚一边说着，一边指着不同形状的积木进行点数任务的分工。这时紫溪也站出来发表自己的想法："全部一起数好了。"柚柚："这样子数不清的。"紫溪："数得清的，我1、2、3、4……你也1、2、3、4……"球球："两个人一起数，数不好的，要一个人一个人数。"最终的分工方案没有得到一致同意，珂尔先自顾着数起了长圆柱，柚柚和紫溪也跟着开始数，点数声此起彼伏。

　　过了一会，柚柚先喊道："我数好了，圆柱是22个。"紫溪接着说："我数了圆柱是29个。"小花抓着头说："怎么还是不一样？"搭建小组围在圆柱体旁边为22个还是29个圆柱体争论起来，小花提议再数一次，紫溪一边指着圆柱体，一边大声地报数，这时小军发现了问题，指着中间的圆柱说："不对不对，这里你数过了。"小花接着说："我也看到了，这个你数了两次。"

　　原来是紫溪在围合数数时产生了重复计数，导致数量出现了问题。围绕这个问题，孩子们又展开了讨论。小花："要是我们把勾线笔带来就好了，给每个不同的（积木）标上数字。"球球："要么我们把圆柱体排成一排一排的，这样就不会搞错了。"柚柚："还可以数完一个就放到旁边，这样就不会弄混了。"

　　柚柚和珂尔一组根据自己的方法边数边把数过的长圆柱放到一边，两人一个数一个数地依次交替数，最终得出结果是22个。我说："刚才你们都是用一个个数的方法，有没有数得更快的方法？"球球和小花于是采用摆成排的方法，先把圆柱体5个一组摆好，一共摆了4组多2个。两个人一边走一边数："5个、10个、15个、20个。"接着小花指着边上单独摆着的积木说："这里还有两个加上去就是22个。"小军看着小花他们数完后，说道："我还知道一种方法，就是一对一对地数。2、4、6、8、10……这样子数。"小花听到后马上说："我还学过10个10个数，这样就更快了。"

案例分析

在数长圆柱时出现了两种不同结果，由此引发孩子们团讨，最终发现计数时由于长圆柱为围合摆放，产生了重复计数的现象，导致数量出现问题。同时关于围合数数的问题，小花提出了可以用做标记的方式，避免重复计数。再次进行计数时，幼儿发现点数的对象数量大、种类多，由此围绕如何计数更快的问题，幼儿根据已有经验，提出了可以按对、组为计数单位，如 2 个 2 个数，5 个或 10 个为一组数，由此可以更快完成计数。过程中，幼儿解决问题与反思的能力得到进一步提升。在数学核心经验的发展上，可以看到幼儿已掌握基本的 10 以内心算和目测点数能力，还会以"2"为进位进行点数，且点数准确率高。同时已初步萌生了运算的想法和 10 进位运算的兴趣，有幼儿提出了可以用加减法计算，从而为下一阶段游戏做好经验铺垫。

（三）用加法怎么算

孩子们打算按类放好积木，再加起来数。为了避免搞错不同积木的点数结果，孩子们商量要用纸笔把得数记下来（图 3）。小军："圆柱体有很多种，长中短分开画。"小花："还有圆形和半圆弧形，都要画下来。"球球："这个长方体的不要忘记了。"珂尔："你们说，我来画。先把每一种积木的数量统计出来。"柚柚："小花会计算，最后加起来吧。"小花："我会算，但是这么多不一定会了。"

于是，我问道："除了小花能用加减计算的方法，还有其他方法吗？"小军马上说："可以用计算器。"球球："手机里就有，我看妈妈用过。"小花：

图3　用笔纸记录得数

计算器组　计算符号的运用　　　　　　小棒组　从部分到整体的计数

图4　孩子们分成计算器组和小棒组

"我们把所有结果加起来吧。"柚柚："我觉得可以的，画在一张大的纸上，就可以看到所有的积木（数量）了。"珂尔："那就请老师把手机借我们来算一算吧。"紫溪："还可以用小棒来代替积木，然后再来数。"（图4）

于是孩子们根据自己的想法，分成了计算器组和小棒组进行最后的统计。小棒组的紫溪找来探索区里的小棒，用小棒代替统计图上的每种积木的数量，找出对应数量的小棒后，他们每10根小棒为一堆，一共分成了7堆余6根，小棒组点堆数数：10、20、30……最后得出总数76，计算器组得出的总数是79。究竟哪个是对的，两组孩子又开始争论起来。老师发现后，引导说："两组的结果不一样，可以用什么办法来解决？"孩子们安静下来商量，决定交换方式重新计数。

这一次，小棒组的孩子紧盯着小棒，认认真真地点数；计算器组的孩子用手指着统计图上的每一组数字认真地输入。最后，两组的计数都是79。

案例分析

准确计数必须准确对应，建构大烟囱运用到 6 个不同种类的积木，计数必须对应积木种类，而总计数是每一种类积木之和。用小棒代替大型的积木，在一一对应后，将小棒以数量 10 为一堆进行计数，计数时更快速；不足 10 的计数必须保持手口一致的点数，可以保障准确性。计算器的使用需要对加法的基本运算规则及计算符号有一定的认识。幼儿在记录过程中，能结合已有经验通过图形、数字的方式来表征不同种类的积木和数量，从而完成记录，为最后的计算做准备。观察可见，幼儿对分类计数和总和计数已有认知，也会灵活运用生活中的运算经验，在计算阶段，幼儿已能以物代物地理解数量关系，为方便及高效完成计数任务，结合生活经验用小棒作替代物完成计数，实现了物与物转换的守恒数量规则，同时将数运算的方法从逐一加减向按数群加减递进。为满足幼儿运算的愿望，教师也适时提供了手机计算器，进一步引导幼儿理解并学会各类数符号及运算符号，帮助幼儿完成任务，获得成就感。

三、教师反思

（一）持续探究：获得多元发展

首先，小花、球球等六名幼儿围绕驱动性问题"这么大的烟囱用了多少块积木"展开探究，从不拆烟囱数到拆了烟囱数再到分类数，最终得出正确的结果，幼儿在持续多次的探究中通过讨论、协商分工等方式解决问题，丰富了同伴合作经验；其次，幼儿能根据探究需要，从按物点数向按群计数递进，深入感知计数的特征，积累了多元计数的经验，为幼小衔接做准备；最令人感动的是在整个游戏推进的过程中，幼儿能持续保持专注，遇到问题与分歧时，主动展开团讨，思考问题产生的原因，积极想办法解决，逐步养成坚持专注的学习品质。

（二）适宜支持：促发深度学习

通过对幼儿游戏行为的分析与解读，发现幼儿游戏的生长点和经验的提升点，从而进行适宜地介入与支持，促发幼儿在游戏中持续探究与深度学习。首先，精准捕捉、及时发现并抓住驱动性问题，追踪观察幼儿在游戏中的行为表现与经验生发。其次，提供支架，支持幼儿主动探索。以问题为导引，如"还有什么数得更快的方法"等跟进式提问推动幼儿二次思考，提供解决问题的新支架，使幼儿在解决实践问题的过程中深度思考和不断探索；以多元材料做支持，推进持续探究深入。游戏中，教师根据幼儿的探究需要，适时提供相应的工具（记录纸笔、计算器、小棒等）予以支持，使得幼儿能持续深入探究，不断借助工具解决问题，从而获得新的经验。最后，创设分享和评价的平台，促进多元经验迁移与生发。教师适时搭建游戏中、游戏后的分享交流平台，引导幼儿进行自评与互评，评价者可以从同伴的建构游戏中获得新的经验，游戏主体也能从另一个视角重新认识自己的游戏过程，进一步做出反思。同时，教师基于游戏观察与分析结果进行评价，从而促进幼儿多元经验的获得。

（三）实时自省：重构自我认知

幼儿数学学习的场景与方式是多样的，相较于集体教学，游戏中的数学学习更为自然真实，是幼儿内在需求的现实表现，因此笔者认为游戏是幼儿数学经验习得与迁移的最佳发生地。正如本次游戏中，幼儿围绕烟囱使用的积木数量展开学习探究，期间所发生与解决的都是来源于游戏现场的真实问题，且随着游戏的不断深入在动态地发生推衍，从分类点数到总和运算，涉及的数学经验在操作与探索中自然生发。在一个个鲜活案例中看到幼儿在游戏中主动学习、深度学习，也看到教师在观察游戏发现儿童的过程中不断更新认知、重构自我。

专家点评

《数数大烟囱》生动记录了几个大班孩子运用不同形状的积木进行的一次数学活动。

孩子们的数烟囱活动从 1.0 版持续至 3.0 版，始终围绕驱动性问题"这么大的烟囱，到底用了多少积木？"经历了如何数得快到如何准确地数的过程，期间不断尝试各种数数方式并不断调整策略，自然生发了有意义的深度学习。作为读者我也有种迫切想加入他们行列的冲动，因为在好玩的游戏过程中，让我看到：

一、关于数学核心经验的发展

从最初的 1.0 版看孩子们的数数行为，可以看到他们数与量的感知能力发展很好，但是孩子们并不满足于这样的状态，为了获取更准确的数数结果，他们对之前的方法有了"质疑"，逐步用数学的方法和思维对数数进行各种尝试，过程中涉及了集合与分类、数与运算、比较等内容。经常有人说数学"枯燥"，孩子们似乎也不那么喜欢学，说到数数也常用"掰手指"来形容。然而，在"数数大烟囱"活动中，孩子们的数学学习显得非常自然、非常有趣，核心经验的获得也就水到渠成。

二、关于问题解决能力的提升

数烟囱的过程中，孩子们在每个阶段均遇到了不同的问题，面对问题他们并不急躁，使用已有的数学知识来解决问题，比如逐一数、从不同方向数、分类数、按群数等，同时，孩子们也能预测可能有"数不全""漏数"等情况出现。活动过程中孩子们问题解决能力、推理与验证能力，以及交流与表征等能力皆有不同程度的提升。可以说，他们是在实战中边实践、边体验、边提升。难能可贵的是过程中教师的介入都因孩子的需要而起，一个提问、一支笔、一张记录纸、一个计算器……一切都是自然而为，教师的适宜支持也是推动孩子深度学习持续推进的有力保障。

三、关于学习品质的表现

因为烟囱构造的特殊性，要数清楚积木的块数并非一件容易的事情，从1.0版到3.0版，孩子们坚持不懈地努力达成目标，从想数到能数，再到数得准确直至用最适宜的办法数，他们的持续性表现非常出色。从构建"大烟囱"到计算"大烟囱"积木的块数，孩子们的行动由自发的兴趣引起，期间还会相互批评、质疑，显然学习的积极性和兴致始终保持如一，也有了批判性思维的体现。

随着故事从1.0版到3.0版，看到的是孩子们愉悦、耐心的游戏过程，他们学习着、发展着。

点评专家：上海教育报刊总社、《上海托幼》杂志总编辑　王坚

* 此案例获萧山区第二届幼儿园游戏案例评比一等奖

沙水区

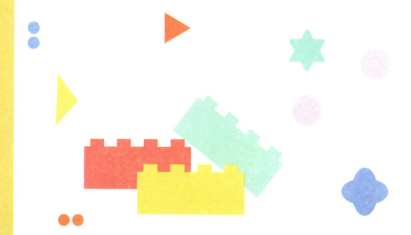

大班沙水区游戏案例

多变的水花

杭州市萧山区北干幼儿园　施华莎、王慰

题记：允许孩子在重复试错中"天马行空"。

一、案例背景

游戏时间：2022 年 12 月 2 日

游戏地点：沙水区

观察幼儿：杭杭、小泽、树树、球球、土豆、小花、星星、小曼、诚诚

　　幼儿园户外沙水区中，有三个相隔一米的水龙头，区内投放了若干长短不一的水管、大小不一的锅、碗、杯、盆、铲子等。这是孩子们第三次到此游戏，几位男孩子正在泥地上挖土。杭杭用方形铲子挖泥土的时候，小泽将一杯水倒在附近，杭杭马上在小泽倒水的地方挖泥土，铲子更容易铲进泥土了，杭杭边挖边说，小泽，再给我弄点水，于是，小泽、树树用杯子接水，杭杭、球球分别在两个地方挖泥土。大约过了 5 分钟，杭杭来到不远处三个并排的水龙头旁，拿起一根软管开始探究如何用软管引水。

二、游戏实录

（一）引水成功

杭杭一手按住西边 3 号水龙头，一手拿着软管，尝试将软管套进水龙头，但 3 次尝试都失败了。然后，找到软管另一头，对准水龙头用力往上套，还是未套进。杭杭来到东边 1 号水龙头附近，拿起另外一根软管，一手按住水龙头，一手拿住软管，套了一下，又调整身体姿势，下蹲一些，用脚支撑，用力将软管套进了水龙头。接着杭杭走到软管出水口那头，看着水流出来。不一会儿，软管从水龙头脱落，杭杭再次拿起这根软管，走到中间 2 号水龙头前，一只手按住水龙头，一只手拿着软管，弯膝盖，俯下身子，一开始手拿在距离软管口 10 厘米的位置，后来手慢慢靠近软管口，2 次尝试将软管套进水龙头，但未成功。随后调整身体，往前一步，将身体压在水龙头上，两只手握紧软管，用力套了进去，然后起身，一只手打开水龙头，一只手还是握着软管，将软管与水龙头尽量贴合。又调整身体方向，看着水流出软管，但是软管与水龙头的接口处仍有水流下来。

案例分析

游戏中，杭杭能够观察环境，想通过软管引水到泥地解决用杯子接水慢的问题，但在过程中，遇到了"软管口套不进水龙头"的问题，短短的几分钟内，杭杭先后进行了 5 次调整和探索，并成功完成引水任务。在他一系列的尝试与调整中，我看到了一个大班幼儿对物体特征的细致探究，以及能够在"试误"过程中灵活调整的能力。首先，在杭杭看来，软管的两头可能是不一样的，所以两头都要试试；水龙头也可能是不一样的，所以水龙头也要换着试；他认为不同的水龙头和软管口的组合可能会有不一样的结果，所以 3 号水龙头不成功时，也可以去 2 号水龙头尝试。其次除了材料，自己动手的过程也很重要，手握软管的不同位置，可能会影响软管与水龙头对准的概率，影响自己的发力；调整好身体姿势，下蹲更容易使上力，从而完成引水的任务（图 1）。

图 1　杭杭对着挖沙土的方向冲水

　　杭杭拿起被小泽拉走的软管，再次尝试将软管套进 1 号水龙头。他一手按住水龙头，一手拿着软管左右摇动，用力将软管成功套进 1 号水龙头，然后将软管的另一头拿了起来，对着挖泥土的方向冲水。杭杭发现水流不够远，尝试用手指堵住部分软管口，几次调整后，水流冲得更远了。

　　水一直流，沙地上形成水流。球球说："太多的水，根本看不见了！""停水！停水……"小泽边说边关掉水龙头。球球、树树、小泽、阳阳四个人分别用水杯、小铁铲子、大铁铲子、大脸盆、塑料铲子"铲水"。球球说："水还会回来的呀。"小泽又朝杭杭喊："你们不要再开水龙头了，不好了！"一边走过去关掉了另一个水龙头。

　　可是，杭杭又把 2 号水龙头打开，水流开到最大，两只手拿住软管，软管口近距离对准水龙头，让水流进软管，观察水花变化，一会开大水，一会开小水，看水从软管口流进，从另一个软管口流出。

案例分析

　　杭杭用软管引水，制造了水流，形成的水流往球球、树树、小泽挖的土坑中流去。于是，引发了一场水流大作战。球球等幼儿换用各种工具将水"铲"出去、"舀"出去、"挖"出去，表现出较高的动作技能水平，手的动作灵活协调。探索中发现"用大脸盆舀水最快"。但是水还是会满起来，幼儿获得了"流出去的水还会回来的"的经验（水花游戏过程梳理见图2）。

　　持续20多分钟的泥水作战过程中，小伙伴3次喊停，想让杭杭关掉水龙头，

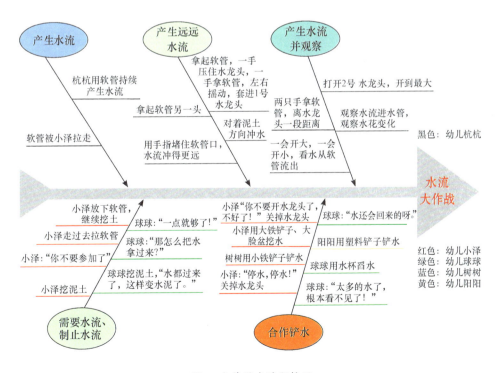

图2　水花游戏过程梳理

但是杭杭并没有停止，小泽用行动将水断掉 3 次后，杭杭又继续开启水龙头。杭杭的每一次尝试都是对已有经验的挑战，也是建构新的认知经验的过程。游戏中，杭杭对水流的探索有了两次惊喜的发现。第一次是在重复产生水流过程中，知道了手指堵住软管口并调整角度可以改变水流远近；第二次是水龙头开大开小，会产生短暂的水花。

从幼儿专注、坚持中能发现，他们的游戏目标很明确。球球、树树、小泽、阳阳为把水"挖出去"持续了 20 多分钟的"水流大作战"；杭杭则是制造"水流"的一方，游戏中不断探索引水成功的方法。

（二）多样水花真神奇

杭杭双膝跪地上，一手按住 3 号水龙头，一手拿住软管用力将软管对准水龙头套了进去。但是，很快软管掉落了。水龙头的水一直流，杭杭捡起软管再次将软管口对准水龙头口，过程中，出现了一朵小小水花，但很快消失了，这引起了杭杭的好奇，只见他继续将软管抵住水龙头口微微摇动。调整时，水花喷射的方向改变了，喷射的力度更大了（图 3），引起了周围小朋友的围观、尖叫。杭杭再次尝试将软管套进水龙头，打开水龙头，水马上喷射出来，软管掉落。

图3　调整水管时产生水花喷射

图4　出现"圆圆"的水花

杭杭捡起软管，将软管直直抵住水龙头，微微调整软管与水龙头口的角度，过程中开大了水龙头的水，出现了"圆圆"的水花，持续了 8 秒钟（图 4），吸引了土豆、小花和星星等小朋友的注意，小花尝试踢水花。杭杭又尝试了 4 次，引起了更多小朋友围观、尖叫。此时，小宝走近将水龙头关掉，但是杭杭继续打开水龙头，绕到另一边，单手拿软管，将软管直直抵住水龙头口，微微调整角度，制作了持续 5 秒的"圆形"水花。

杭杭将软管口一边微微倾斜抵住水龙头口，水花偶然呈现"扇形"状，朝对面方向喷射，水花喷到了一位小朋友屁股上。诚诚走过来，将水龙头关掉。但是杭杭马上开大水龙头，再次制造了朝外喷射的"扇形"水花，星星用杯子接水。诚诚又关掉了水龙头。

杭杭继续制造水花，一手拿着软管，一手握住 2 号水龙头，让身体保持平衡。调整软管口与水龙头抵住的角度，保持不动，"扇形"水花持续了 14 秒，朝外面喷射。诚诚又走近，关掉了水龙头，试图抢夺杭杭的软管，杭杭扔掉软管，诚诚捡起软管，3 次尝试制作水花。

杭杭拿起软管继续制造水花，诚诚过来，握住软管，调节了软管的方向，水花变得更远，更大了，喷射到了靠近的小朋友。接着，诚诚和杭杭继续调节水龙头和软管抵住的角度，尝试了 3 次。诚诚用脚踢水花。杭杭又制造出了一次较大的水花，小朋友在"啊……啊……"的尖叫声中一起往后退。

案例分析

杭杭在 3 次尝试将软管套进水龙头的过程中，偶然间产生了水花。然后经历了对"稳稳圆圆的水花—扇形水花—稳稳扇形水花—大大扇形水花"的多次探索。不断试误的过程，是有趣的实验过程，是探索软管与水龙头接触角度的过程，也是杭杭感知水力、水压和水的特性的过程。

基于梳理图（图 5）分析，我们发现杭杭等小朋友通过"猜测—调整—验证—再次调整"不断获得新经验。第一次，杭杭发现软管与水龙头口对准、抵住会产生水花；第二次，杭杭发现过程中开大水龙头，水花就会变大，并且能

图5 "多变的水花"游戏过程梳理

产生圆形水花，如果能掌握力度，保持姿势，水花就会持续地存在；第三次，杭杭经过多次试误知道了调整软管口与水龙头口的角度可以让水花向一个方向喷射，从而形成扇形水花；第四次，杭杭通过调整身体姿势保持平衡，让扇形水花持续更久；第五次，杭杭不断地调整软管口与水龙头口角度，获得了软管口与水龙头口角度变化能影响水花大小和远近的经验。

这个过程中诚诚等小朋友6次关掉水龙头，但杭杭还是继续打开水龙头，不肯放弃，一直专注于自己的探究，这种执着的探索精神让我动容和欣慰。

（三）水花对战真好玩

杭杭拿着软管，跪着移动身体到2号水龙头，打开水龙头，先是一只手拿着软管直直抵住水龙头口，然后用两只手握住软管微微调节软管与水龙头口的角度，接着一只手握住软管保持不动，一只手调节水龙头水的大小。这个过程中，先是喷出了小水花，然后喷出一条细水柱，最后水花向上高高喷射。

与此同时，小曼打开3号水龙头，手掌向上抵住水龙头口，水往四周喷射。诚诚走过去，也用手掌向上抵住水龙头口，水往四周喷射，然后再用一根手指插进水龙头口，不一会，手指被水压挤出，水一下喷出来了。接着，星星几次用手掌倾斜抵住水龙头口，水花往前方喷射。土豆和小曼一起，两只手掌叠着倾斜抵住水龙头口，水往杭杭方向喷射，杭杭被土豆和小曼制造的水花喷射到，赶紧往后退（图6）。

杭杭回到2号水龙头，将水龙头开大，将软管倾斜抵住水龙头，水花朝前边喷射。星星再次用手掌倾斜抵住水龙头，但由于水流不大制造了小小的水花，被杭杭制造的水花喷到，退后躲避。土豆把3号水龙头开到最大，

图6　小朋友玩起打水仗游戏

刚想用手掌制造水花，但是被杭杭制造的 "大大" 的水花喷射到往后躲避。周围小朋友都尖叫着往后退。

案例分析

随着游戏的推进，孩子们创造出了多人 "水花对战真好玩" 的游戏。同伴之间的交往、合作、模仿和探索学习贯穿于游戏始终。小曼、诚诚、星星先后模仿探索用手掌抵住水龙头制造水花，从一开始小曼手掌向上抵住水龙头口到诚诚尝试并创新用手指插入水龙头口，再到星星模仿尝试并创新用手掌倾斜抵住水龙头口，在相互模仿、尝试体验的过程中积累 "手掌倾斜抵住水龙头口能使水花往前方喷射" 的经验。然后土豆和小曼运用经验一起合作制作水花喷射杭杭。孩子们的观察模仿能力、迁移创造能力让我钦佩！看似 "热热闹闹" 的游戏，也蕴含着孩子们无限学习与发展的机会。杭杭通过 "调节软管与水龙头的角度—调节水龙头水量大小—调节手的力度" 试图制造出更大的水花，说明杭杭已经知道其中的影响要素。通过两个回合的对战，幼儿体验到了制造水花的刺激和快乐，享受着对战游戏的喜悦和成功。

三、教师反思

（一）教师放手成就天马行空的游戏创造与想象

持续 50 多分钟的游戏，幼儿在自信和松弛的心理环境中大胆游戏，创生水游戏的多种玩法。教师放手，允许幼儿随性游戏，没有因为看到幼儿浪费水而打断游戏，没有因为水淋湿了头发而叫停游戏；教师放手，让幼儿有足够的空间和时间去创造和想象、去探索和发现；教师放手，给予幼儿发现世界、获得经验的机会。只有这样，幼儿才能在游戏中充分发挥自己的想象力和创造力，形成独特的游戏风格和思维方式。也只有这样，幼儿才能真正享受游戏的乐趣，形成积极的学习态度和动机。

（二）快乐游戏蕴含水花形成的智慧探索与发现

水与软管的组合引发幼儿"水花形成"的无限创造与探究兴趣，持续推动游戏向纵深发展。游戏中，幼儿尽情释放自己的热情和活力，通过与水、软管等游戏材料的互动，探索、发现世界的奥秘。幼儿可以观察水花四溅的美丽景象，感受水花在阳光下的闪烁光芒。通过水花的形成，幼儿可以探索水的性质，发现水的流动、透明无色等特性。同时，幼儿在水花形成过程中锻炼了手部肌肉的灵活性和协调性，培养了动手能力和观察能力；幼儿在观察水花形成和变化过程中发展了观察力和想象力。

（三）试误过程促进科学素养的无声浸润与形成

杭杭等小朋友通过反复试误，操作验证自己的猜想，积累了经验，提升了科学素养。游戏中，幼儿尝试不同的方法，如改变水花的形状、大小、速度等。在这个过程中，幼儿观察到水花的各种形态和变化，并产生疑问，如"为什么水花会分成几瓣？""为什么水花会变成圆形？""怎么让水花往前面喷射？"等等。幼儿获得了水的表面张力、水的流速与水花的关系，软管口与水龙头口角度与水花的关系等经验。过程中提升动手能力和观察能力，这些都是科学素养的重要组成部分。幼儿对于水压和水力的科学现象虽然不能理解，但是获得了相关现象的感知与经验，发现事物之间的联系以及组合发生的概率，并能基于此开展新的探索与发现。

专家点评

每个人的成长经历中都会有对"水"感兴趣的记忆，很多人小时候都会盼着下雨，因为只有下雨，才能穿着雨鞋、披着雨衣或是撑着雨伞在雨中行走、踩水、听雨声……才能感受晴天里没有的快乐。

《多变的水花》记录了一群大班孩子从挖泥需要用水，到用管子引水，以及无意中"制造"水花等过程。教师朴素的描写，反映了孩子游戏中的真实状态，也让大家看到了《幼儿园保育教育质量评估指南》所倡导的教师作为幼儿学习活动"支持者、合作者、引导者"的专业立场，一个"懂"孩子的教师。

一、直面孩子的成长需要

3 至 6 岁的儿童以直觉行动思维为主，支持孩子在真实情景中探索更能激发孩子的探究学习。记录中，大家看到了孩子们在户外与水、与水龙头的亲密接触，在直接感知、亲身尝试、重复试错中解决问题，获得了直接经验。从"水流"到"水花"的游戏过程，教师给了孩子很大的空间，允许他们"天马行空"，因为教师知道这样的过程是孩子们喜欢的。直面孩子的需要，教师所做的就是支持他们在真实的游戏场景中探索和发现，实现自主发展。

二、在理解和辨析中提供支持

从整个游戏记录可以看出，教师在努力观察辨析孩子，理解他们为什么要这样玩，比如当孩子用软管引水时，教师理解：孩子们嫌弃用杯子接水太慢，想找到更快捷的办法。所以当孩子们多次遭遇软管与水龙头连接失败时，教师并不干预，而是让他们反复试误。在对孩子已有经验知晓的情况下，"放手"支持孩子实践不同的计划，挑战新的玩法。教师是孩子成长过程中的"重要他人"，只有在明晰和理解的基础上，给予适度的支持，才能体现其专业能力和专业技巧，才能让孩子的发展获得成效。

三、观察孩子的寻常时刻展开分析

这是孩子游戏的寻常时刻，比如在"水花大战"中，教师看到孩子们通过改变方向、变换角度"制造"出各种水花，分析孩子们在游戏中对水、软管、角度之间的关系有了感知，知道水的特性、水压等一些粗浅的知识。透过孩子的动作、表情等，教师看到了孩子行为中的潜在发展，并积极寻找他们学习与发展的证据。生活中有无数寻常时刻，"懂"孩子的教师常会包容、呵护和客观地分析孩子，并及时提供孩子当下成长的需要。

如果说要提一些建议的话，希望在记录孩子的同时增加记录教师的做法，可以是教师的眼神、动作、手势，或者是语言等。因为教师适宜的支持是推进孩子核心经验提升的重要支撑，能进一步激发孩子的探究愿望、激活孩子的思维，进而引导他们向更高水平发展。

点评专家：上海教育报刊总社、《上海托幼》杂志总编辑　王坚

* 此案例获萧山区第一届幼儿园游戏案例评比一等奖

大班沙水区游戏案例

失败的水花消失术

杭州市萧山区空港新城幼儿园　叶少兰、蒋春丹

题记：我没有失败，只是发现了"一万种"不可行的方式。

一、案例背景

时间：4 月 14 日至 16 日

地点：沙水区

人物：子晨、深深、恺恺、萱萱

在大型滑梯区里有大量的白沙、泥坑、水龙头、塑料框、石头、树枝以及随处可见的低结构材料。子晨、深深、恺恺和萱萱共 8 次在沙水区用各种材料（网兜、水管、蒸笼屉）倒扣在水管上做玩水花的游戏，他们依次提出了"不同的方向喷射水花会有什么变化？碰到不同的物体水花会发生什么变化？孔越多的材料水花的条数会越多吗？"等问题。他们对水花发生的变化与材料的形状、水管方向有了初步的认知，但是当发现水管喷射出的水飙到水坑里溅起大小不一的水花时，他们又产生了问题"怎么样让水花溅起来呢？"于是他们进行了探究。

二、游戏实录

（一）水花溅起来……

4月14日，子晨和萱萱盯着泥区里的大水坑，萱萱说："我们试试让里面的水花溅起来吧，看谁能变出更大的水花。"子晨说："我先来试试看。"于是他爬到了水坑边上用力往下跳"看我的水花大吧，都溅到了这么远。"（也许是因为水花落到了旁边的白沙上所以子晨认为水花的距离比较远）

萱萱不服气："我来试一试。"话音未落她扑通一声跳了下去，水花像珠子一样溅起来然后再落下去。子晨发现萱萱玩得特别开心，于是他走近瞧了一瞧然后左脚探出去试了一下，发现水会动"水会延开来了"。（也许是当子晨把脚尖伸进水坑里，动了几下后水会一圈圈往外延，所以他才理解为水延开来了）

第一次尝试子晨小心翼翼地爬到了泥区的边边上，双手向后一甩，当手往前甩的时候，双脚并拢跳向水坑；但是当落到水坑里时双脚是分开的，水花向四周溅起来。子晨说："我的水花不大，就溅到了小腿上。"（这里子晨根据水花最后落在小腿这个身体部位以此来对比判断水花的高度）

第二次尝试子晨开始改变身体的姿势，他还是站在水坑的边上，先是双腿弯曲，双手不停地前后甩动，嘴巴里数着"1234"，头微微向前靠，"啪"地一下跳在了水坑里，这次水坑中间下陷了，水花溅到了膝盖上。他脸上露出开心的微笑，眼角微微上扬说："我这次力气用得大了很多。"（图1）然后，他走到塑料筐边，左手按住筐，右脚慢慢抬上去

图1　尝试使用塑料筐

放置在筐的面上，但是筐不是很稳，摇晃了一下，他用双手按住塑料筐周围，左脚再慢慢踏上去。当他成功蹲在塑料筐上后，慢慢地站了起来，感觉筐有点摇晃，他整个人绷得直直的，双手慢慢打开，慢慢地屈膝，嘴巴里默念着"123"但是一直没有跳下去，等到第三次默念的时候，他才双脚一蹬往前跳下去，最终是身体弯曲双腿蹲的姿式落在水坑里。他惊喜地大叫："水花都溅到我的脸上了，看来高一点就是好。"然后跳起来，并且做了一个双手握拳向上的动作。（因为泥水溅到了脸上所以子晨认为这样的现象说明水花溅得比较高，而且由此得出结论：站得高一点跳下去，会使水花溅得更高）。

案例分析

水花游戏随着幼儿的兴趣不断深入，一开始面对如何使水花变得更大的问题，我看见子晨进行了三次尝试，从双手向后甩双脚并拢跳到增加摆臂次数，加大身体的力量，最后借助辅助材料"塑料筐"增加跳跃高度。他没有放弃而是不断尝试，特别是第三次面对摇晃不稳的塑料筐以及 15 厘米的高度，他的心里也许充满害怕与纠结，因此才会出现整个人绷得直直地以及三次默念才决定是否跳下去。最后他跳下去的一瞬间也许是克服了前所未有的恐惧，勇敢地一跃。

其实对于子晨而言真正的成功应该是满足于每一次尝试后"水花发生微妙的改变"，从水花溅到小腿上到溅到膝盖上最后溅到脸上，他根据水花溅到身体各个部位的高度判断水花的大小，但是可以发现水花溅起来的高度和水花的大小是不一样的，不一定溅得高就说明水花大。在他全情投入的状态中我们也许可以解读到子晨已经初步认识到，水花溅起来的高度和大小与身体跳跃的姿势、跳跃的高度都是关联的。但是现阶段他还不能用科学的语言来解释这三者之间的关联，所以我认为子晨对于水花大小的认知还处于浅层阶段。

（二）不一样的水花……

4月15日，子晨、萱萱又来到了泥坑区探究水花现象，子晨说："我还要试试，看水花会不会和昨天不一样。"萱萱说："我想到了其他的方法，我看过小猪佩奇电视里他们就是这样做的。"说完就用双脚左右交替在水坑里一直不停连续地跳，"你们快看我的水花是一片一片的，溅得有点高，还发出啪嗒啪嗒的声音。"这个跳法确实和昨天的不一样。恺恺也加入了踩水坑的游戏，他先是用左脚在水坑里用力一踩"水珠都飞起来了！"然后又开始一只脚一只脚慢慢地交替踩"好像小一点像小炮仗一样，啪的一声就没了。"子晨也加入进来了，他提问："为什么大家的水花不一样？"恺恺连忙说："有大有小，声音和样子都不一样。"子晨说："我来试试好像是我们踩得不一样吧。"于是他两只脚不停地做高抬腿向下踩的动作，水花不停地向上飞溅，有时候还会溅到旁边游戏的小朋友身上（图2）。子晨露出欣喜的笑容，双手举起来不停地招手呼唤同伴："快来快来，你们看我的水花！""哇塞！我觉得像烟花炸开来一样。"恺恺说。子晨连忙补充道："我用了很大的力气，脚抬得很高所以水花更大，还会连起来不停窜上窜下像老鼠一样。"萱萱随即模仿子晨的动作，双脚连续不停做高抬腿动作，这个动作持续了2分钟，她"呼哧呼哧"喘着粗气，断断续续地说："怎么回事，我的怎么这么小，我也是这样做的呀。"子晨摸了摸脑袋，皱着眉头道："好奇怪呀。"于是他再次用刚刚的动作多次进行尝试。

第一次：慢慢地高抬腿，左右交替向下踩水坑，双手垂直落在身体两侧，这时候的水花随着动作的频次不断地向上飞溅，水花是大片大片的形状。

第二次：加快了速度，

图2 改变双脚踩地方式

双脚左右交替向下踩水坑，双手放在腰间的位置随着腿的抬高用手掌拍打大腿，水花也是不停地向上溅起来，偶尔会溅到自己的脸颊两边。这时子晨用手摸了一下自己的脸，手拿下来的时候看到手上都是泥。他连忙把手伸过去给萱萱看："你看，这是我脸上的。溅得很高都飞到我脸上了。"还没等萱萱回应，他连忙再次跑到泥坑边上继续尝试。

第三次：子晨双手握拳，人微微前倾，抿着嘴巴好像牙齿也有点咬紧，连续 1 分钟双脚连续踩水坑，额头上也冒出了一点汗，累得气喘吁吁就停下来了。这时他感觉到头上好像有泥，用手摸了一下发现头上全都是泥，他笑得咧开嘴大叫："原来这样就让水花更大更高呀。"同时他呼唤着萱萱："萱萱你快来，我知道了。"

第四次：子晨继续不停地尝试跳水，旁边的恺恺和深深也被吸引但是他们却提出了疑问："跳水厉害的人不应该是水花越小越好吗？"子晨眉头紧皱，嘴巴微微翘起，双手紧紧握住没有任何回应。恺恺继续将自己的经验拿出来说明："我看过亚运会上水花小的分数最高。"子晨抬头和恺恺对视了几秒，声音明显大了一点，然后用手指着水坑反驳："跳水都可以跳呀，水花越大才越好！"深深连忙接着："全红婵就是很厉害的，水花都消失了，这才是厉害的。"子晨摸了摸头，有点结巴地说："我没看跳水比赛，我要去看看才知道是不是真的。"三人争论完后，子晨没有继续跳水游戏，他一个人坐在泥坑边上双手托着下巴。很快音乐响起，今天的自主游戏结束了……

🔵 案例分析

子晨观察同伴的跳水方法后自己也进行了尝试，对于不同的人用同样的方法怎么效果不一样产生了疑惑。于是他进行了试验，从双脚左右交替踩水出现大片大片的水花开始，继而左脚先踩，双脚慢慢交替踩出像小炮仗一样的水花，然后用高抬腿动作，水花不停往上溅，最后力量加大脚抬高水花像烟花不停向上窜。通过这一系列动作，可以判断子晨认识到水花的大小应该和自己身体的动作姿势有关，并且他通过加快双腿交替踩地的速度、增加踩下去的力度，仅认识到速度和力量也会对水花大小的形成有一定的影响。

相较于 4 月 14 日的探究，我发现子晨对于水花的变化有了更深刻的认知，他能辨析出水花与动作、速度和力量之间的关系。虽然没能真正成功，但他仍旧乐此不疲地不断尝试；当最后面对同伴的质疑"跳水厉害的不应该是水花越小越好吗？"他内心是不确定的。

（三）我的水花一直没有消失……

通过询问大人并且在家观看了亚运会上全红婵的跳水视频后，子晨知道原来跳水最厉害的就是从很高的地方跳下来没有水花。萱萱和恺恺在一旁讨论亚运会上看过的跳水项目，萱萱问："恺恺你知道那个跳水运动员吗？很厉害的。"恺恺："她是全红婵，获得金牌的，跳下去没有水花就最好，我妈妈说那叫水花消失术。"萱萱："哈哈哈，子晨错了吧，水花大跳水差。"子晨抿嘴一笑，摸了摸头然后提议："我们比一场水花消失术吧。"

第一次子晨仍旧是搬来一个塑料筐然后人站在上面，这次他是比较熟练地双脚交替小心翼翼地站上去，然后慢慢踮起脚尖，双手平举缓缓向上靠拢最终双手合十举过头顶，嘴巴里轻轻数着"123"直接跳了下去。"哎呀，怎么还有水花，失败……"

第二次子晨先是往坑里加了很多水，他还喊萱萱："快，水龙头开大，加满水。"他继续按照第一次的方式准备跳水，但是当他准备跳下去的时候，突然对着萱萱说："要不你来吧，我以前和爸爸去游泳的时候，爸爸直接扑进水池里，溅起来的水花溅到我妈妈，我妈妈说爸爸你个胖子，该不会我也是胖子吧。"于是萱萱在子晨的帮助下，先是右脚踏上塑料筐再左脚慢慢跟上，脚尖踮起双手平举举过头顶。跳下去的时候子晨发现水花是小了但还是有。失败两次后子晨坐在水坑边上，嘴里嘟哝着："怎么回事呀，水花怎么样才可以消失？"我以为他要放弃了，但是，没想到他突然站起来说："有了！"

图3 创设跳水台

第三次子晨找来了一块木板和双梯，他把木板穿过梯子的第三层然后从后面爬上去，站在伸出的木板上（图3），但是木板有点晃动他立马下来重新摆好木板的位置，把木板放在梯架的正中间，自己再次踩上木板，站在木板上他开始吸紧肚子，然后脚尖踮起双手仍旧向上合十，向下跳。"哎呀，又失败了"。

萱萱说："跳水运动员都不穿厚衣服，我们的衣服这么重。"子晨："怪不得之前我用大力气跳下去水花超级大，原来我要和之前反一下才能让水花小。"恺恺凑了过来："我看到他们比赛跳下去的台子很高很高，我妈妈说有好几十米。"子晨拍了拍脑袋："怪不得我站在板上跳比塑料筐上跳又小一点。"

子晨又尝试了好几次，直到游戏结束仍然没有成功，但是在整个活动过程中总能听到他们不断地讨论怎么样让水花消失。

子晨："我发现运动员是穿很少衣服的。"

萱萱："我们的衣服也有点重，少穿点可以轻一点。"

恺恺补充道："而且他们每次跳之前都要做一个动作，然后是直直地跳下去。"

子晨："是非常笔直，像一根箭一样插进水里的。"

恺恺："还有那个板是有弹性的，会把人弹得很高然后人就从更高的地方跳下去。"

子晨提议："有了，要不我们用小球弹到水里试一下不就好了。"

萱萱："那是不是要搭一个有弹性的高一点的跳水台呢？"

深深："是的是的，还要有一个大水池呢。"

子晨："我们可以试一试……"

 **案例分析**

子晨通过与同伴的对话以及询问家长、观看视频等发现跳水真正厉害的是水花很小或消失的。一开始通过模仿探索跳水的方式，比如利用梯子、木板制作跳水台，探究跳跃的高度是否会使水花改变；模仿跳水运动员的姿势"双脚踮起，双手平举向上合十"。经过多次失败，子晨将前后尝试进行对比，发现之前让水花变大的方式反一下也许会让水花变小，所以最后他说"原来和之前反一下才能让水花消失"这句话大概指的就是这个意思吧。我惊叹6岁的孩子居然已经有逆向思维，太棒了。

虽然在这次游戏中子晨一直没能解决水花变小乃至消失的问题，客观来看他是没有成功的，但是我们惊喜地发现，子晨在探索的过程中将所有线索进行了串联而并不是着眼于当下的成功与否，他学会在一次次尝试中进行前后对比、反思从而得出结论，这才是游戏真正赋予的意义，也是国际视野下需要培养"会反思、会创新、会探索"的儿童（游戏过程梳理见图4）。

三、教师反思

（一）成功没有定义

我很庆幸自己并没有介入或者干预看似毫无意义且成人预料到不会有成功结局的游戏，我始终坚信儿童的每一次尝试探索都是有意义的。当子晨尝试用多种方法使水花变小屡屡失败时，虽然我清楚地知道根据现有场地、材料让水

图 4 跳水游戏过程梳理

花消失的游戏是无法完成的，但我更明白成功真正的定义不在于结果更在于过程。在这个过程中，子晨先是利用各种方式使水花溅起来，然后采取不同的跳水姿势、跳水方式让水花变大，虽然他的尝试和探索还比较粗浅表面，但并不代表他没有成功，这个阶段子晨的成功在于观察到水花的微小变化；在第三次游戏中，他发现之前的判断出现误差，原来使水花变小或消失才算成功，于是调整了思路，重新尝试。

当我相信孩子每一次的探究都是有自己的意义时，我惊喜地发现原来我之前认为的失败与第二次的水花消失尝试是有联系的，他在尝试、反思中获得经验的对比，从而得出相应的结论，这样的思维方式难道不是一种成功吗？

（二）质疑背后发现游戏的意义

游戏就像一个未知的世界，你不知道什么时候才是尽头，也不知道会持续多久；作为孩子，沉浸在游戏中根据兴趣不断地尝试探索才是真正玩游戏。子晨从一开始专注于怎样把水花变大，并且对于自己的尝试有了进步而欣喜，到被同伴质疑，他没有像成人世界中那么脆弱会崩溃会情绪失控，他理性地看待他人的质疑并且进行了调整，他的这种情绪自控能力不得不让成人佩服赞叹。所以游戏带给孩子们更多的是良好性格、品质的培养。

（三）从游戏到真实生活的拓展和延伸

孩子们的跳水游戏是源自问题"怎么使水花变大或变小乃至消失？"引发，随后在经验整合、模仿尝试中发现原来跳水产生的水花是与跳水的姿势、着装、跳台高度等相关；但在游戏中只是粗浅的模仿尝试并没有真正了解到跳水的专业知识。

根据孩子们游戏后的对话，我认为也许教师可以给予相应的更积极的支持，推动他们的探索更进一步。比如：利用秒懂小百科，以科学的视角让孩子们真正了解跳水这项运动；观看全红婵的现场跳水视频并开展讨论；也可利用 VR技术为孩子们创设真实的场景；提供实验材料（有弹性的跳水台、小球、水池）

供孩子们探索；后期也可以根据探索的进程，尝试在沙水池提供相应的材料（弹性的 PVC 长板、高的跳水台等）。以实践理论相结合的方式让孩子了解真正的跳水。

我想，未来我们更应该相信孩子，让他们在游戏中畅快、自由探索；无论结果如何，重要的是专注、探索的过程。成功与否只是成人给予的定论，孩子自有孩子对成功的定义，甚至每个孩子都有个性化的成功定义。或许，失败在孩子们的眼中即使是"一万种"不可行的方式，也阻挡不了他们持续探索的热情。

专家点评

先看幼儿，这篇案例向我们充分展示了"游戏充满了无限的可能"。"跳泥坑""跳水坑"虽然看似简单，但幼儿在其中却发展出了很丰富的探索，其中"让水花消失"的探索就显然超出了我们成人的惯常思考，因此我们的确要看到成人和幼儿思维之间的差异，以开放的心态接受幼儿游戏的各种可能性。在这个案例中值得关注的是，除了低结构的材料、环境和教师充分放手的氛围支持了诸多可能性的发生，其实幼儿之间的经验冲突和互相挑战也是重要的因素之一。倘若没有恺恺和深深的质疑"跳水厉害的人不应该是水花越小越好吗？"以及幼儿后续不同经验的交互，或许就没有了后面让人印象深刻的探索过程。因此，作为教师，应该欣赏幼儿间的个体差异并将其视为宝贵的资源。

再看教师，教师在这篇案例中的观察记录和解读是有值得我们关注和欣赏的地方的。

首先，教师对于幼儿在游戏过程中的行为观察记录得非常细致，甚至记录了很多细微的表情、动作、语言和身体的变化（如出汗），这种认真的态度非常值得欣赏，也正是因为有了这么细致的白描，教师才有可能发现幼儿看似"重复"的一次次跳水坑背后其实都蕴涵着不一样的行为、不一样的探索以及不一样的发现，才有可能发现和理解幼儿行为背后的缘由、幼儿间经验的差异、幼儿个体经验的发展历程甚至思维过程。

其次，教师在不确定的时候，用"也许""大概"等词去描述自己对幼儿的想法或者经验的判断和分析，这显示了教师对于幼儿真正想法的尊重和敬畏，也显示了一种科学的态度。

第三，教师对于幼儿在游戏中的"成功"和"失败"有着具有长远眼光、具有过程意识的价值判断。当幼儿"让水花消失"的尝试在教师看来在当下场景中无法实现时，当幼儿多次尝试后总是失败时，教师并没有轻易地介入。她能够认可"无论结果如何，更重要的是着眼于当下的专注、探索的过程"，能够"坚信儿童的每一次尝试探索都是有意义的"，看到不断试误所带来的"会反思、会创新、会探索"对于幼儿未来发展的意义。

不过，有一点值得商榷和讨论的是，教师在最后提到关于多种支持方式的设想。尽管这些设想或许也有其合理性，但既然幼儿已经有了水花大小与高度、跳板弹性、重量、姿势、水量等因素有关的假设去验证，或许教师可以再抛开一些成人的思路，继续带着好奇观察和了解幼儿后续的探索行为和思考，不断地观察和反思自己支持行为的有效性。

点评专家：华东师范大学教育学部学前教育学系副教授，硕士生导师 张婕

*由此案例生发的教学活动获 2024 年萧山区教学评比一等奖

中班沙水区游戏案例

"火山爆发"记

杭州市萧山区金惠幼儿园　李诗佳

题记：问题和兴趣是助推幼儿持续探索的动力。

一、案例背景

游戏时间：2022 年 1 月 4 日至 7 日

游戏场地：沙水区

观察幼儿：皓皓、安安、沐沐、楠楠

　　幼儿园沙水区临近水源，配有水管、水桶、筛子等材料。在为期一周的沙水游戏中，孩子们发明了挖渠引流、水管运水、沙水混合垒高等玩法。在一次游戏结束后的分享环节，楠楠向大家分享了自己在游戏中搭建的"火山"，引起了同伴们的注意。

　　沐沐："火山是三角形的。"

　　嘟嘟："火山是很大很大的。"

　　楠楠："火山会喷发的。"

皓皓："火山喷出来的是岩浆。"
安安："岩浆是融化了的石头。"
孩子们纷纷议论了起来。

从孩子们的对话中可以看出，大部分孩子对于火山的外显特征有了一定的经验基础，并且对于火山爆发的现象以及岩浆兴趣浓厚（图1）。

图1　楠楠搭建的"火山"

二、案例描述

（一）"火山"爆发啦

1月4日上午10点，皓皓和安安进入沙池，两人拿来了铲子，选了一处靠近水龙头的区域，一起用铲子铲起沙子，堆成一个小沙包。一开始，他们只是在持续堆"火山"与找贝壳，20分钟后，安安嘀咕着说："火山是不是要爆发了。"皓皓打开"火山"上方的水龙头，水混着沙子往一旁流了下来。但没过多久，安安就发现了问题："哎呀，火山被水冲掉了。"（图2）皓皓看了一会，说道："我们插根水管进去。"安安"哦"了一声，便去材料柜拿来了水管，皓皓把水管插到了"火山"的边缘部位，安安继续往水管里倒沙子，水管中的沙子快要倒满时，皓皓在一旁说："火山马上爆发了。"安安在一旁也激动地说："岩浆快要流下来了。"

图2　"岩浆"流出来了

水管里放满沙子后，皓皓打开了水管上方的水龙头，水流入水管后，沙水混合而成的"岩浆"慢慢从水管上方漫了出来，在"火山"的边缘形成了一条沟壑。皓皓激动地叫了起来。

图3 倒下来的水管

"火山"爆发没持续多久，中央的水管由于站立不稳倒了下来（图3）。安安说："哎呀，是刚才的火山太小了，我们再把火山搭得大一点就好了。"于是，皓皓又拿起铲子，继续往"火山"上堆沙子。安安去一旁捡起倒下的水管，往"火山"山腰部位插入水管，准备打开水龙头。皓皓说："等一下，水不用放的，还要多灌一点沙子。"待到水管里灌满沙子后，安安打开了水龙头，"岩浆"又流了下来，孩子们再次激动地叫了起来。正当大家为"火山爆发"的景象感到惊叹的时候，安安放好的水管又倒了下来。安安喃喃地说道："火山爆发失败了。"正当他们准备再一次尝试时，游戏时间结束了。

游戏结束后，孩子们回到教室分享自己的游戏。皓皓、安安和大家分享了他们用透明水管插入"火山"中，通过上方水龙头溢水，让"火山"爆发的过程。安安说："水龙头打开后，岩浆一下子就流下来了。但是后来我们火山里的水管倒下来了，扶起来了还是倒下来。"皓皓附和道："是的，水管倒下来两次，火山只爆发了一半。"我问道："水管为什么总是倒下来？"想想听到立马说："那是因为你们的水管没有插紧，应该一开始搭火山的时候就把水管放进去的。"楠楠："岩浆应该是从火山顶上喷出来的，你们的怎么是旁边流出来的。"我问道："是吗？那是哪里出了问题？"皓皓举起手说："那我们把水管插到火山正中间就可以了！"安安："那我们明天玩的时候就试试看。"

案例分析

前期的沙池游戏中,孩子们已经对搭"火山"有了一定的经验,在观察中,皓皓和安安通过"选择临近水源位置—打开水龙头—火山中插入水管—调整火山大小"的方式让"火山"顺利"爆发"。第一阶段,他们选择临近水源的位置搭建"火山",打开"火山"上方的水龙头,让水流下来,从而形成"爆发"的景象,但很快他们就发现水会把"火山"中的沙子冲走的问题;第二阶段,他们运用了水管这一工具,往里面倒入沙子后,再让水龙头里的水流下来,水管里的沙水混合物从里向外溢出后流到"火山"上,一道道"岩浆"就形成了;第三阶段,他们又遇到了新的问题:水管倒下来了,安安想到了"火山"大小的因素,并迅速做出了调整,但水管还是倒了下来。游戏后的分享谈话,同伴们对水管倒下的情况从"火山"牢固程度、水管放入时间、水管插入位置等方面进行了原因猜测以及调整设想,并对下一次的游戏提出了计划。

(二)"火山"大爆发

1月5日上午,皓皓和安安选择了与第一次游戏时同样的位置,在沙池里搭建"火山"。有了第一次的游戏基础,皓皓在搭建的时候,一边铲沙子,一边用铲子在沙子上按压拍打,将沙子压严实一些(图4)。安安在一旁学着皓皓的方法一同搭建。"火山"搭到三分之一高度时,皓皓打开了上方的水龙头,往沙子里放了一点水,再继续往上堆"火山"。搭到三分之二高度时,皓皓说道:"安安,快去把水管拿来!"安安便去材料柜里拿来了水管,将水管

图4　拍打按压加固"火山"

从"火山"中央正上方插进"火山"里面，期间不断用铲子拍压"火山"。终于"火山"搭好了，皓皓打开"火山"上方的水龙头，"岩浆"从水管上方流了出来。两个小伙伴看着缓缓溢出的"岩浆"笑了起来，还叫来了一旁的沐沐："快看，我们的火山'爆发'了！"皓皓和安安关注着水管的状态，水管没有倒下来。

看着不断溢出的"岩浆"，皓皓说："火山可不可以爆发得更快一点呢。"安安激动地说道："我们用更大的水管，让火山大爆发吧。"说完去材料柜里找来了直径更大的水管，将大水管从正上方插进"火山"，说："我们试试这个大的水管吧。"（图5）于是，两人在水管边缘补足沙子，用加少量水、拍压的方式把"火山"重新加固，并往粗水管里倒满沙子后，打开了水龙头。皓皓看着溢出的"岩浆"说："这个好慢啊！"安安回答："没事，等下就会很快了。"粗水管积满水后，"岩浆"向四周喷了出来。

图5　更换大水管尝试

案例分析

在游戏中，皓皓和安安使用按压、加水的方式来加固"火山"，在选择插入水管的位置时，也从第一次的"火山"一边转移到了"火山"正中央。可以看出，他们把水管倒下的原因主要归结于"火山"不牢固和水管位置偏离，并做出分阶段二次加水、提前插入水管、正上方插入水管、持续拍压加固沙土的调整措施，这是他们对前期游戏分享中同伴的经验进行运用与验证，对比反思以及调整的行动，能力获得了提升。在游戏后半程皓皓和安安对粗细水管流速快慢的判断有冲突。安安认为用直径大的水管可以加快"岩浆"流出的速度，因为前期在沙水区游戏时，孩子们在用水桶倒水时，发现大的水桶比小的水桶倒水速度更快。安安将前期经验进行了迁移，说明中班孩子的认识来自于亲身实践，并且影响他的后期行为。而皓皓通过对比原水管和新水管的实际流速，提出了不同的看法："这个好慢啊。"我想这就是每一名幼儿在游戏中形成的不一样想法与认知。

（三）粗水管快还是细水管快？

1月6日上午皓皓和安安继续合作，很快搭好了牢固的"火山"，并选择了会让"火山爆发"更快的粗水管插到了"火山"上。两人你一勺我一勺地配合着往水管里倒满沙子，打开水龙头后，"岩浆"缓缓往四周流了下来。安安看着"火山爆发"的景象，嘀咕着说："我感觉不够快呀。""火山"喷发期间，皓皓不停往水管里补倒沙子。

这时，皓皓看到了放在一旁的矿泉水瓶，立马走过去把空矿泉水瓶放在水龙头下接满水，抱着水瓶走了过来，他大声提醒安安："安安你让开，快关水。"安安随即关掉了水龙头，皓皓将水瓶口对准"火山"中央的水管口，将水倒了下去，"岩浆"立即向周围喷出，还翻起了水花（图6）。两个孩子不禁感叹："哇塞！太快了！"试了一次后，皓皓走到另一处水龙头下接水。接满了水，又抱着水瓶小心翼翼地走回"火山"旁，他招呼自己的好伙伴："安安，

图6　用矿泉水瓶往水管里倒水

快给我弄点沙子，再来一勺。"安安立刻往水管里倒沙子，还不时用铲子压一压。水管里倒满沙子后，皓皓重复刚才的方法，把水倒到"火山"正上方的水管里，让"火山"喷发。如此接水倒水的情节共重复了 4 次。

随后，皓皓看见了旁边淳淳搭的"火山"，用了直径更细的水管，于是皓皓便走到淳淳搭建的"火山"旁，拿起水瓶往细水管里倒水，顿时"岩浆"四溢。旁边的小朋友看了说："哇，这个更快！"

游戏结束后，皓皓和安安欣喜地与同伴们分享自己的发现。皓皓说："我们今天用矿泉水瓶直接往水管里倒水，岩浆流得很快很快！"安安补充："我们还试了往淳淳他们更细的水管里倒水，火山爆发得超快了！"淳淳接着说："我看到了，非常快。"孩子们热火朝天地讨论了起来，在他们的游戏与表达中，我感受到了孩子们学习的热情。一个看似简单的"火山"爆发游戏，引起了孩子们的兴趣，并且在这个过程中，还让他们发现了很多秘密。

🔵 案例分析

从一开始的随意选取水管到后来有针对性地选择细水管和矿泉水瓶，幼儿的游戏行为更具指向性。在游戏后的谈话中，我问皓皓为什么想到用水瓶往水管里倒水，皓皓说因为觉得水龙头出水速度太慢了，直接用水瓶倒水，速度更快。原来皓皓通过观察水流的流速，运用矿泉水瓶倒水这一外力作用，增加水的流速，从而使"火山爆发"更快。这让我看到皓皓在游戏中对比观察和经验迁移的能力。四次的重复接水倒水，体现了皓皓对游戏的认真与专注，他在体验中获得了极大的自我认同和成就感。同时，皓皓看到了更细的水管后，又用矿泉水瓶在细水管上进行了验证尝试，在同伴的见证下，大家发现往细水管里倒水，溢出的水流速度更快。

在游戏分享环节，皓皓和安安与同伴分享自己的游戏，皓皓说："我们今天用矿泉水瓶直接往水管里倒水，岩浆流得很快很快！"安安补充道："我们还试了往淳淳他们更细的水管里倒水，火山爆发得超快了。"利用前两次游戏积累的经验，皓皓和安安不断尝试让"火山"爆发更快的方法，在实践中发现增大水的流速和使用细水管可以加快火山爆发的速度，幼儿的新旧经验在对比感知中得到链接与重构。

（四）"岩浆"大升级

1月7日上午，有了上次的游戏经验，孩子们已经知道细水管出水更快。游戏前，孩子们从材料柜里拿来了细水管。在"火山"搭建到一半时，沙池角落里的软管引起了他们的注意——这个管子更细！于是，他们决定用这根软管来代替细水管，一旁的沐沐也颇有兴趣地加入游戏（图7）。一开始，沐沐和皓皓一起用沙子搭"火山"，"火山"堆好后，皓皓和沐沐分别拿着软管的两端，皓皓将软管的一头套到水龙头口子上，沐沐将软管的另一头平放在"火山"最上端。皓皓刚打开水龙头，"火山"上端的管子就掉了下来，安安把管子扶起来，再次放在火上顶上，可是管子还是掉下来了。皓皓提议说："对了，我们把管子埋进去就可以了。"征得同伴的同意后，几人立马合作，先将软管放在沙面上，再用铲子往软管上方堆沙。沐沐将软管出水口往上提，保持软管口高于火山顶的高度。（图7）

图7　合作埋软管

新"火山"搭好后，皓皓打开水龙头，水沿着软管从"火山"顶上流了下来，"火山"上顿时出现了一条"岩浆"沟壑。沐沐大叫道："快看，火山在爆发。"这时，安安从一旁捡来了很多小石头，对同伴们说："我把石头放进去，这样就变成石头岩浆了！"说罢，便将捡来的石头倒进了软管里。当孩子

图8　石头岩浆喷发

们再次打开水龙头后，石头"岩浆"就从软管里流了出来。晓晓和沐沐也开始去一旁寻找更多的小石头，继续制作石头"岩浆"（图8）。

案例分析

在游戏中，孩子们不仅探究验证"火山爆发"的快慢，还探究了"岩浆"的组成及性状。这让我想到在"火山爆发"游戏前的谈话中，看到楠楠用沙子搭的"火山"，安安曾说："岩浆是火山上的碎石头融化之后产生的。"这是安安对火山岩浆的前期经验，这让我认识到孩子的学习不是在控制变量因素下的单一的学习，而是经验交错复杂作用下的主动推进学习。在使用新的材料——软管时，遇到了软管掉下来的问题，皓皓立马想到了解决的办法：把管子从"火山"底里埋进去，身边的同伴们也马上分工合作，最后成功解决了软管的固定问题。他们在游戏中链接知识经验，互相配合与思考，共同促进游戏内容的进一步丰富。

三、教师反思

"火山爆发"的游戏，始于一次对搭建"火山"的兴趣萌发，在兴趣推动下，孩子们对制造"岩浆"以及"岩浆"的流速产生了问题并进行了持续地探究，过程中，孩子们建构了新经验，在游戏中获得了学习与发展。

（一）耐心等待，让幼儿有探索学习的可能

"火山爆发"这一探究过程之所以能存在并进行下去，最终让幼儿在游戏中获得大量的经验和成就感，最重要的一点是教师给予幼儿充分的自主空间。作为教师，我捕捉到幼儿在沙水游戏中探究发展的可能性，我没有预设幼儿游戏的方向，而是将游戏的空间真正还给孩子。耐心等待的结果就是让幼儿有了自己的思考节点，一小步、一小步获得提升。这样的小步子会使幼儿的思考更加充分，更加遵循自己的节奏。

（二）试错与实践促使经验习得

在这个游戏中，幼儿始终处于积极的思维状态，整个探索过程就是一个不断"发现问题—分析原因—提出设想—实践验证"的过程。在这个过程中，幼儿不仅感知了沙和水的特性，也了解了水的流动性特征。更重要的是，在探究的过程中，对水的流速与出水面积之间的关系进行了比较，得出了初步的结论。

（三）问题和兴趣是助推幼儿持续探索的动力

在游戏的学习过程中，我看到了幼儿身上坚持不懈解决问题、不轻言放弃的品质，能将同一个问题的解决自发地延续到第二天；我看到了强烈的探究欲望，每一次尝试都能让他们收获经验，增强进一步探究的动机，其中充满假设、验证、再假设、再验证的循环往复；我看到了幼儿的自信，他们始终相信自己是有办法的，以至于教师几次想开口，总被他们的新办法止住。

在"火山爆发"的游戏中，幼儿自信、自主、自发的游戏状态和探究状态感染着我、激励着我。当发现幼儿遇到困难时，教师以提供材料、抛出问题、讨论分享等方式帮助幼儿发现问题、解决问题，推进游戏的持续发展。对于教师来说，做幼儿的陪伴者、支持者、成就者，应当是我们始终坚守的行为准则。

专家点评

　　该游戏的诞生源于幼儿在沙水游戏中兴趣的自然转换和主动探究，围绕"火山爆发"而生发的一系列问题探究，呈现了一个由简单材料引发的复杂学习过程，较好地落实了《3-6 岁儿童学习与发展指南》提倡的"珍视游戏的独特价值"的精神。在此过程中，幼儿获得了关于沙与水的流动性特征、水的流速与出水面积之间的关系等经验，并在探究过程中不断地猜想、尝试、观察、描述、比较，一个个鲜活的"热情投入的主动学习者"跃然纸上。

　　游戏中，教师为幼儿描述和反思探究过程、提出探究猜想、展示相关生活经验、进行经验迁移、自主记录探究猜想和结果等提供了充分的机会，使幼儿能基于自己的经验和猜想，在游戏中持续探究。同时，教师抓住幼儿解决问题的关键点细致观察、积极思考，梳理幼儿自主探究、解决问题的清晰线索及对策，体现了教师对游戏中幼儿学习与发展的专业思考。正是基于细致观察和专业思考，教师通过提供材料、问题解答、经验点拨等方式，实现了对幼儿从"爱玩"走向"慧玩"的有效支持。

　　本案例让人印象深刻的一点是教师的提问，这是教师推动游戏不断深入的重要策略。这种提问，不是随意的、发散的，而是基于教师对幼儿游戏的观察与解读，在不同阶段提出的具有针对性的问题。案例中教师的提问，至少起到以下四个方面的作用。一是用问题帮助幼儿回顾与反思，如提问"水管为什么总是倒下来？"幼儿得出重心太高（水管要插到底）、缺乏支持（同伴扶住）等结论，促使探究深入；二是用问题引发交流与讨论，如提问："有什么办法可以让火山爆发得更快？"经过讨论，幼儿得出可以更换粗的水管；三是用问题促进思考与猜想，如提问："火山爆发与水流速度、水管粗细的关系？"幼儿在猜想、实验的基础上，进行实际验证；四是用问题推动活动与尝试，如提问："彩色石头岩浆如何制作？"引发幼儿更丰富的游戏内容。这些问题，使幼儿聚焦于各个游戏阶段的关键点，推动游戏中探究活动的深入和游戏内容的扩展。但是，需要思考的是：教师帮助幼儿发现问题、鼓励幼儿去尝试是一把双刃剑，既可能起到支持、引导的作用，使活动得到朝某一方向发展的可能，也可能因此就失去了另外的可能性。

点评专家：杭州师范大学经亨颐教育学院　张三花

*此案例获萧山区第一届幼儿园游戏案例评比一等奖

小班沙水区游戏案例

挖呀挖 挖个大沙洞

杭州市萧山区瓜沥镇光明幼儿园　赵佳丽　钱玮晔

题记：小班孩子对于游戏工具，也有自己的判断和思考。

一、案例背景

游戏时间：2023 年 10 月 20 日

游戏地点：沙水区

观察幼儿：小宇、乐乐、小志、小颖

　　幼儿园里有一个大沙池，周边安装了 6 个水龙头和一个安放纸筒、木块、挖掘机、小汽车、铲子等游戏材料的材料屋。小宇很喜欢挖沙子，在 10 月份第一次进入沙水区的时候，就一直沉迷于挖沙子，用双手刨出一个又一个的坑，小颖、小志看见了也加入进来。在接下来几次沙水区游戏中，小宇从挖坑变成了挖一条长沟，小宇、小颖还尝试用水管给长沟通水。最近，老师发现孩子们的挖沙又有了新方向，他们想挖什么呢？于是我继续追踪观察，看看他们新的挖沙兴趣点是什么。

二、游戏实录

（一）挖呀挖……

10月20日上午，小宇进入沙水区玩沙，他身体微蹲，双手交替向下挖沙，并将挖出来的沙子堆在旁边。小颖看见了，说："我来帮助你。"于是她蹲在旁边和小宇一起挖。他们很快挖出一个垂直向下的坑，有小宇一个手掌宽，一个半拳头深。接着小宇把手伸进沙坑向前挖，挖了五六下之后，他换了个位置开始挖另一个坑，不一会儿他挖出了和前面那个差不多大小的坑，并用自己的右手伸进去朝前面连续挖了三下，接着，他拿起铲子转身回到第一个坑前，用铲子继续在里面挖沙。挖着挖着，他停住了，放下铲子将右手探入沙坑，从里面拿出一块石头，说："挖到了一个石头。"然后把石头甩到一边，继续用右手挖沙。又挖了一会儿，小宇的手渐渐伸不进去了，于是他拿回铲子平着向前挖了两下，发现铲子上的沙子很少。接着小宇将铲子斜向下插入沙中用力挖了两下，铲出大半铲的沙子，坑的长度增加了一拳的距离。接着小宇跑到对面坑口，将铲子微微探入里面，发现铲子经常会被洞口卡住，于是他把铲子扔到一边，用右手来回向外挖沙。每挖 3 下，他都会趴下身看一下坑洞变大了多少。重复 3 次后，他发现洞口够大了，于是他重新拿起铲子挖沙，先斜插差不多 30° 发现无法将沙子挖出来，于是又重新调整铲子的角度，将铲子向下倾斜后，终于将沙子挖出来。重复几次过后，两坑中间的沙子被掏空，形成了一个连通的沙洞（图 1）。他们开心地大叫起来，挥手招呼同伴来欣赏。

图1　沙坑变沙洞了

案例分析

在沙水区，小班幼儿最喜欢挖沙坑游戏了，他们挖过一条条沙沟、一个个沙坑，但两坑相通的沙洞却还是第一次。我发现他们挖沙洞并不是从一个洞口挖到底，而是先挖两个沙坑，然后依次在两边挖，使这个沙洞能在中间打通。他们认同这是一个沙洞，说明他们对洞的结构有了基本的了解。当沙洞打通时，我能感受到两个孩子的开心。在这个过程中，我看到他们不仅仅是用手在挖，还积极地借助工具来挖。一开始，小宇想借助手将里面挖通，即使换了一个方向，他仍旧坚持用手挖沙子。但是当手够到的沙子不多时，他开始借助铲子来延长自己的手臂，继续将沙子挖出来。当他发现洞内空间不够大，铲子进不去时，他又会用手挖沙，将洞口两边的沙子挖出来，当里面的空间变大，他又会继续改用铲子挖沙，在这个过程中，幼儿不断通过自己对洞的大小、长度判断来调整挖沙工具与方法。

（二）呀！沙洞不见了

小志走了过来，看到小宇在挖沙洞，他走到沙洞前停留了一会，然后他侧身看了看沙洞，抬起右脚轻轻落在沙洞边缘，又马上抬起，紧接着右脚第二次落在原来的地方，又马上抬起，第三次小志抬起左脚，嘴里说着："我过桥了。"（图2）小宇蹲在一旁好奇地看着小志。最后小志将自己的右脚重重踩在了沙洞右侧上，又马上收回，沙洞的右侧开始坍塌，沙子飞速掉落，接着小志又抬起自己的左脚，踩在了沙洞的左侧，沙洞的左侧也坍塌了。

图2　沙洞被弄塌

小宇笑着倾身向前看去，并用手将散落的沙子推向坍塌的中心，发出了长长的叫声"啊——"。小志又抬脚去踩沙洞中间，小宇笑着将沙子和小志的脚一起向坍塌的沙洞方向推去。至此，沙洞被沙子盖住，消失了。

案例分析

当小志看到小宇挖了一个沙洞，他抬起脚想要通过它，并说："我要过桥了。"我觉得小志应该是觉得沙洞的外形微微拱起，看起来像一座桥，因此他创设了一个"过桥"的游戏情境，第一次的脚轻轻落下，马上抬起，第二次的脚重新落下又马上抬起，第三次的脚正式落下，表明了幼儿在"过桥"游戏中对于沙桥承重力的探索，同时几次的尝试也是在征求小宇的同意，当看到小宇并没有对自己的行为进行制止时，小志终于重重地踩了上去，沙洞开始塌陷。对于小宇这个"沙洞"的建造者，当他看到小志的"过桥"行为，并没有制止，而是认真地看着小志的脚落在沙洞上，此时，他和小志一起沉浸在"过桥"的游戏中，面对着沙洞的塌陷，他还和小志一起推倒了沙洞，并开心地哈哈大笑。

（三）沙洞又不见啦

小宇看着倒塌的沙洞，在原位置上开始重新挖沙洞，他拿铲子向下挖了两下，表面的沙子被铲走，右侧沙洞口重新露了出来。接着小宇放下铲子，用手将沙洞顶端的沙子压平，又伸手去挖沙洞里面的沙子。随后，他改用双手交替的动作将沙子运到沙洞顶端压平，沙洞逐渐显现。接着，小宇移动到对面用右手向外挖沙，沙子顺着手部动作散落在洞口周围。小宇的挖洞行为持续了半分钟，使沙洞变宽了2厘米，向下加深了3厘米，形成了较窄的斗状沙洞。

随后小宇重新拿起铲子继续将沙子铲到沙洞外面。他的右手拿着铲子不断调整铲沙的方向和力度向外铲沙，左手五指并拢不时地去拍沙洞顶端的沙子。双手交替了十几个来回后，沙洞两侧形成了较长的坡度，能放下小宇的一半小

图3　合作重挖沙洞

臂，宽度与手肘宽度贴合。

这时乐乐走到右侧沙洞口拿起小铲子挖了起来（图3）。小宇左右看了看，犹豫了一下，捡起铲子对着洞口，把铲子用力向里伸，向下压住铲子，挖出了洞口深处的沙子，沙洞随着铲子移动加宽了1指，深度也增加了一拳。

小宇和乐乐一左一右同时挖沙，将掉落在沙洞的沙子彻底铲出，沙洞终于又出现了。小宇咧嘴大笑，说："挖通了！"说着，小宇和乐乐一起向洞内看去，小宇伸手量了量，发现沙洞的长度与自己的臂长相近，宽度比容纳自己上臂的直径还多4厘米左右。乐乐："我挖通了耶。"小宇："我也通了。"话音刚落，小宇就跑到沙洞对面，蹲趴在洞口看对面的光和昏暗的沙子。起身时，小宇脚滑了一下，右侧沙洞口侧边的沙子向内流去，盖住了一半的洞口，小宇移动左脚试图站稳身体，但没能成功，他一个劈叉压在沙洞顶端，沙洞顶端沙子落在沙洞里，沙洞又消失了。

 案例分析

面对塌陷的沙洞，小宇又开始重新挖沙洞，与第一次相比，这次小宇用手挖沙时出现了双手并拢挖、右手连续挖、双手交替向沙洞顶端运沙并压平等动作。我问小宇为什么要压沙子，小宇说他把松散的沙子抓在手中握紧，发现这样沙子就不容易溜走了。我回想起前几次小宇在用小卡车运沙子的时候，都会出现用手拍一拍、压一压的动作，我想这应该是他在运用前期经验的表现。

小宇刚刚清理过的沙洞口因为小志的行走重新落满沙子，但他没有生气，笑着用铲子背面压沙，再用铲子正面铲沙。小宇的这一行为让我觉得他对铲子结构已经有一定认识，知道平放时铲子背面与沙子的接触面大，而铲子正面凹进去的形状能容纳更多的沙子。随后我发现小宇在铲沙时先是压低铲子铲沙，三下过后就改成了双手交替挖沙，我问小宇为什么不用铲子，小宇说："铲子太慢了。"随后挖沙动作加快、动作增大的行为表现，说明他在洞口挖近处、窄口的沙子时，掌握了灵活使用短工具的经验，且挖沙的兴趣随体验的丰富愈发浓厚。左侧洞口初步完成后，小宇快速移动到右面，再次尝试了不同的挖沙姿势：铲子斜向下铲、铲子立起来铲、右手侧身位挖、双手拢沙、右手连续挖。两次挖沙过程都出现了手和工具的组合使用，开始根据洞口的实际情况灵活地选用适宜的挖沙工具与方法。

（四）再挖个大沙洞，把它按塌吧！

面对沙洞的消失，小宇尖叫着扑到沙洞顶端，接着他的右手落在了原右侧洞口的位置，开始往外挖沙。几下过后，沙池表面再次出现了黑色的沙洞口。小宇以左手撑地，右手深入洞口的姿势向外挖沙。同时乐乐返回了沙池，蹲在小宇对面用铲子垂直向后推沙。当乐乐挖出了一条大约长 25 厘米，深 10 厘米的沙渠时，小宇将双手撑在沙渠中，借力起跳到对面，右手虚握垂直向下插入沙子并向外挖沙。重复六次后，小宇的动作开始放慢、手臂以斜向前向下的角度用力将手插入沙子中，想要挖走更多更深处的沙子。第一次尝试时手被沙子卡住无法向后移动，小宇抬手后才将沙子顺利挖出。接着小宇把手放在沙洞坍塌的平面上量了量位置，正面对着原洞口，降低了倾斜角度，放平手臂再挖。这次，两下就挖出了原来的洞口。

小宇将身体趴跪在沙池中，用肩膀带动手臂向右下方发力挖沙，在他的努力下，又有一大堆沙子被挖出，他开心地发出"哇哦"的笑音。随后小宇与乐乐面对面挖沙。乐乐将铲子换成短棍向洞内探去，小宇"哇哦"一声，笑得更大声了。乐乐的手用力向前推动短棍，说："好了，已经通了。"小宇将棍子推回去，继续用手挖，边挖边说："还有一点，还有一点。"（图 4）乐乐

图4　挖更大沙洞

看着小宇说："小宇，还是我厉害。"小宇用笑声回应乐乐："yeah，哇哈哈哈哈哈。"乐乐拿起铲子探向沙洞，小宇大叫起来，快速下蹲想要伸手抓铲子。铲子没抓到，小宇把手抬到沙洞顶端，将沙洞两边的沙子向下压去，说："哈哈，坏掉啦。"

案例分析

　　小宇在返回沙堆第一时间就在原洞口位置挖沙，并在挖出原洞口后继续游戏，我问他为什么不换个地方重新挖，小宇回答："这里的沙有松有紧，好玩。"说明比起原始沙池状态，有变化的沙子挖起来更让小宇感兴趣，意外出现的原洞口对于小宇来说更像是意外之喜，使游戏更具趣味。

在重挖沙洞的整个过程中，小宇都没有用到铲子，而是选择用手更充分地与沙粒进行接触，他对沙子探究似乎和以前有些不一样了。我看到他把手深深地插入沙中，感受着手被沙子满满包裹，动弹不了的感觉，那应该是一种全新的体验，而当他把手往上一抽，沙子又变得松松软软，压力瞬间释放，他试着通过这样的方式，来寻找合适的深度，可以更快更好地把沙挖出来。通过自己的身体去发现沙子的流动性和可塑性，发现更多的沙子好玩处，我想或许这才是幼儿喜欢挖沙的真正原因吧。

在游戏后期，乐乐选用一个新材料——棍子，尝试用棍子穿过沙洞促使两洞连通，小宇用手感知后也认同这是一种新的连通方式，从一开始用眼睛看到现在用物体贯穿，不同的方法让他们对于连通有了新的认知。

三、教师反思

持续一段时间的沙水游戏，孩子们一次次地挖沙—挖坑—踩塌—重建。在看似重复的过程中源源不断地解决新问题、习得新经验，我不禁为孩子们的学习能力感到震撼。

（一）重复游戏行为背后的真学习

当幼儿多次重复挖沙动作时，作为教师的我起初有些麻木，直到听到他们的惊呼，我才开始仔细地观察他们看似重复的行为。他们挖沙过程中手与铲子的交替是他们对挖沙效率的感知与判断；沙洞的不断踩塌与重建是他们对沙洞多种挖法的不停探究。他们用细微的角度、力度、工具选择，在一次次游戏过程中练习技能、实施想法、主动建构新经验。他们让我知道孩子游戏中的重复只是成人眼中看到的表象，只有蹲下来观察、用心去记录、耐心去倾听，才能走进孩子的世界，才能真正读懂孩子。

（二）看似破坏行为背后的真探究

当我认识到幼儿是与生俱来的学习者时，我开始放下对结果的渴求，去尊重接纳他们在游戏过程中一些"破坏性"的行为。也因此，我观察到了小志踩踏沙洞时尝试了轻重不同的力度，并通过沟通认识到那是他对沙洞承重的探究；理解了小宇多次弄塌沙洞是因为他的年龄特点，就喜欢这样看似"破坏性"的游戏。他在沙洞倒塌中感受快乐，在破坏与重建中感知沙洞的空间结构、发展空间能力。克制自己的掌控欲，将游戏还给孩子，他们会以自己喜欢的方式迎来自己真正感兴趣的知识。

（三）幼儿游戏互动行为中的真发展

再次复盘游戏过程，我意外地发现这短暂的 30 分钟里幼儿开展了多种互动。与材料互动，获得了沙子具有细小、松软、加压后会连接紧密的特性；与环境互动，他们知道当沙洞状态发生变化时要根据现状选择适宜的工具；与同伴互动，他们发现合作可以提升游戏效率，丰富探究角度……幼儿是天生的学习者，他们无时无刻不在发起互动，收获成长。

走近孩子、倾听孩子、相信孩子，去欣赏他们小脑瓜里天马行空的奇思妙想，让小小科学家们在充满无限可能的游戏场域不断尝试、发现、探寻、成长……

（游戏过程梳理见图 5）

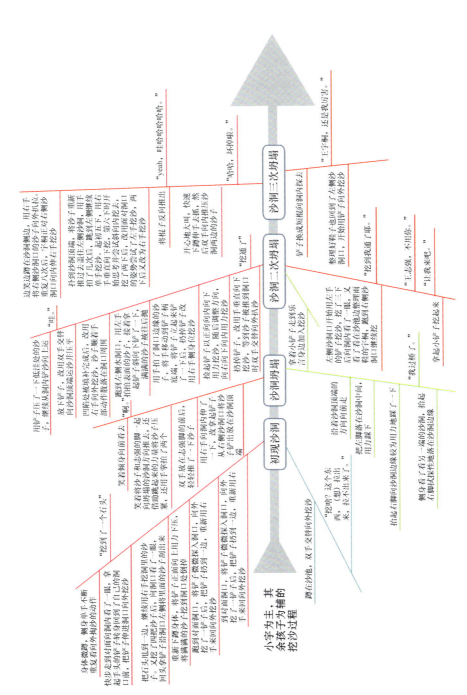

图5　挖呀挖挖个大沙洞游戏过程梳理

专家点评

透过小班沙水游戏案例《挖呀挖 挖个大沙洞》有以下三点感受：

一、游戏给幼儿带来了自发练习、自发探索的机会

案例中，幼儿在 30 分钟的玩沙游戏中乐此不疲地挖洞—踩塌—再挖—压塌—再挖—又压塌，在重复练习中发展新经验和巩固已有经验。比如：小宇用手挖沙从一开始的右手单挖，到双手并拢挖，右手连续快速挖，再到双手交替挖，放平手臂挖。可以看到小宇的每一个重复行为中都有新变化和难度的提升，这是小宇的最近发展区，在玩耍中小步递进地自我发展着。案例中还可以看到幼儿丰富的自发探索行为。比如：小志踩塌沙洞时尝试了轻重不同的力度，小宇把手深深插入沙中，又把手往上一抽，小宇多次压塌与重建沙洞等等，都是在自发探索沙子的特性。

二、游戏给幼儿带来了满足情感需求的机会

案例中，在压塌与重建沙洞的重复过程中，幼儿清楚地认识到自己的能力，例如"我可以挖出一个洞""我能把压塌的洞重新挖出来"等，这有助于他们自我概念的构建，同时，挖沙洞的过程是一种自我满足的快乐的过程。比如：小宇咧嘴大笑，说："挖通了！"小宇不禁发出了"哇哦"的声音。挖着挖着，小宇笑出了声。小宇"哇哦"一声，笑得更大声了；乐乐看着小宇说："小宇，还是我厉害。"小宇用笑声回应乐乐："yeah，哇哈哈哈哈哈。"小宇用手将沙洞两边的沙子向下压去，说："哈哈，坏掉啦。"

三、游戏给教师带来了建立正确儿童观、教育观的机会

透过案例，可以发现该教师持续观察并详细记录了幼儿的游戏行为和对话，并没有急于介入和干扰幼儿的游戏，这样的儿童观和师幼互动正是《评估指南》所要求的。从教师的案例分析中可见，对幼儿的好奇，让老师看到了幼儿游戏中无处不在的学习，让教师发现了幼儿是积极主动有能力的学习者。该案例中的教师之所以能够看见孩子，一是她对幼儿的游戏行为有着很强的好奇心；二是她能够放下自我向幼儿学习；三是她有自我反思精神。如，"我起初有些麻木，

直到……，我才开始……"又如："我观察到了……，并通过沟通认识到……；理解了……看似'破坏性'的游戏。""幼儿让我知道……，只有……才能走进……""再次复盘游戏我意外地发现……。"

该案例带来的启示是：幼儿是有能力的主动学习者；游戏对幼儿的发展有独特的价值；教师放手退后免打扰才能支持幼儿游戏中的主动学习；在保教实践中保持常态化的自我反思，是教师专业成长的有效路径。

点评专家：安吉游戏研究中心　程学琴

*此案例获萧山区第五届幼儿园游戏案例评比二等奖

山坡区

大班山坡区游戏案例

军游桶"杠"上小山坡

杭州市萧山区蜀山广元幼儿园　陈柳伊　沈慧萍

题记：对游戏材料的积极探索能激发孩子在游戏中的无限创想。

一、案例背景

游戏时间：2022 年 12 月 13 日至 14 日

游戏地点：山坡区

观察幼儿：科科、睿萱、杭杭、派派、云希

　　基于我园一月一场的游戏制度，12 月，大三班的孩子进入山坡区玩自主游戏。第一周，孩子们还沉浸在刚刚结束的军游角色体验中，在山坡区时常看到他们开展与战地游击队相关的游戏活动，他们经常选择带有迷彩的游戏材料，如用迷彩帽进行队伍分配、用迷彩垫子搭建迷宫、用迷彩桶（孩子们称它为"军游桶"）作为堡垒等。玩着玩着，孩子们发现了一个问题，军游桶在地面，而阵地在小山坡上，两地相距近 10 余米，来回跑非常耗时，且容易在跑动中被对方打中而牺牲，因此，孩子们萌发了把军游桶运到小山坡阵地的想法。但是

军游桶高 1.8 米，直径 1.4 米，对于孩子来说是"庞然大物"，如果想要运上山坡，就要想办法将军游桶抬上高 10 厘米的台阶，且小山坡地势不平，表面有木桩等障碍物。孩子们会选择用什么方法把它运上去，又能用什么方法使军游桶站起来？带着好奇，我决定继续跟踪观察。

二、游戏实录

（一）"军游桶"怎么撬不动？

12 月 13 日上午，科科、睿萱、杭杭、派派来到立着的军游桶的前面，只见科科和睿萱一起把军游桶推倒，一路从长廊滚滚滚，把军游桶推到小山坡与操场的交界处，可是小山坡有一定的高度，孩子们想要徒手合力把军游桶推上山坡有难度，只见杭杭和派派站到军游桶两侧，科科和睿萱在桶盖一侧，四个小朋友把双手紧紧贴住军游桶，科科说："我数 3、2、1 大家一起用力推！"但是军游桶只是左右滚动了一下，睿萱说："这样不对，推的话它只能滚，不能上坡。"（图 1、图 2、图 3）

科科说："我想到了，可以用杠杆把桶撬起来上坡，我们去找一下工具。""走，我们去找工具"睿萱兴奋地喊到："找一些长的可以把它撬起来的工具。"科科补充："还有底下需要

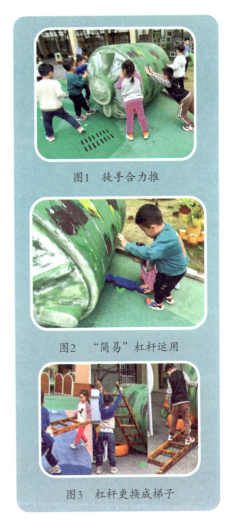

图 1　徒手合力推

图 2　"简易"杠杆运用

图 3　杠杆更换成梯子

一个支撑的东西，给杠杆做支点。"孩子们纷纷出动去操场和长廊的材料仓库寻找材料，科科拿来蓝色的长条亿童玩具当做杠杆，睿萱拿来做篮球操时用到的球托当做支点，科科将球托放在亿童玩具下面，慢慢调整位置，从左侧移到亿童玩具中间，这样球托和亿童玩具组成了"简易"杠杆，开始第一次尝试。这时杭杭走了过来，在一旁给科科加油打气："科科，用力！"只见科科将右脚轻轻放在亿童玩具上，一只手扶在军游桶一侧，"三二一、搬！"科科一边喊着，一边将右脚用力踩下去，可军游桶只是在科科用力踩下去的时候向前挪动了一个手掌的距离，并没有被撬起来……

　　睿萱继续用手在杠杆的一侧用力按，一边的派派跑过来说："桶太大了，亿童玩具太小，抬不起来。我们把它换成长一点大一点的梯子试一试。"说完派派和睿萱就跑去材料仓库搬梯子，拿到梯子，派派和睿萱一前一后搬着梯子走到原来的地方，派派还是用刚才的方法，把球托放在梯子的下面，慢慢调整球托的位置到正中间（球托的位置正处于梯子一节一节的空档处，并没有和梯子接触），当派派用脚踩在梯子外侧往下用力时，梯子另一侧并没有动。派派又试着用双手拿着梯子外侧的两端，然后抬起来，但是桶并没有动。

📎 案例分析

　　孩子们在第一次尝试中借助双手合力推的方法，他们发现推的方式只能让军游桶在平地滚；于是他们进行了第二次尝试，他们想利用杠杆原理将亿童玩具、球托组合成简易的杠杆，可见孩子对杠杆原理有一定的认知，知道将亿童玩具作为杠杆，将球托作为支点，通过撬动杠杆的一边能够使杠杆另一边的物品翘起来。虽然没有达到预期的目标，但是他们在尝试中观察到是因为桶太大而亿童玩具太小，所以抬不起来，并且根据观察到的现象孩子们做出分析与判断，想办法解决，提出第三次尝试的策略——用梯子替换亿童玩具来升级杠杆，但由于梯子自身的特性，梯子中间连接处未能与球托接触，所以尝试无果，孩子们也未发现这一现象，可见他们对于杠杆只是有一些初浅的经验，还不明白真正的原理，但在这三次尝试中可以看到孩子从单纯的人力到借助工具再到替换材料一步步在探索中进步，每一次的尝试孩子都在调动自己的已有经验，发挥自己的能动性和创造性，重组、改造、获得新经验和新发展。

（二）"军游桶"怎么拉不动？

云希从材料筐里找来一条长长的麻绳说："等一下，先帮我拉一下这个绳子。"

睿萱站在云希身旁将绳子一侧拉住，只见云希拿起绳子围着桶盖绕了一圈，然后尝试将绳头绕过另一侧绳子去打结，睿萱在一旁说："再绕一圈，拉拉紧，打一个死结。"可是还没等开始拉，绳子已经从桶盖上脱落，散掉了（图4）。

图4 绳子打圈、打结

这时，科科冲过来说："我来，我来！"话音刚落，他拿起绳子绕着桶外侧想从底下绕过去，但桶的体积太大了，绳子很难缠绕过去，于是科科和杭杭双手拉住绳子，分别站在麻绳两侧一起用力往小山坡方向拉，但军游桶只是向前滚动了一点，显然，这个方法失败了。"绳子给我，我在这里打个结。"云希把绳子绕在自行车的把手上面，将另一侧的绳绕在军游桶上并且拉拉紧，想通过骑自行车向外拉的力量把军游桶拉起来，杭杭站在自行车旁，双手扶住打结的地方，一起用力往后拉，军游桶依然只是向前滚动了一点。于是科科将绳子缠绕在东长廊中间的一根柱子上，想借助柱子来拉，"三二一、拉！"科科大声说着……经过三次尝试，桶仍旧没能拉上小山坡。

在将军游桶拉上小山坡的过程中，云希、睿萱、科科全程参与，十分投入，一次又一次不停地尝试，但都以失败告终。游戏后，我组织孩子们开展了游戏后的小组谈话：

　　我："今天的小山坡游戏中你们有没有想要分享或讨论的事情？"

　　科科："今天我们试了很多次，但是军游桶就是拉不上小山坡？"

　　云希、睿萱也点头表示同意。

　　我："你们试了这么多次，发现问题出在哪里？"

　　云希："绳子没有绑在桶上，绳子和桶一个在美国，一个在中国。"

　　睿萱："球托实在是太小了。"

　　（孩子们都不说话了）

　　我适时介入提问："那该怎么办呢？是绳子的问题还是其他问题？"

　　科科："绳子多绕几圈打个结，轮胎跟梯子可以试试……"

🔵 案例分析

　　孩子们第一次尝试把绳子绑在桶盖上，两个小朋友互相配合，一个人拿住绳子的一端，另一个负责缠绕，虽然因为打结不成功导致绳子脱落，但是想到借助绳子的力量拖动军游桶是孩子们生发的新的解决策略；第二次，当他们发现桶盖上打结容易脱落，于是把绕绳打结的位置转移到桶与地面的接触的位置，由于军游桶体积太大，桶身上很难缠绕打结，最终没有绕成功，但是我看到了孩子们坚持不懈的品质，能够通过观察与反思调整解决问题的思路；第三次，孩子们把绳子打结的位置转移到了自行车的把手上，想要借助自行车的力量拉动军游桶，他们把借力的生活经验运用到了游戏中。孩子们在游戏过程中能够及时意识到问题并试图在一次次探索中寻找失败的原因，每一次尝试无不体现孩子们的成长，在游戏碰撞中收获新经验，获得新发展。

（三）"军游桶"翘起来了！

14日上午，科科、睿萱、云希又来到了小山坡边上，科科高兴地说道："我知道怎么弄了，用轮胎给它翘！" 科科说着从边上搬来一个轮胎，将梯子放到轮胎上面，调整位置，让轮胎在梯子的正中间组合成杠杆，睿萱也过来说道："应该让桶靠近轮胎一点。"（图5）说完把轮胎往前面靠近桶的方向移动一小步的距离，科科大声指挥道："3、2、1，撬！"桶起来了一点点，科科又将梯子往靠近桶的地方推，但高度还是不够，一旁的杭杭也来帮忙，他找来两个轮胎，为了让军游桶

图5　"2.0"版本杠杆行动

不滚动，杭杭在军游桶两侧各放一个轮胎用于固定，放好轮胎之后，科科双手握住梯子用力往下按，军游桶抬起来了一点点，科科又按了一次，这时，军游桶向后滚了一点点，科科再次按下梯子，发现梯子并没有跟军游桶接触，旁边杭杭和睿萱一起将军游桶往前推，回到原来的位置，科科继续往下按了两次，在尝试了5次撬动之后，孩子们发现轮胎只能固定住军游桶左右两侧，并不能固定住军游桶前后移动，于是他们将军游桶推移到小山坡另一侧长廊边，军游桶正好能够抵在长廊的栏杆上。

　　游戏继续进行着，杭杭走了过来，在科科放好的轮胎上用力往下按，"翘起来了，我们成功撬起来一点！"云希兴奋地说道，可是翘起来的高度还不能够上坡。睿萱走了过来，也加入到了撬军游桶的队伍当中，他和杭杭一起用力往下按，军游桶比之前翘得更高一些，但还是不够。于是科科想到一个办法："放两个轮胎，我们3、2、1，踩！"一边的睿萱也附和着："这个需要重力。"于是科科搬来两个轮胎放到梯子上，接着科科将手放在轮胎上面用力往下按，杭杭走上小山坡说："看前面，我来指挥这里。"科科看桶翘起来的高度还不

够，将自己的人站了上去，桶又翘起来一点。一旁的云希拿着一个梯子急匆匆地跑上土坡："要不这里也来弄一个支点？"云希想在科科的对立面加一组杠杆，派派在侧边也加了一组杠杆，孩子们想用多组杠杆加大撬动力度，桶虽然被撬起来了，但高度还是不够杠上小山坡（图6）。

行动1：+1个轮胎　　行动2：+1个轮胎和1个小朋友　　行动3：+1个轮胎和2个小朋友

行动4：+2个轮胎和2个小朋友　　行动5：+2个轮胎和3个小朋友　　行动6：+2组杠杆

图6　孩子们用多组杠杆进行操作

案例分析

热闹的现象、多人的组合、多样的尝试，让我真正感受到了幼儿沸腾的思维。在这一次的尝试中，孩子们的目标任务非常明确，就是要把军游桶撬到山坡上去。他们继续选择用杠杆来完成任务，不仅更换了材料，还对军游桶的位置做了调整，从操场上转移到长廊一侧，位置的调整也灵活地解决了军游桶会滚动的问题，从用轮胎固定到借助长廊一侧固定。在游戏过程中，当孩子发现球托这一支点太小时，就找来了轮胎，通过替换材料（支点）来升级杠杆组合，用新组合的杠杆撬动了军游桶，孩子们很有成就感。但是由于力量不够，撬起来的高度还不够，于是又搬来一个轮胎压在梯子上增重，然后科科自己站上轮胎，借助力量去撬动；一个人不够，孩子们自发过来合作施力，有了前两次行动的经验积累，孩子们在施加人力的基础上又加了物的重力；在掌握了杠杆撬动的技能后，他们出现明显的分工合作。在整个过程中我能感受到孩子们积极主动、认真专注、坚持不懈的学习品质，从一组杠杆出发，发散思维，从改变支点大小、位置，增加杠杆动力臂的重力，增加杠杆组合等多种角度出发，探索把军游桶撬起来的多种可能性。

（四）"军游桶"站起来啦！

经过杠杆的多次尝试失败之后，孩子们又把注意力转向了麻绳。一旁的科科非常专注地在桶盖上缠绕麻绳，一圈、两圈、三圈，绕完后跑到小山坡上面对着大家说："用力拉！"同时双腿呈拔河姿势用力向小山坡拉扯绳子（图7）。杭杭、派派、云希、睿萱也一起加入到推桶的队伍里来，他们分别站在军游桶的东面、北面，大家同时双手扶住军游桶一起向小山坡方向推（图8）。一开始军游桶朝着山坡的方向一点一点移动，"再用力推！"科科一边拉一边喊，派派跑到睿萱旁边和他一起双手扶着军游桶中下位置再次用力推，在拉和推的

缠绕麻绳　　　　　　　　　　　用短边拉

成功上坡

合力推

图7　孩子们有的推有的拉

一个人尝试搬动

找轮胎固定滚桶

大家一起用力推

军游桶"站起来"了

图8　军游桶成功站起来了

配合下军游桶终于成功上坡！"耶！成功啦，耶！成功啦，耶！成功啦！"杭杭激动地欢呼了三遍。睿萱和云希也举起了自己的小手欢呼，这时杭杭低着头小声说道："我觉得还有一步，它还没有站起来。"说完，杭杭来到桶盖前想要尝试搬动军游桶，可自己一个人的力量不够，他去找科科说："要不我们一起把它搬起来！"睿萱说："我也来帮忙！"派派也走了过来。科科把梯子和轮胎放到军游桶的两侧把军游桶固定住，派派、睿萱双手扶在军游桶右侧，科科扶在左侧，云希和杭杭站在桶盖前面，双手扶住桶盖用力往上推。第一次尝试军游桶起来了一点，但是大家发现力气不够，于是大家都往军游桶桶盖一侧靠，五个小朋友一起扶住桶盖往上推，"啊……"军游桶成功站起来了！"耶！成功！成功！成功！"孩子们举起双手欢呼庆祝，整个小山坡上蔓延着孩子们的欢声笑语。

案例分析

纵观整个军游桶上坡的过程，虽然前 15 次的尝试都失败了，但孩子们并没有气馁，而是努力寻找解决办法。从杠杆升级的多次尝试，再到利用麻绳的合力拉动，孩子们在合作中解决问题。整个过程并不是一帆风顺，孩子们会因为成功而喜悦，也会因为失败而惋惜，但他们一直坚持尝试，这也正是他们最后成功将军游桶推上山坡的关键。

当然，我也总是被孩子们一次次的尝试所感动，当军游桶在孩子们的合力下成功运上小山坡后，我以为游戏也暂告一段落了，但是孩子的成功远没止步于此，军游桶还没有真正"站在"山坡上，孩子们会有更高的要求，在孩子们想法达成一致时，他们会有很强的执行力，迅速投入行动中去，使军游桶站起来的整个过程，孩子们只花了 20 秒左右的时间，这也是因为有了前期游戏的积累与铺垫，孩子们发现推桶时大家分布在桶的两侧用力，这样力会分散开，应该集中力量在桶盖一侧；在搬桶的时候发现桶会滚，孩子们在桶两侧各用一个轮胎固定。经验的累积、想法的一致、目标的明确让军游桶的"站起来"变成一件简单而又轻松的事情，孩子们也收获了成功的喜悦。

三、教师反思

（一）每一次的探索都是儿童主动学习的体现

在为期两天的军游桶"杠"上小山坡游戏中，我观察到孩子们在游戏中分别尝试用到三个力学知识，即"杠杆原理""力的作用是相互的""轮滑组省力"。其中，对于"杠杆"的材料组合共进行了 6 次探索，从最初的"玩具 + 球托"的简易杠杆，到更换杠杆、更换支点的调整，再到合作伙伴人数的增加，通过分工组合成多组杠杆，在这一过程中孩子们认识到原来改变支点的位置、大小，或者增加施力点、增加重力能够影响力的大小。正如冯晓霞教授指出：

"幼儿的深度学习指的并不是学习内容的难度，而是学习者的积极主动性、复杂问题的解决、理解基础上的迁移、应用与创新能力的发展。"

（二）每一次的失败都是儿童迈向成功的基石

在案例中，我们可以看到云希、睿萱、科科3个孩子始终活跃在游戏中，他们分别对杠杆升级进行了6次材料组合的探索，对如何借助绳子拉动军游桶进行了2次合作尝试，期间还有另外3位幼儿也参与到合作中来，虽然最终军游桶成功上坡并站立，但过程中孩子们面对更多的是失败。显然，孩子们并没有被失败打倒，他们不断地在每一次失败中发现问题、提取经验点、调整解决策略，如改变杠杆支点的位置不行，那么就调整杠杆支点的高度，还是不行，那就增加动力臂上的重力，还是不行，那就再增加……正是每一次点点经验的累积，每一声"起来啦！""成功啦！"的喜悦欢呼，激发了孩子们继续探索的欲望，引导着孩子们的游戏走向成功。

（三）每一次的好奇都是打开儿童心理世界的钥匙

在解读孩子游戏过程中，我产生了以下疑惑："为什么孩子们要不停地更换材料？""孩子们是有目的地进行材料筛选才用了这些材料进行杠杆升级，还只是随便的尝试？""为什么失败这么多次还是不放弃，失败的时候他们心里想的是什么？""到底孩子们的心理世界是什么样的，他们又是怀着怎么样的情绪去游戏的？"这些都是我无法从观察中获得的。于是，我通过对幼儿游戏故事的倾听、师幼问答等互动环节将内容进行记录与解读，让孩子们在回顾表述游戏过程中进行游戏经验的识别，在孩子们表述与表征的能力得到发展的同时，也为下一次游戏奠定基础。

专家点评

本案例为我们呈现了一个美妙的儿童游戏世界，让我们得以窥探到"儿童是有能力的学习者和沟通者"的真谛。我认为其中有几个方面值得我们关注：

一、信任儿童、放手游戏是儿童自主学习与发展的前提

从案例的描述中我们看到，幼儿园的小山坡、长廊、迷彩桶、梯子、软垫等，为孩子们的游戏创造了无限的机会和可能。这个案例就是在这样的环境条件下产生的，充分体现了幼儿园坚持游戏是儿童的基本权利这一教育理念。

二、观察游戏、发现学习是促进儿童学习与发展的路径

从案例中我们也可以发现，对游戏的放手不是放任，而是教师怀着发现儿童的好奇，去观察儿童的行动，理解儿童游戏所创造的意义。比如教师观察到孩子们运用工具材料组合搭配成"杠杆"一共进行了19次尝试，发现孩子们对杠杆支点有了初步认知，看到孩子们根据问题做出的分析与判断，更看到孩子们合力想办法、提出新策略的能力。这些正是儿童用自己的方式展开的学习，是自主发展的过程，让我们看到孩子们小小的脑瓜中拥有大大的智慧。他们不但能发现问题，更能探索问题的答案，促使我们不断提醒自己应当向儿童学习。

三、携手成长、助推游戏是促进儿童学习与发展的旨归

从案例中我们看到，广元幼儿园的教师没有放弃作为儿童成长的有力支持者的职责。她们一方面相信儿童是自己发展的主人，让孩子们站在游戏的舞台中央，充分贡献自己的智慧和力量；另一方面她们也巧妙地成为孩子们游戏的合作者和支持者，为推动幼儿游戏贡献自己的力量。比如教师有意识地组织孩子们进行小组讨论，让他们尽情分享在游戏中遇到的失败与成功，并帮忙做记录；比如通过对孩子们游戏故事的倾听，用问答等互动策略让孩子们在回顾游戏、表达表述的过程中对自己的游戏经验进行反思和识别，为下一次游戏奠定基础。这些都体现了教师支持儿童发展的力量。

本案例也带给我们更多的思考。"游戏是儿童的基本活动"不仅需要刻印

在我们的墙上和口号里，也更需要幼儿园积极地践行，和儿童一起将对世界的好奇转化为那一刻有趣的游戏。同时我们要在儿童寻常的游戏行为中，发现学习的不寻常之处，并以此为契机促进儿童的进一步成长。我们深信，为儿童创设宽松自由的游戏空间，会带来意想不到的惊喜和无限的可能。我们应当用心感悟、用情发现，建立师幼学研共同体，在游戏的天空中一起翱翔。

点评专家：杭州市拱墅区学前教育指导中心常务副主任　俞春晓

＊此案例获萧山区第三届幼儿园游戏案例评比一等奖

大班山坡区游戏案例

"滑梯"变形记

杭州市萧山区空港新城幼儿园　吴利萍　王兰兰

题记：从问题到乐趣，是 N+1 次经验的积累。

一、案例背景

时间：2023 年 4 月 12 日至 14 日

地点：幼儿园山坡滑索区

人物：宸宸、浩浩、杭杭、铭铭、小语

　　小山坡位于幼儿园东面，由两座不同高度的山坡组成，场地非常宽阔，是一个充满挑战与趣味的地方。整个 4 月，大二班都在山坡区开展自主游戏，孩子们在山坡区玩出了很多种滑行游戏，如单人滑草板、身体滑行、垫子滑行、木板滑行、滑草板连接滑行等，孩子们对此乐此不疲，在游戏中不断尝试、不断调整、不断创新，游戏也随之变得越来越精彩。

　　4 月 12 日，孩子们第五次来到游戏区，宸宸拿了一块垫子坐在上面，双手撑地，使劲推动垫子和身体向前滑行，每一次只滑行一小段距离，重复 8 次后才到达坡底。他再次来到坡顶，看到正要滑行的浩浩说："我们来搭个滑梯吧！"
浩浩说："好的呀！"于是，宸宸和浩浩合力去抬了一些大垫子，呼唤同伴们
一起来搭建滑梯，但是他们发现这个滑梯要一下子滑到底很困难，于是一场"一
滑到底"的滑梯搭建工程就此拉开了序幕……

二、游戏实录

（一）垫子滑梯——不容易下滑

4 月 12 日，宸宸、杭杭、浩浩开始四处收集垫子搭建滑梯，将对折的垫
子打开平铺在山坡上，从山坡的顶部开始，一块接着一块逐步向下平铺，滑梯
搭建到尾端时，浩浩找来了一块厚度与宽度均不一样的垫子，与之前的垫子拼
接在一起，一个垫子滑梯初步成型。

宸宸第一个坐在垫子上尝试下滑，他的双手撑在身旁向后用力，屁股就可
以向前挪动一点距离，同时双腿屈膝脚后跟在垫子上用力，使身体向下滑行。
他重复三次这样的动作到达滑梯的中段，然后改用新的姿势，他趴在垫子上用
双手扒着垫子下滑（图 1、图 2）。但只做了一次动作，就立刻站起来说："太

图1　手脚并用下滑　　　　　　　　图2　匍匐下滑

平了。"然后往坡顶跑去，宸宸进行了第二次尝试，这次他用匍匐爬行的方式向下滑，两个手肘交替用力，这次滑行速度比之前快了些。

浩浩跟在他的后面也趴着下滑，但他尝试了一下就站起来跑向了材料柜。浩浩从材料柜搬来了长木板，宸宸跑去帮忙，合力将木板搬到了垫子滑梯中段的旁边放下，杭杭从上面趴着滑下来，宸宸阻止了他，说："不要滑了，我这边还没研究好，我有了一个新想法。"说着他跑到刚才搬来的木板旁边对杭杭说："用这个滑吧。"说着将木板搬到垫子滑梯的中间段位置摆好，手放开后木板开始下滑，宸宸立马用手按住木板，浩浩说："这个应该搬到上面去。"于是，两人合作将木板搬到顶端，把木板的卡扣卡在垫子滑梯的顶端，木板不再下滑。浩浩坐到木板上双腿伸直尝试下滑，身体顺利下滑到木板末端，他开心地说："OK！"飞奔去搬来第二块木板，把它连接到第一块的下面，并移动下方的垫子留出一条缝，把木板卡进去。他们搬来了第三块木板，采用相同的方式连接，连完以后，浩浩尝试着滑了一次，可以向下滑行，但是滑行到第一块木板结束处就滑出去了。

案例分析

在垫子滑梯搭建完成后，孩子们面对"垫子滑梯不容易下滑"的问题，宸宸想到了用双手加脚后跟发力、匍匐前进手肘发力的方式滑行，但是在实践后发现效果不理想，这是宸宸最初的尝试，在后续探索中，宸宸在下滑中连续改变了3次动作，手推脚抵，趴着下滑，在这个过程中，宸宸通过不断变化自己的动作，观察滑行结果，想要找到滑行不顺畅的原因，他认为可能是滑梯斜坡太平的缘故。另一名幼儿浩浩在观察了同伴的探究过程以及自己的亲身体验后，认为是材料的原因，于是他去搬来木板替换了垫子，因为他在游戏分享中说"木板光滑容易下滑"。浩浩的这一洞察，显示了他对"下滑"与"物体表面光滑"关系的理解。因此，他选择用更换木板这一光滑的材料来解决问题，这一方法显著改善了他们的下滑体验。但游戏中他们并没有一滑到底，那问题到底出在哪里呢？

（二）木板滑梯——滑下去容易

4月13日，孩子们又来到山坡区，这一次铭铭和小语也加入了游戏。他们将两块长木板并排一组直接放在山坡上，用首尾相接的方式依次向下搭建，共用了7块长木板搭建滑道，并在滑道的两侧各平铺了三块垫子作为护栏。这个滑梯加宽了滑道，装上了"护栏"，完成后，铭铭和小语一起开心地说："耶，完成啦！"我发现他们这次搭建的滑梯正好与铭铭昨天在团讨中说到的搭建想法吻合，这也算是他们在进行一个现场的实践吧。（图3）

图3　木板滑梯

　　木板滑梯搭建完成后，铭铭开始第一次滑行，她双腿伸直坐在滑梯上，双手用力将身体往前推，身体自然下滑到第一组木板连接处停下。她站起来，进行第二次尝试，这一次她将身体平躺在木板上，双手贴着木板，双腿屈膝脚后跟用力蹬，下滑至第二块木板中间往右滑出去了，她站起来说："哎呀，滑歪了。"她来到滑梯上面，正对滑梯口站立，伸直双手左右比划了三次，紧接着跑到滑梯中间，用力移动每一组木板，使木板都拼接整齐。她再次滑行，慢慢地扶住木板两边小心翼翼地从上面滑下，但还是滑歪了。她自言自语道："还是不行。"小语跟在她后面，学着她第一次的方法向下滑，滑到第二组木板中间也往右滑歪了，小语用左手扶住木板边缘，使身体重新回到滑道，继续用双手不停按压木板下滑，看到小语滑下来，铭铭说："最下面这段我感觉有点不太滑！"她再次移动木板，把每一组木板都再次对整齐，她发现右边第一块和第二块木板之间是有高低差的，她按住第一块木板想要让两块木板连接严合，但是手一放还是有高低差（图4）。她比对了左右两块木板的长度，站起来看了看其他的木板，对宸宸说："这块木板太短了，要换一下。"宸宸问道："换哪一块？"铭铭指着第三组左边最下面一块说："这两块换一下。"他们合力将两块木板互换（图5），正好跟第二组的另一块木板长度一样，调整对齐后，铭铭尝试了下滑，滑到第二组木板中间还是滑歪了。

图4　发现高低差

图5　交换木板

　　铭铭趴在缝隙处查看，这时候小语正好把最上面两块木板抬起来，铭铭发现抬起木板时正好连接处没有缝隙。她马上对小语说："应该把它翘起来，正好对齐。"她边说边走到上面，拿起一块垫子对折塞进小语抬起的木板下方，木板翘起来了，上下两块木板重新对齐。调整完成后，铭铭爬到木板连接处看了看，开心地对小语说："这里没有空隙了，我们滑滑试试看。"小语坐上滑道，双腿伸直，手扶住木板两边，一路下滑到第二组木板结束，她边滑边笑着说："好好玩呀！"

案例分析

　　铭铭和小语主导了第二次滑梯搭建，她们根据第一次游戏遇到的问题，得出木板太窄、没有护栏是导致滑出去的原因。于是，她们在第二次的搭建中加宽了滑道，装上了护栏，对滑梯结构进行了优化。铭铭尝试滑行但发现滑梯不够平滑，特别是在木板连接处存在一些问题，导致滑行不稳定。小语也遇到了类似的问题，滑行过程中偏离了滑道。铭铭通过比对、观察，发现木板之间存在长度不一致和高低差的问题，特别是右边第一块和第二块木板之间的不平整。她通过调整木板长度，来确保所有木板长度相匹配。铭铭发现抬起木板时连接处无缝隙，于是使用垫子对木板进行微调，她对小语说这里没有空隙了，表明缝隙完美连接，问题得到解决。小语在滑行体验中，不仅感受到速度比之前快了，而且滑行距离比之前的更远了（滑到了第二组木板结束处）。

　　相较于 4 月 12 日的探究，孩子们对滑梯的设计要素（如平整度、平滑性、坡度）及其对滑动效果的影响有了更深刻的理解与认识。最后小语的顺利滑行和她的笑声反映了改进的成功和满足。

（三）架空滑梯——顺利一滑到底

4月14日，铭铭和小语来到山坡区，她们按照第二次游戏的方法搭好了滑梯，再次尝试下滑，但是滑到一半人又歪出去了。铭铭对小语说："这个木板还是有点翘起，我们换一块高一点的垫子。"铭铭从旁边拿来一块四层高的垫子，小语和铭铭一起把原来的薄垫子换出来，换好以后小语试了一下，滑下去速度很快，但是滑到滑梯中间还是滑歪了。

小语还想试，铭铭说："等等，小语，够不够斜呀？"说着，她把第一块有点移开的木板推平，看了看，然后来到上面又搬起木板，把刚才的厚垫子拿出摊开再放进去。铭铭试着滑了一下还是从中间滑出去了。她看了看中间那块要低一点的木板，然后拿来垫子放到这排木板的下面，把木板垫高架空，又去上面把刚才铺开的垫子对折起来放进去垫高，让滑梯坡度更斜。这时候下面的木板开始往下滑，她们连忙搬来三块长木板横着放在滑梯下面，又在三块横着的长木板下面放了三块铺开的厚垫子，整个滑道坡度变大了，滑道平整了。铭铭尝试玩了一次，"哇"一下子就滑到底了，人顺着滑道还继续往下滑，把下面的垫子都冲开了，铭铭跳着离开滑道，欢呼道："成功了，终于成功了！"

小语说："我也要玩。"她迫不及待地跑向滑梯，一滑而下（图6）。原来前面铭铭说的够不够斜，是她发现斜度不够是慢下来的原因，而速度慢下来容易导致滑歪，所以她试着去调整了滑道的平整，又增加了垫子的高度，以增加下滑的速度。

图6　一滑到底

游戏结束后，我们进行了游戏分享。

铭铭："这次终于成功了，真的太好了。我以为滑歪是木板没有对齐，后来才发现是下面的山坡不平。"

小语："把木板上面垫得高一点，下面垫得低一点，就像一个滑梯了。"

铭铭："斜坡大冲击力就大，才能一下子滑到底，真的太刺激了。"

宸宸："还有搭建滑梯的材料必须是光滑的，像垫子这样的就滑不下去。"

🔵 案例分析

第三次游戏中，铭铭和小语注意到滑梯在使用过程中存在的问题，即滑到一半时人会歪出去。这是一个关键的观察，因为它指出了需要改进的地方。铭铭提出一个假设，认为问题可能是由于滑梯的坡度不够大，于是建议更换一个更高一点的垫子。她们实施了这个建议，更换了一个四层高的垫子，但问题依然存在。通过多次尝试和观察，铭铭发现中间那块木板较低，是因为那边的山坡有一个凹陷的地方，她利用垫子将木板架空，给木板重新创设了一个平滑的连接面，而且她也考虑到滑梯滑道的斜坡度，所以最上面垫的垫子是 4 层高，中间是 2 层。她们在滑梯下方放置了长木板和垫子，确保滑梯的稳定性和坡度。最后成功下滑也使得孩子们的经验获得提升：滑梯坡度越大下滑的速度越快，最后铭铭不仅一滑到底，还冲开了下面的垫子，这说明整个滑梯的加速度是非常快的。

通过三次游戏，孩子们的经验一点点积累，最终梳理成一条完整的经验链：搭建一个能成功"一滑到底"的滑梯不仅要有光滑平整的材料，而且需要有一定倾斜的坡度。孩子们不仅完成了一个功能完善的滑梯，还在无形中掌握了丰富的科学知识和技能，这一成功案例为未来类似活动的设计与实施提供了宝贵的经验和参考。（游戏过程梳理见图 7）

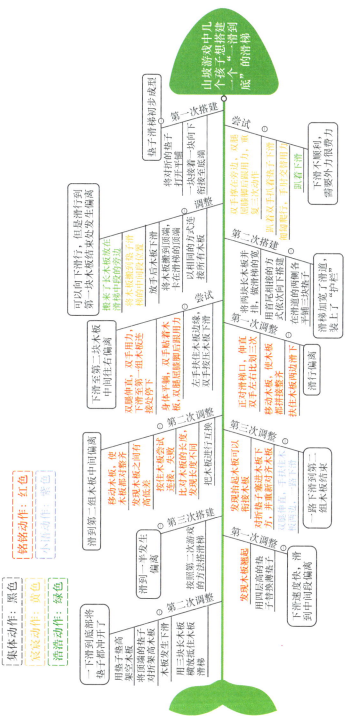

图7 滑梯搭建梳理

集体动作：黑色
尝试动作：黄色
调试动作：绿色

铭铭动作：红色
小语动作：紫色

山坡游戏中儿个孩子想搭建一个"一滑到底"的滑梯

第一次搭建

垫子滑梯初步成型
将对折的垫子打开平铺
一块接着一块铺到滑梯底端

尝试
双手撑在旁边，双腿蹬脚后跟用力，做三次动作
即：双手扶在垫子两旁，蹦起呈蹲下，下肢发用力，跟着下滑

下滑不顺利，需要外力很费力

第二次搭建
搬来第二块长木板放在滑梯中段的旁边
将木板放到垫子滑梯中间段的位置
放完后木板向下滑
以相同的方式连接在滑梯的顶端

尝试
游：将两块长木板并排，做滑梯的宽
用首尾相接的方式依次向下搭建
在滑道的两侧各平铺一块垫子
滑梯加宽了滑道，装上了"护栏"

可以向下滑行，但是滑行到第二块木板结束处发生偏离
下滑至第二块木板中间往右偏离
双腿伸直，双手用力，下滑至第一组木板连接处停下
身体平躺，双手贴着木板，双腿屈膝脚后跟用力

第二次调整
正对滑梯口，伸直双手左右比划三次
移动木板，使木板两侧拼接整齐
扶住木板两侧下滑

第二次调整
左手扶住木板边缘，双手按压下滑

滑行偏离

第三次搭建
按照第二次游戏搭建的方法搭滑梯

滑到第二组木板中间偏离
移动第二组木板，使木板都对整齐
发现木板之间有高低差
按住木板尝试连接、失败
比对木板的长度、发现长度不同
把木板进行互换

滑到一半发生偏离

第三次调整
发现抬起木板可以衔接起木板
对折垫子塞进木板下方，并重新对齐木板
双腿伸直，手扶住木板两边，下滑
一路下滑到第二组木板结束

第三次搭建
一下滑到底部将垫子都冲开了
用垫子高的架空顶端将垫子顶端对折架高木板
用三块长木板横搭抵住滑梯
木板发生下滑

第一次调整
发现木板翘起
对折垫子高的垫子替换薄垫子
下滑速度快，滑到中间段偏离

看见儿童，发现生长的力量。山坡滑梯搭建过程展现了孩子们无穷的探索欲，他们通过"发现问题—分析问题—推测讨论—实证研究"这样主动探究的过程，不断地从实践中获得经验。在游戏中，我看到了儿童更多未知的潜能，也让我对于支持幼儿游戏有了更深刻的思考。

（一）放手支持儿童的探究

在山坡"一滑到底"的搭建游戏中，我庆幸没有介入或干预，而是给了孩子们很多探索的机会，让他们体验了成功的乐趣。这种放手的教育方式不仅让孩子们享受了探索的乐趣，还在实践中获得了宝贵的经验和知识。当孩子们认为"平整度"是导致"偏离"的原因时，我没有急于参与，而是给予孩子们大量的时间对游戏材料、游戏场地、材料与场地的关系进行探索，让他们在不断探究中获得经验、积累知识。他们的喜悦、他们的欢呼，都是他们对自己成功体验的肯定与自豪。这种由内而外的成就感远比教师的表扬更有意义。

（二）用心看见儿童的学习

滑梯搭建过程中的种种挑战，为孩子们提供了丰富的学习机会。他们在实践中深化了对物理现象的一些发现和体验，并通过不断地探索与试错，逐步掌握了相关的经验。在垫子滑梯不容易下滑的问题解决中，孩子们通过观察和实验，发现了材料与摩擦力之间的关系。他们意识到，滑梯表面的光滑程度直接影响滑行的顺畅度。于是，孩子们开始尝试更换滑梯材料，选择表面更光滑的木板来减少摩擦力。这一过程不仅帮助他们解决了实际问题，还在实践中获得了摩擦力的相关知识。在下滑偏离方向的调整过程中，孩子们进一步探索了坡度对滑行的影响。他们发现，坡度越大，向下滑动的力越大，滑行速度也更快。通过反复调整木板的坡度，孩子们逐渐掌握了如何控制滑行的速度和方向。这一探索过程让他们对力和运动的关系有了更深的认识。更为重要的是，孩子们能够将每一次探究获得的经验进行迁移，并把各种经验整合运用到滑梯的搭建中去，这种"创造性、可迁移"的探究过程，真正体现了儿童的"深度学习"。

通过这次经历，我更加坚信，儿童天生具有强大的学习能力。只要我们给予他们足够的空间和时间，他们就能够发现自己的潜力，绽放出耀眼的光芒。作为陪伴者，我们的任务就是用心去观察、去倾听，然后在适当的时候给予他们一点引导和鼓励，让他们在成长的道路上走得更远、更稳。

专家点评

该案例详细和连续地记录了 5 名大班幼儿 3 天在山坡区搭建滑梯的游戏过程。这个案例让人印象深刻的有如下几点：

第一，由于游戏具有不确定性，因此游戏往往就是幼儿不断产生问题又不断解决问题的过程。在解决问题的过程中，幼儿不断探索、假设、验证和再调整，这个过程是幼儿不断运用已有经验、建构和修正新经验的过程，也是幼儿积累、关联、迁移和综合运用经验的过程，这正是幼儿有意义学习甚至发生深度学习的过程。该案例证明了幼儿在游戏中的经验并非是零散的，而是会在一次次的问题解决过程中获得连续性发展或被相互链接。

该案例也向我们清晰地展示了，定点观察、持续观察、追踪观察和细致观察幼儿游戏，对于教师有效理解幼儿具有的价值。

第二，教师在分析和反思中多次提到，"没有介入或干预"、放手的教育方式以及源自幼儿内在动机的游戏"不仅让孩子们享受了探索的乐趣，还在实践中获得了宝贵的经验和知识"，甚至获得了比外界表扬更有意义的成就感。教师通过观察，充分地认识到放手游戏对于幼儿主动学习和发展的价值，更加坚信"儿童天生具有强大的学习能力"。可见，观察和分析幼儿的游戏，正是教师树立科学的儿童观、学习观和教学观的重要途径。

第三，尽管教师强调了在幼儿游戏过程中的放手，但从案例的描述中，我们还是能够看到教师并非"不作为"。除了观察和陪伴以外，她在游戏结束后组织的分享活动，对于促进幼儿经验的积累和发展是起到积极作用的。例如，4 月 12 日浩浩和宸宸搭建滑道后，教师组织了游戏分享，让其他小朋友对如何解决"一滑到底"的问题也产生了兴趣，铭铭在自己经验和他人经验的基础上提出新的设想，同时小语也被成功吸引进来，也因此有了教师记录的后续两天的游戏过程。可见，集体的分享对于推进幼儿经验的共享、引发幼儿的探究兴趣和积极思考是有一定作用的。在 3 次游戏结束后，教师又组织了集体分享，第一次参加游戏的浩浩以及参加后 2 次游戏的铭铭、小语也讲述了自己的相关经验，这个讨论的过程对于幼儿将游戏中获得的经验进行总结、共享、链接、积累以及再思考也是有一定价值的。尽管在如何组织有效的集体分享上我们还有很多复杂的问题有待进一步思考和解决，但我们应该注意到集体分享对于推进幼儿在游戏中的学习和发展具有积极作用。

不过，教师除了自己对幼儿可能获得的经验进行分析以外，还可以在有疑惑或不确定的情况下，进一步了解在幼儿视角下他们是如何思考和理解自己获得的经验的（例如，在第三次游戏中发现滑歪时，铭铭说："等等，小语，够不够斜呀？""我以为滑歪是木板没有对齐，后来才发现是下面的山坡不平。"这里可能会让教师感到好奇的是，铭铭在游戏中所说的"够不够斜"究竟是指老师认为的"她发现速度慢下来会容易导致滑歪"还是她只是认为没有足够倾斜到和木板对齐），这对于教师进一步理解幼儿以及后续的师幼互动都是大有裨益的。

点评专家：华东师范大学教育学部学前教育学系副教授、硕士生导师 张婕

* 此案例获萧山区第四届幼儿园游戏案例评比二等奖

中班山坡区游戏案例

用垫子滑草吧

杭州市萧山区北干幼儿园　杨丽霞

题记：不同幼儿面对同一问题会尝试不同策略。

一、案例背景

游戏时间：2022 年 9 月 30 日

游戏场地：山坡区

观察幼儿：城堡、铭铭

幼儿园的山坡游戏区有两座不同高度与斜度的山坡，还有滑草板、梯子、纸筒、垫子等材料。孩子们最喜欢玩的就是滑草，用滑草板、滑板车等不同工具从山坡顶端"嗖"地一下滑下来，紧张又刺激。为了满足幼儿不同的滑草需求，我们在山坡一侧铺了一块长长的假草坪，起到减少摩擦力能更快滑下来的作用。

2022 年 9 月 30 日，这是 9 月我们在山坡区游戏的最后一天，城堡和铭铭搬来了一个垫子放到山坡顶端开始滑草游戏。在持续一个月的山坡游戏中，孩子们对于垫子的使用较少，仅有几个孩子喜欢将垫子铺在山坡下进行过家家的游戏。这是第一次出现用垫子滑草的游戏形式，因此我开始了对他们的持续观察。

二、游戏实录

（一）垫子滑不下去了

早上 10 点，幼儿的自主游戏开始了，城堡和铭铭一起把垫子搬到山坡的顶端。城堡把垫子放在草坪上，两手抓住垫子上端，趴在上面。伴随着"哈哈"的笑声，他和垫子一起顺着草坪滑下了山坡（图 1）。铭铭也紧随其后，坐在草坪上滑了下来。

爬起身后，铭铭先抓住垫子的前端，把垫子往山坡上运。城堡见状，也用两只手拉住垫子的后端跟在后面。走在前面的铭铭一脚踩到了铺着的草坪上，又迅速走回到泥土地。跟在后面的城堡也走到了草坪上，由于草坪太滑，他摔倒了，铭铭也跟着摔倒了。铭铭迅速爬起来，一只手拎着垫子先走上了山坡。落在后面的城堡用两只手撑地爬起来，两只脚垫起呈拱桥状，手脚并用往上爬。

图1　城堡趴在垫子上滑下来

爬到半山腰后，城堡停了下来，可他的身体又慢慢滑了下去。他立马双手撑地，双脚往侧边挪动，挪到了泥土地上，最终爬上山坡。

上了山坡后，铭铭把垫子放在草坪上，双手抓住垫子边沿跪着滑了下去。这时的城堡刚爬上山顶，见铭铭正往下滑，立马扑了上去，只见他一只手牢牢抓住垫子，身体趴在草坪上，跟着铭铭一起滑了下去。后续，两个孩子轮流用垫子滑草，共计9次。

用垫子滑下山坡后，两个孩子要带着垫子重新回到山坡顶端。铭铭一手抓着垫子迅速走上坡去。而城堡为了不让自己滑下去，每次爬坡时都会用手去拉草坪的边沿借力。几次之后，原本平整铺在山坡上的草坪已经被拉得卷了起来，露出了下面的泥土。第10次游戏，铭铭依旧把垫子放在山顶。但是由于草坪卷起来了，垫子被放在了泥土上。城堡去拽垫子，嘴里一边说着："放这边。"一边把垫子往草坪上拽。但铭铭没有理会，继续把垫子放在泥土上，身体趴到垫子上。城堡见状，也没有解释，只见他也一起趴到了垫子上，但垫子并没有像之前那样滑下来，铭铭顺着垫子滑到了泥土上，而城堡由于双手拉着垫子，趴在垫子上一动不动。

🔵 案例分析

从幼儿的表情、笑声中可以看出他们都沉浸在垫子滑草带来的快乐中，即使中途摔倒也乐在其中。共进行11次滑草游戏，说明幼儿兴趣持续的时间较长。

在运送垫子上山坡的过程中，铭铭和城堡都是先走在草坪上，又转移到泥土地上，我猜测他们已经在爬坡的过程中获取了"草坪比泥地滑"的新经验。而铭铭能手拿垫子快速地走上山坡，城堡则需要用双手撑地艰难地爬上山坡，说明两名幼儿在斜坡上行走的能力存在差异。第10次游戏铭铭把垫子放在泥土地上，城堡提醒他把垫子放到草坪上，我猜测这时城堡已经有了垫子在草坪上会更容易滑下来的经验。但当铭铭没有理会他时，城堡也没有解释。这可能与中班幼儿在知道别人想法和自己不一样时还无法清晰说明理由有关。

（二）想想办法吧

10点20分，铭铭发现垫子滑不下去，走到垫子下方，把垫子往下拉（图2）。

图2　铭铭往下拉垫子

图3　铭铭往下推垫子

图4　铭铭改变姿势，从趴着变坐着

再爬到垫子的上端，把垫子往下推（图3）。调整好垫子的位置后，铭铭没有像前面几次游戏一样趴上去，而是双腿弯曲坐在垫子上（图4）。手一松，垫子没有滑下去，铭铭却顺着垫子滑到了泥土上。

城堡走过去，把垫子拉到了草坪上面卷起来的位置，铭铭也一起帮忙。两人双腿弯曲一前一后坐到垫子上，手一松，垫子还是没动。他们顺着垫子滑了下来，一个翻身摔在了草坪上。两个孩子虽然摔了，但却兴奋地笑了起来。

重新爬起来后，城堡进行了一次试验。他将垫子放在草坪平整的位置，放手让垫子滑下去。垫子顺利滑到了山脚下，于是城堡拉起草坪卷起来的部分想把它重新摊好。铭铭走在前面没有帮助城堡一起铺草坪。城堡拉起的草坪带起了一阵尘土，吹进了自己的眼睛，城堡一边揉眼睛，一边向老师的方向看过来。我朝他招了招手示意他过来，借助清理眼睛的机会与他进行了对话。

老师："你在干什么？"
城堡："要把草坪铺好呀！"
说完用手指了指草坪。
老师："为什么要铺草坪？"
城堡："垫子滑不下来了。"
老师："你一个人可以吗？"
城堡："嗯……不知道呀。"

说完城堡继续铺草坪，他先站在草坪的下方，想把草坪往上拉，可是由于脚把草坪踩住了，拉不动。他又将左脚跷起用力地把草坪往上拖，由于只有一只脚站立，城堡失去了平衡，趔趄了一下。接着他走到草坪上方的泥土地上，两只手拉起草坪倒着走，由于山坡的地面并不平整，倒着走的城堡没办法看到后面，又趔趄了一下，险些摔倒。城堡继续调整方法，这回他走到了草坪的右边，拉起草坪踩在泥土上往山坡上走。右侧的草坪被城堡拉了一些上去，但更多的草坪还是卷在一起。

铭铭搬来了一个更大也更厚实的垫子，他把大垫子搬到山坡的最顶端，对城堡喊："城堡，我们换个垫子吧！"城堡一听，就走了上去，一下子趴到了大垫子上。铭铭见状也膝盖跪在垫子上，手一松，两个人又从垫子上滑了下来，滚到了泥土里。两个孩子继续尝试，他们先后7次趴到垫子上又滚到泥土里，脸上、身上全是泥土，依旧笑呵呵的。7次游戏后，铭铭被山顶上正在搭大炮的同伴吸引，加入了野战游戏。

城堡见铭铭走开了，又去铺草坪。他走到草坪的右侧，一点一点地拉拽草坪，边拉，边用手扶着地保持身体平衡。最后终于在游戏结束的音乐声中把草坪成功铺好了。此时的城堡已经成了一只"泥猴"，而他不顾脸上的汗水泥土，把之前的小垫子搬上山顶，放在刚铺好的草坪上，趴在上面，和垫子一起滑了下来。

🟡 **案例分析**

铭铭在遇到垫子滑不下来的问题后，尝试用调整垫子位置、改变下滑姿势、更换更大更厚的垫子三个策略解决问题。我推断此时铭铭还未发现垫子滑不下来与草坪有关，他认为垫子滑不下来的原因是：垫子所处的位置不够陡，自己在垫子上的姿势影响了垫子的下滑，小垫子的重量不够影响了下滑。几次尝试后，问题并没有解决。

城堡在发现垫子无法下滑时，先是用空垫子在人造草坪上试了一下，发现是可以成功的，然后开始努力想要把人造草坪铺平。他尝试调整方向，从下、上、右不同方位铺草坪，还通过改变用力方式，即用手拉、用脚拖的方式铺草坪，在这个过程中，城堡慢慢发现了"从侧边拉草坪不容易摔，也更好施力"的新经验。在蚂蚁搬家式的一次次拉拽中，城堡终于在游戏的最后时刻成功铺好了草坪，解决了垫子滑不下来的问题。我看到幼儿面对困难时不放弃的精神，同时也好奇城堡为什么不向老师、同伴请求帮助。

在游戏后的分享中，两名幼儿将自己的游戏过程绘画成游戏故事（图5）

铭铭：今天天气很好，我和城堡一起玩滑草。我们搬了垫子来滑草，玩了好多次。我从垫子上滑下来，也从山城上滑下来，身上都是泥巴，我还出汗了，但是很开心。

城堡：1. 我在用垫子滑草的时候，草坪卷起来了，我滑不下去。
2. 我去把草坪铺铺好，然后再滑。

图5　幼儿游戏故事

　　教师："为什么一开始你们的垫子可以从山坡上滑下来，后来却不行了？"铭铭："我也不知道，我试了很多办法就是不行。"城堡："因为垫子需要滑一点，在草坪上比较滑，泥土上不够滑。"教师："你们想了什么办法解决这个问题？"（播放游戏视频帮助幼儿回忆经验）城堡："我想把草坪铺好。"铭铭："我想让垫子再高一点，高一点可能就可以滑下来了。我坐着能滑下来，所以我在垫子上也坐着。后来我还换了个大垫子。"教师："为什么这些方法都失败了呢？"城堡："因为一定要草坪铺好才可以的。"教师："城堡，你为什么不请铭铭和你一起铺垫子呢？"城堡："他去玩别的了，过一会他看到了会过来帮我的，我不想打扰他。"

案例分析

　　通过对比两名幼儿的游戏故事，我发现铭铭记录了天气、主要事件、心情等，更注重滑草游戏时的愉快体验。城堡则记录了游戏时遇到的问题以及解决的方法，更注重于思考如何解决问题。两名幼儿都以简单的线条进行绘画表征，语言也比较简炼，符合他们平日的美术水平与语言表达能力。

　　在谈话中我通过提问进一步了解幼儿的游戏行为，不仅验证了之前的猜想，还了解了城堡不请求帮助的原因。在讲述的过程中，由于中班幼儿思维水平、表象存储能力有限，他们无法做到完全脱离情景讲述。因此我将游戏时拍摄的视频作为凭借物，帮助幼儿唤起记忆。在游戏过程中铭铭并没有发现垫子滑不下去的真正原因是泥土地摩擦力太大。通过讨论，铭铭认识到城堡一直铺草坪的原因，也获得了新知识。

　　幼儿是游戏的主人公，在游戏中，幼儿是自发、自主、自由的。当我们把游戏还给幼儿时，是否还需要教师的介入与支持？在本次游戏中，我很庆幸自己始终退后一步，以观察者、记录者、倾听者的身份，看到了幼儿的更多可能。

（一）创造新的游戏玩法

　　垫子是游戏场中常见的材料，不管是室内游戏还是户外游戏，可以说在每一个游戏区中都能看到它的身影。但是在过去的游戏中，垫子更多的是作为一种游戏中的辅助材料，当孩子们需要从高处跳下时，当孩子们需要坐、趴、爬或跳跃运动时，垫子会作为保护他们的材料出现。但是在本次游戏中，垫子成了游戏的主角，幼儿第一次尝试垫子滑草游戏，将"旧"材料玩出了新玩法，山坡也被玩出了新花样。这些不断变化的游戏挑战了幼儿的胆量，发展了幼儿的思维，促进了幼儿的身体机能，让山坡游戏更具挑战与趣味。

（二）促进新的经验生成

　　幼儿的每一次尝试都是对已有经验的挑战，也是构建新经验的过程。在山坡区的垫子滑草游戏中，幼儿通过实践操作的方式不断探索，在问题解决的过程中学会观察思考、经验迁移运用等，并呈现出个体差异。面对"垫子滑不下去了"这一相同的驱动性问题，站在成人视角，我们能很快发现其根本原因是人造草坪没有铺平整。但由于个体的差异，两名幼儿进行了不同的猜想，并尝试通过不同的方法解决问题。在一次次的试误中生成了经验、获得了体验。

　　原来的我可能会迫切地希望铭铭能快些发现问题产生的原因，也会焦急于城堡怎么还不把自己的发现告诉铭铭。但是，当我放下自己心中的执念，我看到了游戏中不同幼儿之间的差异性，也看到了游戏的更多可能性。

（三）体现兴趣的强大动力

在游戏中，两名幼儿有较明确的游戏计划——垫子滑草，他们能始终按照自己的计划开展游戏，即使遇到问题也不轻易放弃，并且尝试了多种解决策略。铭铭在解决问题的过程中更聚焦"垫子"，通过调整垫子位置、改变下滑姿势、更换更大的垫子等策略解决问题。而城堡则更聚焦于"草坪"，通过调整垫子在草坪上的位置、试验验证猜想、各种方法铺草坪等策略解决问题。

在用垫子成功滑草9次后发现垫子从泥地上滑不下去，改用大垫子滑草7次的数据中，我思考，究竟是什么支持着幼儿持续地探索？再一次重新梳理幼儿的游戏过程、回放幼儿的游戏视频，最终，孩子们的笑容和溢出屏幕的"哈哈"笑声给了我答案。游戏的本质，不就是好玩和玩好吗？

 **专家点评**

一、孩子是有力量的学习个体

纵观两个中班男孩用垫子滑草的经过，让人禁不住为他们点赞，太能干了！

在户外开放的环境中，孩子们用自己的行动向我们证实了不同能力、不同气质的孩子均有强大的能量，要相信每一个孩子都是积极主动、有力量的学习个体。

二、孩子会运用已有经验解决新问题

通过不断地实践操作，城堡和铭铭在已有经验"山坡有斜度"的基础上，都获取了"草坪比泥土滑""垫子不能从泥土地上滑下来"等新经验。两个能力不同的孩子在游戏中历经了各种"曲折"，但是他们能围绕"曲折"调取自己的已有经验，并有机整合形成合理的解释。他们边游戏，边试误，边总结，也从新经验中找到了在有斜度的坡上向下滑的"普遍"规律。孩子们的已有经验支持着他们的学习，并在不知不觉中运用已有经验解决新问题。这样的学习，能及时帮助他们解决生活中的实际问题，丰富逻辑思维。

三、孩子是善于观察的学习者

在游戏中两个孩子以"垫子滑草"为目标，多次尝试却屡次失败，不过，他们并不在乎失败，每一次他们都会观察问题的所在，并逐渐调整。从最初两个人都觉得"要调整垫子的位置"，到最后铭铭觉得"要更换更大的垫子"，城堡认为"要铺好草坪"。两个孩子通过观察从各自不同的角度想办法达成自己的目标。

我们暂且不评论孩子成功与否，但是在游戏中他们始终在观察发现中调整、尝试、解决，再调整、再尝试、再解决。不同的孩子使用的方法不同，所以说孩子比我们更了解自己，他们善于用自己独特的方法观察和学习，他们会建构属于自己的学习方法。

四、孩子会因兴趣而认真探究

游戏过程中孩子因为"垫子滑不下去"而猜想、尝试，尽管他们用了"把垫子往下拉""爬到垫子的上端，把垫子往下面推""从原先趴在垫子上变成双脚弯曲坐在垫子上"等方法，最终都以失败告终，但其实他们更多的是在认真探索。

当孩子们一旦对一个问题感兴趣，并想得到解决，他们不会只抱着"试一下""看一看"的态度去行动，他们会使出十八般武艺努力去探个究竟，因兴趣引发的探究在 3—6 岁孩子的身上显现得尤为突出。

从整个记录中我们可以看见，孩子是有力量的学习者，他们以身体力行的方式去认知，用各种感官去体验，当生命的力量被唤醒，他们就是有力量的学习者。所以，作为教师应持专业的态度和视角，客观地对孩子的兴趣、行为表现出欣赏和期待，努力保护和支持每个孩子成为有力量的学习者。

点评专家：上海教育报刊总社　《上海托幼》杂志总编辑　王坚

*此案例获萧山区第三届幼儿园游戏案例评比一等奖

中班山坡区游戏案例

保护"指挥部"

杭州市萧山区信息港幼儿园　施秀婷、赵莲

题记：从建构到游戏的过程，也是幼儿对事物深入探究的过程。

一、案例背景

游戏时间：2022 年 11 月 15 日至 20 日

游戏地点：山坡区

观察幼儿：宸宸、米兰、星星、繁繁

幼儿园前操场有占地面积近 300 平方的山坡区，场地上设有两间"木屋"并配有种类丰富且数量充足的材料，如：梯子、木板、沙袋、油桶、迷彩布等。（图 1）中班孩子们最近对"野战"游戏格外感兴趣，自主玩了"你躲我藏""丛林躲猫猫""翻山越岭""摘野果"等游戏，还把存放材料的"木屋"当成了"指挥部"，讨论要把指挥部隐藏起来……

图1 山坡俯瞰图

游戏实录

（一）保护指挥部的入口

11月15日上午10点，又到了户外自主游戏时间，米兰、宸宸、繁繁、星星讨论着："我们的指挥部好明显。""我们能不能把指挥部保护起来？"

图2 指挥部入口1.0

宸宸拿起沙袋，说："围个大圈圈。"米兰回应道："动手，开始动手。"四人决定从指挥部门口一侧开始，将沙袋平铺连接呈圆弧形，至指挥部另一侧后边（图2）。星星反复搬运和摆放沙袋后，站在指挥部门口看到繁繁经过时，主动尝试接手繁繁手中的沙袋，繁繁拒绝道："不用，我自己来。"星星见状只好一个人再去搬沙袋。宸宸指着沙袋与指挥部后边的连接处，说："在这做一个门，这里就不用堵上。"米兰一边运材料，一边大声喊道："全部围起来，快一点！"沙袋叠至两层、三层。宸宸站在指挥部门口笑着说："你们三个就给我运材料，我来搭高。"繁繁没有听从宸宸的安排，宸宸再次强调："有的人运沙袋，有的人负责搭。"繁繁听到后停了下来，若有所思地看着手中的沙袋。片刻后，米兰、星星、繁繁三人听取了宸宸的建议，负责把一个个沙袋运到门口空地，由宸宸负责从门口空地上拿取沙袋垒高入口，入口逐渐搭至 4 层。

　　11 月 16 日上午，星星、米兰滚来 3 个油桶放置在大门前，繁繁搬来长木板连接油桶，又拿来沙袋叠放在木板上。星星问："可我们怎么进去呢？"宸宸和米兰马上钻进油桶间的空隙。星星欢呼："好办法！"四人继续合作垒高沙袋。宸宸数了数，最高的地方总共 8 层，大呼："要倒了！"米兰说："我看着还行。"但他刚从"入口"钻进，沙袋纷纷掉落（图 3）。米兰皱起眉头说："入口的确被遮挡了，但是一点都不牢固，而且在里面什么都看不到了，我们都不能观察外面，这样也不安全。"繁繁想了想说："是最下面的木板太窄了，放两块木板试试！"他们在油桶上合并两块长木板，木板上方左右两侧各垒高 2 个沙袋，再架木板，再左右两侧各垒高 3 个沙袋，再架木板，但是入口倒塌了。他们将 3 个沙袋中的两个沙袋从垒高的两层调整为平铺的一层，还有一个沙袋由横向改为竖向摆放在第二层，在每层沙袋之间留出一定缝隙。这时，最上面的木板滑落下来，星星建议："木板太滑了，我们试试梯子看"，四个人合作举起梯子的四个角，踮脚轻放至最高层，将最上面

图3　指挥部入口2.0

图5　指挥部入口3.0结构图

的木板换成梯子。繁繁推动了三次，入口没有移位，说："很牢固！放心吧！"。从远处看，指挥部入口基本被遮挡，并留出几个"洞口"：最下层油桶之间的空隙是幼儿进出指挥部的"出入口"，沙袋之间的空隙是幼儿在指挥部中观察外部环境的"狙击口"，入口是基本遮挡但又留有空隙的，在隐蔽的同时又能观察外部情况（图4）。

米兰拿起"AI35号机枪"趴在地上"嘭嘭嘭"，星星拿起狙击枪在高处的洞口玩狙击口游戏，宸宸拿着"手枪"在较小的狙击洞口"哒哒哒"，孩子们纷纷加入"演习"游戏中。

案例分析

为了让指挥部变得隐密，孩子们决定把指挥部围个大圈。开始时4名幼儿均是自己搬运材料、自己摆放，在反复来回的过程中干劲十足。从语言行动中，能感受到孩子们有明确一致的目标，即保护指挥部入口，但每个人完成任务的方式还是以独立完成为主。当星星尝试与同伴合作时，作出了接同伴沙袋的动作，但被繁繁拒绝；而宸宸在建议大家合作完成任务时，先后两次非常明确指出大家的分工，"有的人负责运沙袋，有的人负责搭"，他虽然没有进一步说明为什么要这样做，但同伴们似乎明白了他的意思，也愿意听取他的建议，完成初步的合作。孩子们想到要"保护指挥部"时开始改造入口，我想他们首先看到的是事物最显现的问题，裸露的入口让孩子们有了明确的游戏目标和任务，过程中出现三种样态的入口，入口 1.0 虽然是单一材料的垒高，看似简单重复的行为，孩子们却在无形中进入了合作（合作过程梳理见图 5）；入口 2.0 因为有了相互的配合，速度明显加快；入口 3.0 中，幼儿想要搭建"遮挡的、牢固的且可以观察外部情况"的入口，使得幼儿互相提示，灵活调整材料和游戏行为，通过从不同材料组合、增大接触面积、调整沙袋组合方式等入手，尝试解决"不太隐蔽、视野遮挡、不够牢固"等问题，成功探索出保护入口的最佳方案。过程中出现两人合作架起木板，四人合作抬梯子等合作行为。这种合作可能是无意识的，只是为了完成游戏需要和任务，而正是在这样的任务中，合作能力慢慢提升。

回顾孩子从单一的"围挡保护"一步步转向兼顾"隐蔽、好用、牢固"的综合性保护，幼儿对入口外形的思考从"完全遮挡"到"遮挡且留有观察口"，对指挥部入口的理解从"简单遮挡"深入到"隐蔽且互通"，从一开始只是为了完成任务到结合自己的游戏需要来调整自己的方案。

（二）从保护入口到保护整个指挥部

11 月 17 日上午，米兰看着指挥部说："从后面看还很明显！"宸宸在另一侧观察后说："在这里也能一下看到指挥部。"思考片刻后，繁繁说："那就是还不够隐蔽！"

陷入沉默的三人前往材料库寻找材料，看到迷彩布和迷彩网时，米兰兴奋地从原地跳起来，激动地指着迷彩布，"你看，用这个！走走走，咱们把屋顶藏起来！"宸宸和繁繁搬来梯子靠在木屋两侧，宸宸用手摇了摇梯子，又试探

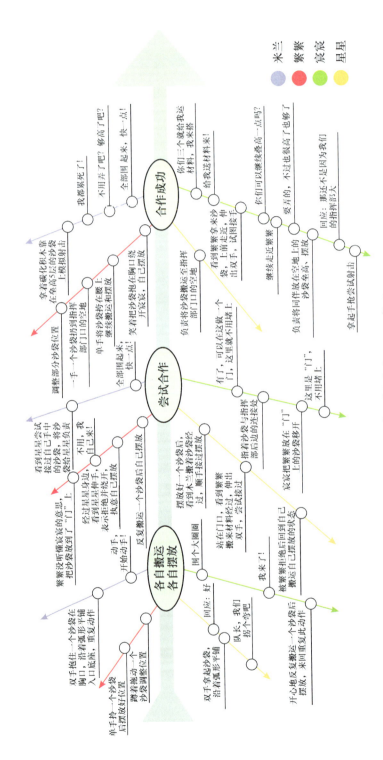

图5 合作搭建部署入口1.0流理

性地一只脚踏上梯子最低档，低头看梯子与草地的接触处，说："放心，梯子很稳。"于是，米兰拿着迷彩布的一端爬上梯子递给在另一侧梯子上接应的星星，繁繁则在地面帮助米兰托住拖在地面的迷彩布另一端。宸宸跑到另一侧看到正往上爬的星星，帮忙扶稳梯子。星星反复调整后说："队长，我好了！"米兰喊道："这边还没隐藏好！"星星回应："好的，队长，我现在就去那边看一看"，正准备爬下梯子。这时，在地面的宸宸说："你在上面，别下来，我去左侧方向看一看，我来指挥！"（图6）

宸宸跑到地面较高处指挥道："星星，你把多余的拉上去！米兰你拉下来！一二三！拉！"只见迷彩布在屋顶上"嗖"地往米兰的方向移动，米兰检查后说："屋顶一点缝隙都没了。"繁繁提醒道：

隐藏屋顶

隐藏三面墙

指挥部"隐身"

图6　指挥部"隐身"了

"两边垂下来的长短不一样。"宸宸观察后说："星星你往下拉，我来推。"说完便亲自上场，把迷彩布往上推、送，星星在另一边往下拉、扯。反复调整和检查后，米兰和星星站在梯子最高处，看着屋顶遮盖完全，相视一笑，四人连续开怀大笑了 2 分多钟。

环视指挥部，看着还有三面颜色突出的墙，他们找来无痕钉、锤子和迷彩网。星星调整好梯子位置，爬上梯子，米兰在地面给高处的星星传递无痕钉。星星一只手固定无痕钉，一只手拿着锤子敲打。米兰在地面接应，一只手扶着星星的梯子，一只手里拿着钉子，准备随时将备用钉子递给星星。

星星固定好一个钉子说："可以了，你们可以挂了，米兰继续给我钉子！"宸宸将迷彩网挂在星星钉好的钩子上。不一会儿，三面墙都被"藏"起来了。四人跑回二楼教室，从阳台眺望下去，"哇！指挥部真的隐身了哎！"

🔵 案例分析

当孩子们看到迷彩布和迷彩网时瞬间有了想法，是材料的特性带给他们灵感。当孩子们提出要爬上屋顶时，我有些许的担心，但还是想看看孩子究竟会如何行动。宸宸先用手摇一摇感受梯子的稳定性，又试探性地踩上去体验，经观察确保安全后继续行动，可见孩子已有初步的判断危险和自我保护的能力。过程中，当星星爬上高处，宸宸默默地在地面保护；米兰拿着厚重的迷彩布爬上高处，繁繁托住迷彩布另一端以减轻米兰的负担；米兰、繁繁在一边传递，星星在另一侧接收；星星和米兰在高空操作、宸宸在地面指挥、繁繁在地面观察并指出问题、及时提示同伴等等默契的合作行为让我佩服，我想也许是前两天搭建入口有了合作的基础才有了这样的默契。我也看到了孩子们的机智，如在高处操作的星星想爬下检查时，在地面的宸宸提示她就在上面不下来，自告奋勇地选择在地面指挥团队，当宸宸发出指令后看到依旧存在问题自己也能上场帮忙调整。这样的沟通与理解、配合与协调是幼儿宝贵的品质与能力。

（三）保护移动指挥部

11月20日，孩子们依旧在进行游戏，宸宸提出："我们指挥部大，目标大，不容易保护。"繁繁问："只能有一个指挥部吗？"星星回应道："不是的，有个小一点的更好。"讨论3分钟后，米兰提出"要是这个指挥部能动，不是还可以躲避敌人的炸弹！"于是他们找到纸箱、油桶、塑料箱、安吉箱等材料，分别钻进去对比大小容量并尝试移动，最后选择安吉箱运往场地。

四人各拿迷彩布的四个角合力将迷彩布抛在安吉箱上，调整好后躲进指挥部，指挥部中传来声音："把狙击口都挡住了！""里面黑乎乎的什么都看不到。""我都不知道往哪个方向前进了！"米兰钻出指挥部，观察后组织大家拿来了有缝隙的迷彩网，四人合作把迷彩布更换为迷彩网，星星钻进后从安吉箱的"洞洞"中往外望，"看得见，看得见，这个好多了。"身处指挥部外的宸宸指着迷彩网中间的缝隙："安吉箱颜色露出来了，怎么办？"四人讨论道："用颜料涂色试试看。"孩子们拿来笔刷、滚刷，将安吉箱涂成绿色，"一面墙刷好了。""我这一面也好了。"安吉箱变色后四人再次抛上迷彩网，发现安吉箱完全变身了！米兰钻进指挥部，将"枪"架在安吉箱的洞口上，穿过迷彩网的缝隙，瞄准后发出"砰砰砰"的枪声（图7）。

图7　可移动且隐蔽的指挥部

他们把指挥部推上山坡，宸宸指着草地，说："草地的颜色跟指挥部还有一点不一样，草地浅一点，指挥部太深了。"星星建议："得插一点树叶，记住插多一点。"米兰说："太绿了太绿了，现在是秋天，插黄树叶！"他们选择较黄的树叶插入网中，一个可移动且隐蔽的指挥部产生了。

四人进入指挥部，"开炮！""瞄准目标。"游戏了 6 分钟后，宸宸说："这旁边什么都没有，我们把它藏到隐蔽点的地方！"四人环顾四周，"山坡后面？"把指挥部藏到山坡后，远远望去，还能发现。"要不藏在树的后面，别人望过来以为是树。"藏在树后面，指挥部真的"隐身了"！

🟡 案例分析

前几天的游戏中，孩子总是"动"得"忙忙碌碌"，这一次，孩子在游戏中"静"下来思考，在互相的提示中出现了"更小一点的，多几个，能动的指挥部"等想法，从米兰的话语中可以发现，他的思维从"现有的固定指挥部"衍生到创造"可移动指挥部"，还能躲避敌方攻击，化被动为主动，这样的创新想法是出乎我意料的，我从没想到在场地上还能出现一个新的可移动的指挥部。当我在惊讶孩子想法的同时，跟在孩子身后，发现他们寻找多种材料并综合了大小、材质、移动性等多种因素后选择了安吉箱。我发现，孩子在选择指挥部的外形结构时已经考虑到功能，或者说是从功能出发选择相应外形结构的材料，如孩子选择体积小一点的是想要不易被发现，选择有"洞洞"的是为了方便观察外部情况，选择带轮子可移动的材料是为了方便躲避危险。

孩子在尝试迷彩布发现视野被遮挡后更改为迷彩网；发现安吉箱的颜色易暴露后改变了安吉箱颜色；发现与环境颜色不同后，再往缝隙中插与季节相应的黄树叶。最终成功制作出可移动且隐蔽的指挥部。最后孩子还能尝试"藏"在不同地方，不仅考虑到"指挥部"的隐身，还考量周围环境从而寻找合适的隐藏点，这一系列的行为都依托团队合作的思维，只有共同行动、共同观察、共同思考、共同调整才能解决一个个复杂且综合的问题。

在陪伴孩子经历这一系列游戏过程中我心情起起伏伏，看到孩子想出新办法比他们还兴奋激动，看到孩子遇到新问题和他们一样陷入沉思。回顾整个过程，孩子们在团队合作的过程中，伴随对事物的深度探究，一次次多维度、创造性地解决问题。

三、教师反思

（一）游戏情节的发展为幼儿提供了合作机会

游戏情节从"保护入口"到"保护整个指挥部"再到"保护移动指挥部"，在游戏情节的发展中，幼儿在游戏的不同阶段有着明确且共同的目标，共同思考并朝着同一目标努力、协调沟通、相互配合。由此可见，游戏情节的发展提供了幼儿团队合作的机会。如，在保护入口过程中，"大工程、大范围"的解决方案让幼儿思考如何配合更省力从而开展合作；在保护整个指挥部过程中，"高空高难度"的操作情境使得幼儿分工协作、相互配合；保护移动指挥部过程中，幼儿不断发现问题、相互提示、合作解决，找到问题的最优解。在这样的过程中，不同能力和个性的幼儿在游戏中融合、互补，各自也都能意识到团队合作的重要性，并依托团队合作思维推动游戏向纵深发展。

（二）从开始到结束，整个游戏过程幼儿对事物探究更加深入

幼儿的保护指挥部行为从搭建开始，在改造裸露的入口过程中感受、体验、思考，发现"太累了，进出不方便，不牢固"等问题，从而不断升级入口。在游戏继续的过程中，幼儿视线从下往上，分析焦点从局部到整体，从单一角度到多维度思考，保护的范围从入口到整个建筑。伴随沉浸式游戏体验，幼儿思维从木屋指挥部到灵活的安吉箱改造而成的指挥部，创造性地解决问题。游戏过程中，幼儿从关注"正面的敌人"到考虑"四面八方的敌人"，从想要"不被发现"到"不仅不易被发现还能发现敌人"，从利用"场域现有的指挥部"到创造"更小可移动可躲避危险的指挥部"。伴随游戏的进阶，幼儿在游戏过程中对指挥部的作用和意义认识逐渐深刻，对指挥部的外形结构和内部功能之间关系的理解更加深入和透彻。

（三）如何才能从热热闹闹的游戏转向有意义的学习

幼儿在保护入口和整个指挥部的游戏过程中，更多的是热热闹闹的行动。到了保护移动指挥部时，更多看到幼儿静下来思考，针对问题相互讨论，多维度创造性地解决问题，在已有知识和经验基础上，主动建构新知识，从而获得新的理解和意义。这基于幼儿前期积累的充分体验和经验，即在每次保护行动后都有充分感受和体验的经验，并在联结过程中，将结果和行为产生联系，不断反思实践、持续有意义地学习。

其中，有意义的学习的实现离不开幼儿良好的学习品质。游戏中，幼儿主动参与对游戏现状的探究，专注而坚持地投身游戏中，对同一问题不放弃、不妥协，对新问题反复猜想验证，并伴随持续深入地探究产生创意产物，游戏中主动性、坚持性、认真专注、敢于探究和尝试、乐于想象和创造等品质促进幼儿在游戏中实现有意义的学习。

看见孩子，相信孩子，赞叹孩子。我以一个共同参与者陪伴着孩子游戏，始终相信孩子的能力并由衷赞叹。我相信孩子的合作能力，见证了他们持续尝试并团队协作解决一个个复杂的问题；我相信孩子的创造能力，见证了一个出乎意料的指挥部的产生。

专家点评

瑞士心理学家皮亚杰曾说："理解即发明创造。"幼儿学习最重要的事情，不是经由他人告知，而是经由与物质世界的互动，与其他孩子的互动来建构知识，游戏正是这一过程的完美演绎。在保护"指挥部"游戏之前，孩子们可能对什么是指挥部并没有多大的概念，毕竟他们生活在和平年代，枪林弹雨的胶着场面只能是间接经验。对于指挥部所发挥的核心作用以及指挥部的区位特征，孩子们起初并不理解，他们只是想着不被敌人发现，也就是将指挥部视为一个藏身的安全之地。在他们利用周围的材料实现隐蔽的目的后，他们对指挥部的理解从"外部视角"走向了"内部视角"，即由"不能被敌军发现"的目的走向了"我们要能看到敌人"，从军事战略上讲是从"守"到"攻"，游戏样态从单纯的建构游戏走向角色游戏，期间还上演了军事演习的大戏。这一点也可以用来解释孩子们后续为什么要将指挥部变为移动的，因为固定的指挥部是被动受敌，移动的指挥部是主动攻击，并且要考虑周遭环境因素的变化，这对孩子的判断力构成了更大的挑战，但正是这一挑战让孩子们从理解走向了发明创造，指挥部的搭建从静态到动态的过程也是思维方式转换的过程。当孩子的思维在游戏之中随着经验的拓展而得到了正向的发展，它构成了幼儿走向高水平游戏的逻辑前提。

　　当然，幼儿很多时候未必能自发地对游戏情境中的问题进行转换，这需要教师搭建适宜的思维支架并提供经验拓展的机会，激发幼儿从"爱玩"走向"慧玩"。美国教育家杜威曾说过："游戏不应变成傻淘傻闹，学习也不应变成苦役，在学习和游戏之间应该有一个平衡。"幼儿园的游戏应该具有教育性质，孩子从"忙忙碌碌"到"静"下来思考的过程是游戏实现教育价值的重要环节，这一环节需要教师更为耐心地介入与引导。如果教师在案例中能够凸显幼儿合作游戏过程中的思维碰撞以及求同存异的探究过程，表明指挥的意义不仅是指令的传达，更是团结的精神，可能会为案例添加画龙点睛的一笔。

点评专家：浙江师范大学儿童发展与教育学院　杨妍璐

　*此案例获萧山区第三届幼儿园游戏案例评比二等奖

综合区

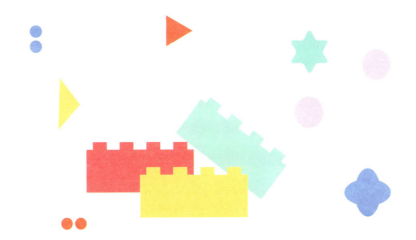

中班综合区游戏案例

"翘" 起来了

杭州市萧山区南阳第一幼儿园　肖逸楠　徐利敏

题记：运动游戏中也蕴含着科学的探究。

一、案例背景

游戏时间：2021 年 10 月 9、11、13 日
游戏场地：宽阔的滚筒区
观察对象：YY、开心、乐乐、亦轩、球球

　　为了让每个班级的幼儿都能体验到不同的自主游戏，我们在每个月月初进行游戏场地的轮换，每周的一、三、五为孩子们的户外自主游戏时间。本案例是 10 月国庆假期后，中一班孩子们升入中班后换到了新的游戏场域——U 型操场，第一次在这个游戏区域的游戏。这个游戏场地边上放置着主要的游戏材料——滚筒，且该场域毗邻游戏材料超市，便于孩子们及时拿取不同的游戏材料进行游戏。在餐后我会带孩子们去幼儿园的草坪玩游戏。球球、开心很喜欢在草坪上玩跷跷板游戏,跷跷板的游戏经验也为我们这次游戏做了一定的铺垫。

二、游戏实录

（一）轮胎上的跷跷板

10月9日，孩子们第一次进入这个游戏区，球球从材料超市搬来了轮胎和木板，他把一块木板横放在了轮胎上，然后打开手臂开始往木板上走。当他走到轮胎中间时木板变平了，随着球球往前移动，木板掉下去了。球球在走了几次后，嘴里说着："好好玩，我走到哪里，哪里就会掉下去。"开心回应道："球球，这好像一个跷跷板呀！"（图1）

开心看到球球的"跷跷板"便产生了兴趣，跟在球球的后面，两个人一前一后往前走，木板呈倾斜状。当球球走过轮胎，开心走到靠近轮胎的位置时，木板变平衡了。开心惊奇地说："球球，木板变平了！原来我们一样重呢！"

这时YY也闻声走了过来："开心，那我来和你比比，我们两个谁重好不好？"当YY走过轮胎后，木板也变平了。

一侧重

平衡

比轻重

图1 轮胎上的跷跷板

"哇，我们都一样重呢！" YY 惊奇地说道，并且招手示意球球过来看这个平衡结果。"真的呢，我、你还有开心我们一样重！"球球说着还开心地拍起了小手。

"YY，我来和你一起玩一玩吧！"球球说道。球球走到木板中间位置，YY 还在木板的左端，球球那一侧的木板翘了起来。"好奇怪，为什么会这样呢？我们不是一样重吗？为什么你会翘起来？" YY 抓着脑袋说。"我们真的一样重吗？"球球也感到了疑惑。球球和 YY 开始从木板的两侧往中间走去，又不断地往后退，木板也在两人的来回走动中一上一下地翘着。

YY 说："这好像一个跷跷板哦！"球球："要不我们来玩跷跷板的游戏吧！"于是 YY 和球球坐到了木板的两侧。但是当两人坐到木板上后，木板翘不起来了。YY 挪动着屁股，但是还是翘不起来。

游戏结束后回到教室，孩子们对"跷跷板"的游戏还是意犹未尽，开始了讨论："木板为什么翘不起来？"

YY："我觉得应该是木板太短了！"

球球："是轮胎太低了！"

老师："还有其他可能吗？"（通过追问，引发孩子们的大胆猜测）

开心："是不是轮胎太宽了！"

乐乐："我们把轮胎换掉吧？"

YY："换什么？"

老师："在下次游戏中，我们可以再去找找看有哪些材料可以来替代轮胎呢？"

我没有直接告诉孩子我们可以用哪些材料进行替换，而是让孩子们自己寻找材料进行尝试，引发幼儿的持续探究热情。

案例分析

因为跷跷板是我们班孩子比较喜欢玩的游戏，开心通过自己的观察与平时玩跷跷板的经验，提出了"像跷跷板"的说法，激发了孩子们尝试的兴趣。在游戏中球球首次将轮胎与木板组合后，通过身体在木板上来回地移动，发现了在木板上移动的基本规律：重的一端会被压下去（此发现为后续的跷跷板探究做了基本经验的铺垫）。开心作为旁观者，也对"跷跷板"重的一侧会压下去有了初步的认知与经验，粗浅地知道跷跷板变平衡是因为两侧的物体一样重。

孩子们通过第一次游戏发现"开心"和"球球"的平衡是两人一样重，第二次游戏发现"开心"与"YY"一样重，通过类比得出三人是一样重的结论。但是由于孩子是在木板上移动的，孩子们得出的结论其实并不科学。但此时我没有马上介入，选择继续观察孩子们的游戏。随着两人在木板上来回走动，孩子们通过观察，对 YY 与球球两人"一样重"的结论产生了质疑，两人尝试通过位置的移动来改变不平衡的状态，从而引发了孩子们对于在跷跷板中站立位置与平衡状态的思考。此时，我还是决定继续观察，他们在来回走动中又会发现什么呢？

（二）滚筒上的跷跷板

10 月 11 日，基于上一次游戏后的讨论，这一次游戏开始前，大家在材料超市寻找让跷跷板能够翘起来的合适材料。"这个比轮胎要小（窄），我们拿这个！"由于开心在谈话时认为是轮胎太宽，导致跷跷板翘不起来，于是她找了一个宽度 25 厘米左右的梅花桩做跷跷板的底座。但玩起来后发现跷跷板还是不能翘起来。"开心，你那个太矮了！"球球和 YY 边滚着滚筒边朝开心喊道。"这个滚筒比轮胎高多了，肯定很刺激！开心快来帮忙把木板放到上面！"球球的滚筒跷跷板诞生了。YY 双手紧握木板爬上滚筒滑滑梯大叫："不行！滚筒会动，太危险了，好害怕呀！""我来帮你扶住它！球球你也快来帮忙！"开心双手用力稳住了滚筒，球球钻进了滚筒里面，亦轩说"我坐到滚筒上面去！"

图2　木板近支点侧往上翘

球球顺势也爬了上去，滚筒还是会动。开心朝周围看了一圈，从积木区找来两块长方形的木块，放在滚筒两侧将滚筒固定住了。

　　YY 和亦轩坐到了跷跷板上，YY 是一个比较瘦小的男孩，亦轩是班里较高壮的男孩，但是 YY 那边沉了下去。大家都感到了困惑："这不对啊！是 YY 轻，怎么没有翘起来？"经过前期的跷跷板游戏，大家都预判轻的一端应该是会翘起来的，但这次却发现轻的 YY 掉下去了，很明显与幼儿的认知形成了一定的冲突。他们会怎样去讨论这个问题呢？（图 2）

　　YY 开心地说："可能是我的力气比较大，我把你翘上去了！"球球看了看木板说："你看这边短，那边长，所以会这样。"YY 说："哦！我知道了，我木板长我就掉下去了，你的短就翘起来了！"说着就从跷跷板上下来把木板往亦轩侧移了移，让滚筒两端距离一样长，两个人又坐到了木板上，这次 YY 被亦轩翘了起来。"亦轩，你说好不好玩？"YY 对亦轩说道。"好玩呀！"亦轩脸上洋溢着笑容说道。

　　面对 YY 下沉的现象，YY 一开始认为是自己力气比较大，但球球作为旁观者，更清楚地看到了两端的木板不一样长的现象，他们猜测这可能是造成 YY 下沉的原因，于是立马做出调整。YY 和亦轩坐在木板上，因为 YY 被翘起来，木板呈倾斜状态，YY 的身体向下滑去，YY 为了防止自己下滑，双手握住木板猛地将屁股往后一挪。亦轩说："YY 你怎么又掉下去了，要不我们下来再把木板移一移。"YY 说："不用！"说着 YY 开始调整自己的位置，他扶住木板把屁股往前挪了一点，将自己离滚筒的那一侧更近一点。"哇，YY 你好厉害呀！"乐乐跳着拍起了手。"那你也来试试！"YY 对乐乐说。"好呀！"乐乐也爬上了"跷跷板"。

案例分析

　　孩子们在"轮胎跷跷板"游戏中初步感受到轻的会翘起来，重的会沉下去，一样重会平衡的道理。但也遇到了问题，就是"当两名幼儿坐下来，无法拉开上下距离时，却不容易上下翘动"，在讨论中，他们认为是轮胎太宽的原因，于是决定在第二次游戏中，升级为"滚筒跷跷板"，这是他们对支点有了初步的认知。解决支点后，他们又发现重量并不是决定能否翘起来的唯一条件，因为 YY 比亦轩轻，但 YY 却沉下去了，他们观察并猜测两边木板的长短也是重要条件，于是开始调整木板长度验证自己的想法。球球在游戏分享中告诉我："上次我、YY 还有开心在轮胎跷跷板上玩的时候，我们在木板上走啊走，我发现我这边木板长就往下掉，YY 那边木板短就往上翘！"而当 YY 在游戏过程中因为位置的移动，又发现自己沉下去时，他很快选择了变换自己的位置，只要靠近滚筒一点，他就又可以被翘起来了。YY 在分享这一段时说："后来我就把木板往亦轩那里移了移，把两边的木板变得一样长，我们就开心地玩起跷跷板来。"虽然此时，他们还说不出支点，也不明白"力矩"，但跷跷板的游戏经验将扎根于他们心里。

（三）跷跷板变跳板

　　10 月 13 日，孩子们正在玩着跷跷板。YY 说："啊呀好高！我的脚够不到地！开心你快让我下来！"开心往木板中间移动，YY "啪"地一声落到了地上，紧接着开心也一屁股落下。"哎呦喂，我的屁股！好痛！"YY 皱着眉头，说着揉了揉屁股，"有没有什么好办法呀！""要不用轮胎在屁股下垫一垫？"亦轩挠挠头说着去搬来了轮胎，随后球球也拉来一个轮胎，把轮胎垫在跷跷板两头。"我的脚在轮胎上一蹬就起来了！"开心说道。两人玩得得心应手，上下自如。

　　球球和亦轩搬来了垫子对大家说："我们来玩跳水吧！""好呀！好呀！"开心边说边从跷跷板上下来，把左侧的轮胎搬开，亦轩在滚筒左侧铺上垫子，球球指挥着 YY 把木板向右移到右侧轮胎里。"哇！木板翘起来了！"YY 叫道。球球说："我要上去试试！"乐乐站到压在轮胎里的木板末端说："我站在这里给你们压着！""跳水"游戏就这样开始了，开心第一个沿着倾斜的木板往上走，走到木板的最高处纵身向下跳去。"哈哈哈，好玩！"开心跳完马上又来到起点沿着木板往最高处走去。亦轩跟在开心后面，还显得有些紧张，在跳板的最高处犹豫了几秒后也打开双手纵身向下跳去，落到垫子上后也露出灿烂的笑容。球球跟在亦轩后面，纵身一跳落到了垫子上。乐乐一直站在木板末端为大家压着木板（图 3）。

在轮回跳了几次后，球球说："不够刺激！我要把它变得更高！""要不把木板移上去一点？"开心说道。YY 点点头说："是的，把轮胎也移过去压住木板！"于是大家开始了将轮胎往滚筒侧移动，把右侧的轮胎移到靠近滚筒的地方，左侧的木板变长，整块木板也变得更陡了。"哇！木板也变得太高了吧，我都有些害怕了！"开心边小心翼翼地走着，边发出感叹。由于木板变陡后，大家向上走的时候一个个都打开双手保持平衡，速度也变慢了（图 4）。亦轩快到最高处的时候，由于坡度太陡，身体还来回晃动了一下。"加油，亦轩！"跟在后面的 YY 为亦轩打着气。球球看到乐乐一直站在尾部轮胎的木板上，用身体重量压着木板，于是对乐乐说："乐乐，我来压着，你试试，很好玩的！""可是太高了！我想在这里给你们压着。"乐乐因为害怕拒绝了球球的邀请。"不

图3　跳板游戏

图4　跳板游戏高度升级

害怕的！很好玩的,试试吧！真的！"YY也走过来对乐乐说道。"那好吧！"YY推着乐乐往前走,自己站着压在了木板上。乐乐尝试慢慢走上了木板,到达最高点拍了拍自己的胸脯,紧闭双眼纵身跳下,落到垫子上后露出了开心的笑容。

案例分析

在游戏中孩子们能够将经验进行迁移与运用,他们发现如果木板一端离支点远,离支点近的那端木板就会翘起来。孩子们通过改变支点的位置,想出了一个创造性的、新的玩法:"跳水"游戏,并在游戏中通过上述原理将木板的高度进行了升级,将跷跷板升级成了跳板。

在游戏中,当遇到更难的挑战时,球球、YY、开心都愿意去挑战和尝试。但是孩子之间是存在个体差异的,乐乐面对跳板的高度有些害怕,但最终在同伴的支持鼓励下也勇敢克服困难,并在游戏中体验了完成挑战后的快乐。(整个游戏过程梳理见图5)

三、教师反思

(一)运动游戏中不止是运动

看似幼儿在进行普通的平衡类游戏,其中还有科学探究。游戏中产生的很多现象都是偶然结果(比如支点移动),然而探索的过程却是重要的。在这中间幼儿进行假设、验证,使思维始终处于一种活跃状态,帮助孩子们更好地建立起了新经验。

1.翘不动的探究过程

当孩子们在跷跷板游戏中发现跷跷板"翘不起来"时,孩子们对于翘不起来的原因进行了大讨论,从自己的经验出发对跷跷板"翘不起来"的原因进行

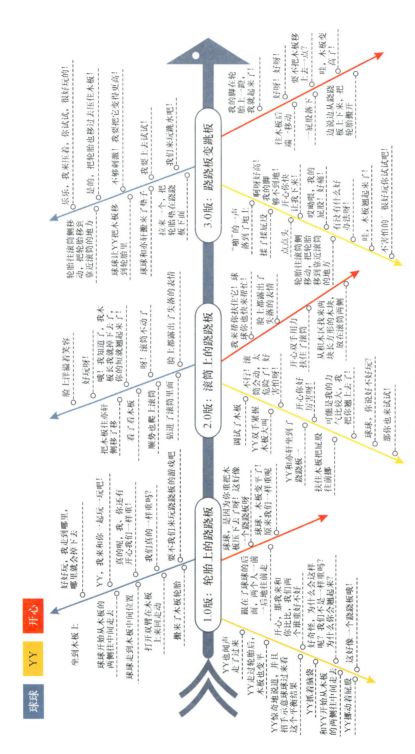

图 5　游戏过程梳理

了猜测：木板的长度、轮胎的高度、轮胎的宽度。在猜测后，幼儿通过对自认为的影响因素进行材料的替换，最终用滚筒代替支点顺利将跷跷板翘了起来。

2. 力矩与支点的探索过程

幼儿在游戏中探索的问题，一般都源自已有经验在新的情境中运用时产生的矛盾。在幼儿的已有经验中重的能跷起轻的，而新情境中却是轻的跷起了重的，这就引发了幼儿对支点与力矩的探索。幼儿通过观察发现，引起此情境的原因是支点两侧木板的长短不一样。于是幼儿通过改变力矩，使跷跷板两侧体重不一样的幼儿达到了平衡。

（二）不同的游戏，其实是经验的连续

前后两个游戏看似不同，但经验是连续发展的。幼儿在"轮胎跷跷板"游戏中感受到"轻的会翘起来、重的会沉下去、一样重是会平衡"的道理。在游戏升级为"滚筒跷跷板"后，由于滚筒的不固定、木板两端长度的不同，打破了孩子们原有经验的认知，通过幼儿在游戏中的不断观察、发现、尝试去联系旧经验到构建新的经验。在后续的游戏过程中，当他们知道了"重的人翘起来是因为支点两边的木板长度不一样"，于是尝试了在两边一样长的情况下，通过改变自身离支点的距离来保持两端的平衡。幼儿在游戏的不断进行与探索中还会使用新经验，产生新的玩法。在了解了支点与平衡的关系后，利用支点移动导致力矩变化的经验，故意打破平衡产生新的游戏，将跷跷板变成跳板。通过改变支点的位置，"把木板的一端离支点远，离支点近的那端木板会翘得很高"。于是幼儿在游戏中将木板的高度进行了升级。

（三）更专业，更包容地看待幼儿的游戏与想象

虽然发现孩子们在玩跷跷板游戏中出现了许多的矛盾点，但是我们老师要相信孩子们是有能力的学习者，有着自己解决问题的方式与节奏，会提出各种各样的猜想，有些猜想和行为甚至是荒诞的。教师以欣赏的态度去对待他们的想法和行为，让他们有充分的时间和空间去猜想、试错、探究、验证和调整，

孩子们才能有更精彩的表现、更好的发展。

在以后的游戏中，我要做到真正把游戏还给孩子，让孩子们真正成为游戏的主人，我相信在以后的每次实践中去学习、去反思，一定会做得更好！

专家点评

《幼儿园保育教育质量评估指南》的颁布意味着学前教育走向了高质量内涵化发展的新阶段，而高质量学前教育重点体现在教师对幼儿学习与发展的有效支持，特别是幼儿自主游戏过程中，教师观察、记录、回应和支持的专业性。因此，从观察游戏、解读游戏、回应游戏三个角度对游戏案例《"翘"起来了》的分析如下：

一、观察有"法"

观察法是幼儿教师需要掌握的科学研究方法，是一种科学研究幼儿行为表现的技术。结合"翘"游戏的案例表述可以发现，教师采用了定点追踪观察技术。连续三个上午教师都在木板堆放的游戏区域对幼儿如何玩木板的过程进行追踪，观察并描述了幼儿在使用木板做了什么游戏、有哪些异同、获得何种启示。在固定材料、固定点位的追踪观察中，教师发现幼儿把木板与轮胎、滚筒、软垫结合在一起，探究了平衡、力矩、支点，追踪了幼儿科学探究、团队合作、语言表达等多方面的学习与发展。所以，教师在选用观察法的时候要细究到底想发现幼儿何种类型的学习与发展，是用定时观察、定点观察、轶事观察，还是群体观察、个案观察。

二、记录有"方"

教师用了现象白描的记录方式把幼儿利用木块进行游戏的动作、疑惑、发现、好奇、质疑、求助、情绪、合作都复现了出来。一段情境白描、一段观察与解读。根据游戏从无到有、从单一到多元、从个体到群体的发展过程用三种迭代方式进行分类统整叙述，在记录中看得到游戏的趣味性，同时又能感受到幼儿经验的累进性、体验的生动性。正如教师自我反思中所述，"每一次都是打破原有游戏的平衡而生发了新的游戏，将木板的游戏升级到另一个高度。"教师分层、分类的叙述让游戏过程中一个个典型案例瞬间定格，成为幼儿珍贵的成长印记。

三、回应有"效"

《纲要》指出教师是幼儿的合作者、支持者、引导者。如果观察、记录是游戏指导的起点，那么有效的支持和回应就是游戏指导的关键，是体现幼儿教师专业性的地方。一般来说回应不仅仅是语言鼓励、行为支持，还可以是游戏后通过多元表征来回顾游戏中收获的经验，可以组织小组讨论交流来提升反思游戏经验、可以聚焦某一个问题或者创新点来引发幼儿思考……案例描述中，教师更多的是选择了一种幼儿在前、教师在后的游戏指导策略，通过提供不同类型的材料、维护游戏现场的秩序与安全、梳理幼儿游戏创想并予以践行，真正做到了用心观察、精准解析、无痕支持。

教师的专业能力提升就好比这块木板生发的游戏，需要不断地去观察、琢磨、调试站立在木板上的幼儿和你所选用的教育支点，不断去平衡、去突破，去充分发挥支点的教育效力，支持孩子更好、更多元、更持续地探索、发现、学习。

点评专家：浙江师范大学幼儿教育集团　胡瑛

*此案例获萧山区第一届幼儿园游戏案例评比一等奖

大班综合区游戏案例

一块安全垫的n次调试

杭州市萧山区义桥镇中心幼儿园　孙佳

题记：放手游戏，让幼儿在反复尝试中获得自我成就感。

一、案例背景

时间：2021 年 12 月 7 日至 31 日

地点：综合健身营

人物：俊贤、皓炜、泽谦、小迪、嘉洋、小雨

　　综合健身营设置在幼儿园宽敞的塑胶操场上，在营区中我们投放了 PVC 管网架、木板、梯子、滚筒（油桶、波纹管）、软垫、轮胎等材料，让幼儿自主创设运动游戏场景，开展运动游戏。在这个游戏营中孩子们会在滚筒上爬行，在滚筒内翻滚，在滚筒上直立行走。随着游戏的推进，他们也从单一的滚动材料发展成多样的组合材料，从单人探索转向多人合作探索。12 月，我们大三班的孩子在为期一个月的游戏中，偶然发现了一种新玩法，他们将 3 个滚筒前后并排在一起，在上方摆放好木板，然后一名孩子坐在木板上，几名孩子推动

滚筒，因滚筒的滚动，带动了木板的前进，于是坐在木板上的孩子像坐滑滑梯一样从木板上方滑落，孩子们把这个新游戏取名为"疯狂过山车"游戏。

二、游戏实录

（一）"疯狂过山车"

12月7日，皓炜和俊贤搬来两块木板放在前后3个滚筒上。这时，站在滚筒上的泽谦想从木板上走过去。皓炜连忙冲着泽谦喊："等一下，这个可以滑下去的，我们要滑下去玩。"泽谦有点不明："怎么滑下去呢？"俊贤："泽谦，你坐下来就可以了。"泽谦好奇地坐了下来，然后俊贤跑到了滚筒后面，用力推动滚筒，但是滚筒丝毫不动，皓炜赶紧也跑到滚筒后面用力推，这时木板随着滚筒滚动开始前进了，在推了1米多远的距离后，突然上面的木板倒向了地面，形成了一个"滑梯"，泽谦顺势从木板上滑了下来。

滑下来的泽谦兴奋地喊着："这个好玩，好好玩呀！"推的2个孩子也开心地欢呼起来（图1）。

接着孩子们把掉下的木板又重新放回滚筒上，后面排队的晨晨迫不及待地坐上木板，皓炜问晨晨："你坐好了吗？"晨晨："坐好了。"然后俊贤和皓

图1 发明"过山车"游戏

图2　大家合力推滚筒

炜两人用力地推着滚筒，但是滚筒没有往前挪动，这时俊贤大喊："我推不动啦！"旁边的孩子马上加入了推滚筒的队伍，在大家的帮助下滚筒前进了，晨晨也顺利地从木板上滑了下来（图2）。

　　就这样，越来越多的孩子加入了这个新游戏。在游戏分享时，皓炜、俊贤、泽谦、晨晨和大家分享了这个有趣的游戏体验，孩子们觉得这个游戏就好像在游乐场里玩过的过山车一样刺激，于是他们形象地给这个游戏取名为"疯狂过山车"。

案例分析

　　皓炜与俊贤在每次户外游戏中都能非常投入，在今天的游戏中两人再次扮演着核心人物，经过讨论，他们将简单的木板与滚筒相结合，设计出一个和以往几次游戏有所不同的"滑梯装置"。两人通过在滚筒上放置木板，让一名孩子坐于其上，而其他孩子则合力推动滚筒前行。随着滚筒的移动，木板也随之移动，当到达一定距离后，坐在木板上的孩子便能从上面滑下。在这一过程中他们发现滚筒不仅能滚动，还能载人，并且当滚筒向前滚动时，木板的移动距离会比滚筒本身移动得更远。我想他们可能已经熟悉并掌握了滚筒的滚动特性，所以使得游戏出现了创意，这一新玩法极大地激发了班上其他孩子的积极性与专注度，促使他们不断协商、尝试、调整、验证，尤其当看到泽谦从木板滑梯上滑下的那一刻，其兴奋与喜悦之情溢于言表。我想正是这样具有探究且有趣的过程引发了孩子之间的共鸣，更多同伴被吸引参与到游戏中，这也使得游戏得以持续较长时间，让孩子不断沉浸于自己的真游戏中。

（二）调试安全垫

12月8日，"过山车"游戏依然如火如荼地进行着，"过山车"游戏还会有什么新变化呢？我在现场一直关注着。

孩子们搬来一个直径60厘米的PVC滚筒，一个轮胎滚筒和两个油桶一起组成了今天的"过山车"。

嘉洋坐在木板上，后面的孩子在帮忙推滚筒，"1、2、3，推……"，在孩子们的合力下，木板稳稳随着滚筒前进。当木板前端超过滚筒时，木板突然向前倒下，嘉洋一下子从木板上快速地滑下来，摔在了地上。他爬起来掸掸衣服跟旁边的小朋友说："要小心点，有点危险的！"（图3）小迪坐上木板，到滚筒的前端时也突然滑了下来，一屁股坐在了地上。

研发此游戏的俊贤和皓炜在推滚筒中，也看到了这一情况。俊贤跟皓炜说："皓炜，我们可能还需要垫子，这样滑下来的时候就安全了。"于是，他们从材料仓库搬来了安全垫，他们把安全垫放在离滚筒大概

图3　嘉洋滑下来时摔倒在地

50厘米的地方。这时，一名男孩正好坐在木板上，孩子们推动滚筒，滚筒刚往前滚动了一圈左右，被安全垫卡住了（图4）。

俊贤见了说："等一下，距离还不够。"于是他们及时去调整了安全垫的

图4　第一次尝试，滚筒被垫子卡住了

图5　第二次调整，木板未落到垫子上

图6　第三次调整，小雨成功滑到了垫子上

距离，把安全垫放到了距离滚筒大概 3 米远的地方。或许孩子们认为这样的距离是可以让木板落在安全垫子上。放好安全垫后，一名男孩从木板上滑了下来，但是在离安全垫还有 1.5 米左右的地方滑落到地上（图 5）。

俊贤马上走上前："咦，怎么回事呀？"

男孩："垫子放得太远了，都没有接住我。"

看来孩子们调整的 3 米左右距离太远了，依旧没能让安全垫发挥作用。俊贤说："哦，我知道了放哪，要不近也不远。"两人一起又把垫子挪了挪，放在离滚筒大概 1.5 米左右的位置。

皓炜很有信心地说："这次肯定能成功。"这时小雨坐上木板，随着滚筒滚动从木板上滑下来，真的滑到了垫子上（图 6）。

皓炜和俊贤站起来，激动地大叫："终于成功啦，这样就不怕摔跤了。"

案例分析

在这次游戏过程中，发生了嘉洋与小迪意外跌倒的"小插曲"，我在一旁观察后发现这一现象确实存在危险，但孩子在跌倒后并未在意而是继续投入游戏，因此我并没有选择立即介入，想再等一等。然而，这一情景却触发了游戏设计者的关注与行动。皓炜与俊贤迅速从同伴刚才的"小插曲"中捕捉到了安全隐患，两人增设了安全垫，采取措施保护游戏中的同伴免受伤害。但是安全垫的初次尝试并未能立刻发挥作用，反而因距离问题导致了滚筒的卡顿。新的问题出现了，孩子们再次围绕"安全垫应该放在哪里才能起到保护作用？"这一问题展开探索。他们通过一次次地调整安全垫的距离，逐渐发现放置垫子也是一门很大的学问。初次尝试失败后，他们决定增加安全垫与滚筒之间距离，从调整为3米左右发现距离垫子太远，到将距离调整为1.5米左右，发现不仅滚筒能够顺利滚动，距离也是合适的。经过这一过程的观察调整，孩子们得出了结论：安全垫应该放在离滚筒不远也不近（1.5米左右）的地方，这个"黄金距离"确保了木板滑落的安全性，可以防止同伴因滑落而受伤。我想这个结论不仅是他们通过多次尝试总结的经验，更是印证了孩子在解决问题过程中有着敏锐的观察力和判断力，在持续探究中让游戏能够在安全且愉悦的氛围中进行。

（三）寻找安全垫的合适位置

12月9日，孩子们把滚筒、梯子、木板、安全垫这些材料搬出来进行"过山车"游戏的搭建，场地上孩子们分工合作，有序地进行着。

皓炜说："我来放垫子，你们都不知道要放在哪里的。"只见皓炜搬来安全垫放在了昨天游戏时调整好的最佳位置。

搭建好后，游戏开始了，一名男孩坐在木板上，孩子们在后面帮忙推动滚筒，到一定距离，男孩从木板上滑了下来，这时木板并没有到达昨天调整好的最佳位置，而是落在了安全垫的前面。

皓炜摸着脑袋，说："奇怪，昨天就是放在这里的呀？"

俊贤马上上来，说："是发生什么问题了吗？你有没有放错位置？"

俊贤和皓炜决定："那我们再来一次试试看。"

于是他们请坐在木板上的男孩再滑下来试试，可是木板依然没有到最佳安全位置。

俊贤在场地上看来看去，又在地面上看来看去，突然大叫："我知道了，滚筒跟昨天的不一样了，你们发现没。"

皓炜："昨天有一个白色的最大号滚筒（直径 60 厘米），今大没有了。"

俊贤："我记得昨天是 4 个滚筒（直径 60 厘米 PVC 滚筒、直径 58 厘米轮胎滚筒和 2 个直径 60 厘米油桶），现在只有 3 个（直径 60 厘米油桶）。"

皓炜："那肯定是今天的滚筒不够长，我们再去搬一个滚筒来。"

俊贤："不用搬，不用搬，少了一个滚筒，我们把垫子再往回拉一点（大概 1 米），不就好了嘛。"

皓炜："那我们来试试看。"

图8　调整后，小迪滑下来正好落在垫子上

于是，根据这时木板落下的位置，两个男孩又对安全垫的放置位置进行了调整，把安全垫往后退了，这时，安全垫与滚筒的距离大概 1 米。小迪从木板上滑下来，木板正好落在了安全垫上（图8）。

今天的游戏结束后，出于对运动中的安全角度出发，我决定在班上针对安全垫的问题展开一次讨论。我播放了第一天和第二天孩子们探索摆放安全垫位置的视频，并请孩子们说一说安全垫到底该放在哪里。

皓炜："第一次有一个大滚筒，跟其他滚筒都不一样，又比第二次多了一

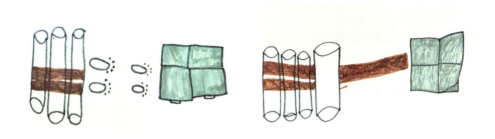

用脚步测量安全垫的距离　　　　　　　滚筒数量和大小的不同改变安全垫的距离

图9　孩子们用自己的方式测量安全垫的距离

个，所以，垫子要放得远一点。"

小迪："我刚才去玩了这个游戏，我滑在了垫子上，俊贤他们放的垫子位置是很安全的。"

俊贤："我看到第二次滚筒变少了，垫子当然就要放得近一点呀，这样才会刚刚接住小朋友的。"

小雨补充："如果滚筒多，垫子应该放得远一点，滚筒少就可以放得近一点。"

……

孩子们用自己的方式来表示安全垫的距离（图9）。

案例分析

在今天的游戏中，皓炜主动承担起放置安全垫的重任，他凭借昨日的记忆，将垫子放置在自己心中的最佳位置，但是在游戏开始时，他们遇到了一个意想不到的问题：木板并未如预期般滑落到安全垫上，而是提前落地了。面对这一突发状况，皓炜和俊贤一起迅速展开了问题排查。俊贤在经过观察后发现了问题的关键所在：滚筒不一样了。他指出今天使用的滚筒与昨天的大小不同，这可能是导致木板滑行轨迹改变的原因。确实，滚筒的个数、大小以及滚筒滚动的速度等多种因素，都会影响木板落下的位置和安全垫的摆放距离。这对于大班的孩子来说，我想应该是一个相对复杂且难以理解的滚筒原理。

为了支持孩子们持续深入探究，我期望通过讨论、交流的方式帮助他们梳理、丰富相关经验。在回顾游戏视频的过程中，孩子对安全垫到滚筒的距离有了新的发现：如果选择 3 个相同的滚筒时，从滚筒到安全垫的距离只需走两大步；如果选择 4 个滚筒，则滚筒与安全垫之间的距离就是一块长木板的长度。经过多次探索与实践，孩子意识到安全垫的摆放并非随意为之，而是需要根据当天游戏时摆放的滚筒数量或大小来决定其距离。只有放置在合适的位置，安全垫才能发挥出其应有的保护作用。垫子问题的持续探究，不仅让孩子们增强自我保护的能力，更锻炼了他们的观察力和分析能力，展现了孩子天生是学习者的智慧一面。

三、教师反思

（一）"好玩"，源于幼儿的游戏兴趣

"过山车"的游戏目前仍在火热进行着，孩子们最多的表达就是"好玩"，这一游戏源于幼儿玩过山车的真实体验，幼儿将自身经验融入滚筒游戏中，同时利用滚筒会滚动及能载物的特性，带给幼儿刺激又愉快的感官体验，每个玩过的幼儿都直呼"好玩"。也正是"好玩"，幼儿的探索欲被激发，加之教师给予足够的时间与空间、信任与理解，幼儿不仅个体能力和协作能力得到提升，而且实现了自主探索与深度学习。这样的过程让我们再次认识游戏是基于幼儿的兴趣与经验而生发的，它能够让幼儿全情投入并得到发展与成长。教师只有真正实现放手，孩子才能玩得愉悦并玩有所得，真正实现身心全面发展。

（二）"学习"，融于幼儿的全程游戏

《3–6 岁儿童学习与发展指南》中指出："幼儿在活动过程中表现出的积极态度和良好行为倾向是终身学习与发展所必须的宝贵品质。"过山车游戏除了能让幼儿的动态平衡、上肢力量等身体素质方面得以发展，更惊喜的是看到班上孩子对运动安全的重视,不厌其烦地对摆放安全垫的问题展开了深入探索。他们一次次尝试、讨论、再调整，从而掌握了滚筒到垫子的安全距离，以此降低了幼儿发生意外事故的可能性，这些宝贵的经验都是在坚持不懈地探索中产生的。在此过程中，幼儿表现出的勇于尝试、积极主动、热衷表达、交流协作等良好学习品质真正融于游戏的全过程。

（三）"成长"，师幼双方的共同获得

本次游戏让幼儿天性得到自由表露，积极性、主动性、创造性得到充分发挥。幼儿不断遇到问题、解决问题，从而获得了多维发展。当推不动"过山车"时，其他幼儿会一起来帮忙推，从中他们感受到协同合作的快乐；考虑到幼儿从木板上滑下来会受伤，他们想出了使用安全垫的保护措施；在摆放安全垫时，他们充分感受到数量、大小、比例和空间关系，通过不断探索，解决安全垫到底该放在哪里的实际问题，思维变得越来越灵活，这些积极的情绪体验让他们越来越合群、自信、勇敢、创造。教师在观察与支持幼儿的游戏过程中，秉持正确的儿童教育观，细致观察幼儿游戏并给予一定的策略鼓励，支持幼儿的游戏行为，为幼儿搭建自由探索的平台，引发幼儿游戏兴趣，在适当的时候介入游戏，支持幼儿进行持续的探究和深入学习。

专家点评

在为期一个月的游戏时间里，大班幼儿将关注点放在对各类会滚动材料的探究上，他们将 3 个滚筒前后并排在一起，在上方摆放好木板，然后一名孩子

坐在木板上，几名孩子推动滚筒，因滚筒的滚动，带动了木板的前进，于是坐在木板上的孩子像坐滑滑梯一样从木板上方滑落，孩子们把这个新游戏取名为"疯狂过山车"。这是一段珍贵的记录，它的教育意义如何呢？

一、幼儿的发展

1. 合作解决问题的能力

在游戏时，幼儿不断遇到问题、解决问题，从而获得了多方面的发展，当推不动"过山车"时，其他幼儿会一起来帮忙推，从中他们感受到协同合作的快乐；考虑到幼儿从木板上滑下来会受伤，他们想出了使用安全垫的保护措施；在摆放安全垫时，他们充分感受到数量、大小、比例和空间关系，通过不断探索，解决安全垫到底该放在哪里的实际问题，思维变得越来越灵活，等等这些积极的情绪体验让他们越来越合群、自信、勇敢、创造，幼儿的协商、尝试、调整、解决问题的能力和合作能力相较中班时有了很大进步。在同伴的尖叫声和欢呼声中表达出来的快乐的同时，幼儿获得了游戏的成功感以及团队的力量。

2. 科学素养的发展

在游戏中因为滚筒的个数、大小，影响了木板落下的位置，从而导致安全垫摆放的距离不同，这是一个比较复杂的滚筒原理，对大班的幼儿来说是比较难理解的。"疯狂过山车"游戏中，幼儿能深入了解滚筒滚动特性，在不断推滚筒—木板上的同伴前进—木板上的同伴滑下滚筒的尝试中，发现了滚筒不仅能滚动还能够载人，并且滚筒向前滚动时木板移动的距离会比滚筒移动得更远。正是这新发现让幼儿积极而又专注地不断尝试与验证。

当使用安全垫时，幼儿对"安全垫应该放在哪里才能起到保护作用？"这一问题进行了探索，他们通过一次次调整安全垫的距离，发现原来放垫子也是有很大学问的。安全垫离得太近，滚筒会卡住无法前进；安全垫离得太远，木板就落不到垫上，起不到保护的作用。幼儿经过持续探究，得出安全垫应该放在离滚筒不远也不近的地方，找到了最佳安全点。

二、教师的支持

以何种形式向幼儿表达有关滚筒的原理性问题是教师在考虑的问题，游戏中教师大部分时间并未直接介入，而是在等待适合介入的时机。当看到幼儿展现的创造力时，教师并未打扰，而是用手中的相机将这"哇"时刻记录下来。

同时，回班后的分享环节，教师将记录素材拿出来和孩子们分享，通过讨论、交流的方式帮助他们丰富和梳理相关经验。通过观看视频，幼儿对安全垫到滚筒的距离有了一定的感知，同时为了游戏时摆放便捷，幼儿采用自己的方式来记忆滚筒与安全垫的距离。这样的教育行为是比较合理的。教育回想有助于强化积极情绪、分享游戏中的快乐以及开展深度思维。

华东师范大学学前教育系副教授、

中国学前教育研究会事业发展与管理研究委员会主任　柳倩

＊此案例获萧山区第一届幼儿园游戏案例评比二等奖

小班综合区游戏案例

滚筒摩托车来了

杭州市萧山区江湾城幼儿园　瞿梦娜　朱晓梅

题记：谁说小班幼儿就不会合作。

一、案例背景

时间：2022 年 3 月 10 日至 20 日

地点：星空操场

人物：豪豪、小霖、开心、小薇、佑佑、梁梁、阳阳

　　我园打造了星空操场、创玩天地、湾湾马路、梦想滑梯、农家小院等八个户外游戏场地，每个班级按照幼儿园制定的"户外游戏场地安排表"，每个场地每天安排两个不同年龄段的班级，并按照每月场地轮流、时间错峰的规则进入八个场地游戏。基于场地空间、场地特性、幼儿兴趣与需求等，我们在每个场地都投放了相对适宜的游戏材料。由于观察到幼儿对游戏材料的随意组合或排列比较感兴趣，我们在场地空间宽敞、塑胶地面安全性高的星空操场，在已有的碳化游戏箱、碳化爬梯等相对高结构材料的基础上，增添了户外低结构

图1　第一次玩"滚筒摩托车"游戏

材料"滚筒"来满足幼儿的需要。

　　小四班的孩子们每周五进入星空操场，3月，在星空操场的游戏现场，我们观察到幼儿在游戏过程中依次出现了若干种滚筒玩法：单人推滚筒、双方对峙推滚筒、坐在滚筒上、滚筒加木板的滑梯等等。4月1日，七个小朋友找来滚筒和木板，并把它们组合在一起。豪豪喊了一句："滚筒摩托车来了！"这些孩子就都坐了上去。这是孩子们第一次使用四个滚筒、两块木板的材料来表征真实世界中的摩托车（图1）。

二、游戏实录

（一）我们再来玩摩托车游戏吧

　　5月20日，小四班孩子们本月第二次进入星空操场游戏，豪豪和小霖一到这里就说："我们再玩摩托车游戏吧！"听到这句话，小霖立刻去搬安全垫，把两块安全垫并排放整齐。小霖怎么知道这里应该放两块安全垫呢，我有些好奇，记得 4 月 1 日游戏的时候，总是有小朋友摔到垫子外面去，或许是摔得多了，他们自己有了经验，所以这次游戏一开始，他们就把两块垫子并排摆放，看看这一次他们是否还会摔出垫子呢？

听到要再玩摩托车游戏，看到小霖已经放好安全垫，原本在玩滚筒的佑佑和梁梁连忙把一个滚筒推到安全垫前，小薇和开心看到后也推了一个滚筒与第一个滚筒合并在一起。看着两个滚筒已经放好，小薇、阳阳、开心、小霖和豪豪飞快跑去推第三个滚筒，梁梁看到后也跑到小薇的旁边帮忙一起推。

小霖看到梁梁来推后马上就离开了推滚筒的位置，走到了木板材料区前面，准备搬木板。（图 2）小薇、阳阳和豪豪看到小霖在搬木板，也跑过去一起搬。梁梁看到他们在搬木板，但是左边已经没有搬的位置后，他马上跑到木板右侧，最后五人合力将木板抬到三个滚筒上面。等到三个滚筒连在一起后，开心站在第三个滚筒前边将滚筒往后推，让滚筒离垫子远一点。

此片段中，我看梁梁能主动融入同伴发起的游戏，并根据同伴的行为，快速调整自己的行为，说明梁梁对游戏任务的达成、游戏材料的玩法是很清晰的。开心在滚筒启动前，预判垫子距离不够，主动把垫子拉远，这又让我看到他们对游戏经验的运用。回忆 4 月 1 日的那次游戏，因为垫子放得太近，滚筒摩托车被卡一直无法前进（图 3），当他们发现滚筒和安全垫的距离不够，把

图2　分工合作第二次搭"滚筒摩托车"

图3　4月1日"滚筒摩托车"卡住了

安全垫向后挪一段距离后，木板上的孩子们跟随滚筒又滑落了下来。而今天开心发现问题后，马上主动去解决了这一问题，足见前期游戏过程中，他的发现和收获是真实有效的。

🔵 案例分析

小班幼儿在滚筒摩托车的游戏探索中，为了成功体验"真正地"骑在摩托车上，当滚筒出现位置不齐、与垫子距离太近等问题时，能够主动讨论，自然形成分工合作，而不需要老师的介入与指导，呈现的能力水平居然接近中大班幼儿合作的发展阶段，这是我意想不到也是引以为傲的，"我的孩子怎么这么厉害。"这与幼儿前期的游戏经验有关，也有同伴的影响。不同能力和个性的幼儿在游戏中融合、互补，促进了幼儿合作水平的提升，推动游戏向纵深开展。比如，小霖和豪豪总能快速地发现问题，向同伴提出想法，能够较好引领游戏的发展方向。小薇、开心和阳阳属于执行力强的幼儿，当同伴提出各种方法时，他们能快速结合自己的经验配合游戏。而这一次的游戏也刷新了我们对"小班幼儿年龄特点"的原有认知。对照《3-6岁儿童学习与发展指南》中社会领域人际交往的子目标2，发现游戏中孩子的合作意识、分工能力、合作方式似乎已经完成第一和第二个阶段的发展，正在实现第三个阶段的发展。

（二）下来几个，下来几个

完成第一次摩托车滑行后，七个孩子没有摔出安全垫，他们开始重新搭建与之前相似结构的滚筒摩托车。看起来玩法也一样，开心和豪豪把滚筒往前推，小薇、佑佑和梁梁三人把滑落的两块木板往上送，小霖看到送上来的木板，马上用双手抵住滚筒。当滚筒保持不动后，三人继续把木板往上送，小霖把木板往上拉。

为了能快点体验第二次的摩托车游戏，七个孩子的合作行为甚至都不需要通过语言交流就能完成。首先是开心和豪豪调整了滚筒与垫子的距离，然后是三个孩子调整木板的位置。在调整滚筒与垫子距离，以及调整木板的关键点时，小霖做出了两个关键性动作，第一是稳住滚筒的移动，其目的是让第一块木板顺利送到滚筒上；第二是配合同伴把木板往上拉，其目的是把第二块木板更快、更稳地与第一块木板对齐。这是我第一次观察到小班孩子在无言语沟通的情况下合作得这么默契，但是七个孩子的默契度是我在其他幼儿活动或游戏中没有遇到过的。

能够看到在 5 月的这次游戏中，团队配合度非常高的另一个原因是孩子们强烈的游戏愿望。七个孩子把搬上滚筒的两块木板刚对齐，就马上爬到木板上。小薇和阳阳都想爬到第二个位置，开心和梁梁都想要爬到第三个位置。这时，

图4　阳阳一个人推不动

梁梁从第三个位置跑到了最后一个位置，阳阳看到木板上没有空位，就直接跑到了滚筒摩托车的后面。阳阳一个人推不动滚筒，说："下来几个，下来几个。"梁梁坐在最后一个位置，回头看了一次，没有下来，第二次回头后才爬了下来（图4）。

案例分析

我的疑惑在孩子们一次次高水平的合作中消除，因为七个孩子的相互成就让我突然明白同伴影响、同伴学习的重要性。譬如在 3 月和 5 月的这两次游戏中，小霖总是像一个小领袖，以自身对滚筒游戏的丰富经验带动着游戏向更顺

利的方向进展，在团队中逐渐发挥关键作用。又譬如梁梁听到阳阳的话后的两次回头，也是我在他身上看到的另一个惊喜之处。第一轮游戏，他是推滚筒的；第二轮游戏，他很想体验坐在上面的感觉，所以第一次回头他没有下来，后面不论是因为他能够去自我中心，还是因为他更愿意积极解决在游戏中遇到的问题，都说明他具备良好的学习品质和已经具有了一定的合作意识。

最后，七个孩子都没有迟疑地把脚跨到木板上，迫切地找到位置坐下来，其动作之快表现出比起推滚筒摩托车，他们更喜欢骑滚筒摩托车。对于自己喜欢玩的游戏，碰到自己想要同伴也想要的位置的问题，或者是木板上已经没有空位的情况，他们竟然自愿分享游戏机会，没有出现争抢木板座位的行为。不管是上面坐的孩子，还是决定下来推的孩子，情绪都是愉悦的、心甘情愿的，在分享中也体验到了另一种快乐。他们在游戏中一次次地向我证明：小班的他们不仅会相互合作、还会相互协商，这不是巧合。而高水平的合作就体现在：一是彼此默契，不需要说什么，他人就能心领神会；二是遇到问题时，还能够放弃自身的"利益"，通过协商解决游戏冲突，推动游戏顺利开展下去。这些发展水平都能在这些孩子们的游戏表现中找到具体体现，是很难"教"出来的，是通过日常游戏、生活中的长期积累形成的。

（三）我还要玩，我还要玩

第二次游戏，梁梁从最后的位置爬下来，双手推动滚筒上方，阳阳压低身体，推动滚筒下方，但滚筒摩托车没有前行。于是，阳阳双手扶到木板上推动一次，滚筒摩托车开始前行，但滚筒移动的速度很慢，两块木板滑行的速度也很慢。于是，木板上的豪豪双腿压住木板，屁股向前挪动。小薇、开心、佑佑和小霖跟着豪豪的屁股一次又一次地往前发力，终于滚筒摩托车又下滑了。他们笑着、跳着，豪豪说："我还要玩。"小霖也说："我还要玩。"

这一次，滚筒摩托车下滑又成功了，他们兴奋地看着我，没有说话，但我从他们的表情和动作中，感受到："老师，你快看，我们又成功了，我们厉害嘛！"

图5　七人合力成功玩"滚筒摩托车"

图6　自主轮流推"滚筒摩托车"

他们兴奋且快速地再次完成滚筒摩托车的搭建，开心一直站在木板后面，其他孩子马上爬到木板上。（图5）对于滚筒摩托车游戏中为什么连一次争论都没有出现过的问题，我在持续的关注与思考中也终于找到了答案。记得4月1日，他们搭建好滚筒摩托车，豪豪一个人站在滚筒下面，其他小朋友都急着爬上滚筒。豪豪说："太多人了。"佑佑爬到一半，又下来了，边下来边对我说："我一次都没玩过呢！"说完，他还是放弃爬上滚筒，和豪豪一起去推滚筒（图6）。记得当时佑佑对着我说的时候，有求助、委屈的情绪，但我当时就是对他点点头，没有做出更多的语言回应和介入。因为佑佑是一个机灵的孩子，不管是学习上、生活中，都有很多自己的观点，即使遇到困难，也都是坚持自己想办法。我对他点头示意，就是想肯定他，也告诉他老师看到了他为团队小伙伴做出的让步。当滚筒在前行的时候卡在安全垫上，导致木板无法下滑。佑佑马上跑过去说："这个滚筒压住了。""大家往后退。"他的每一句话都是这么有力。

⬭ 案例分析

　　孩子们在第三个游戏片段中不仅体验了游戏的成功,而且在整个下滑过程中所完成的三次合作才是我最佩服的。第一次合作是阳阳在滚筒下面通过改变推动的不同发力位置,和梁梁共同解决了滚筒摩托车不动的问题。从推滚筒上方、推滚筒下方到推木板,他们一次次相互配合,让滚筒摩托车能够慢慢向前行。第二次合作是上面坐的 5 个人,想要木板能够快速滑落,但下面推动的力量又太小,于是,通过一人发力到多人合作发力,他们成功让两块木板能够向前移动。第三次合作是所有孩子找到了共同的目标,让坐在滚筒摩托车上的人顺利下滑,下面推的孩子想尽方法让滚筒向前滚动,上面坐着的孩子用尽全力让木板向前滑动。

　　在体验滚筒摩托车游戏的过程中,有的孩子迫不及待地爬上木板,而有的孩子兴奋地推动滚筒。在没有争执的情况下,七个小班孩子合作完成了每一次游戏。从搬运木板、控制滚筒、合力调整木板位置到决定自己在游戏中玩什么、怎么玩、和谁玩,都表明他们合作的内容和范围在不断扩大。

三、教师反思

(一)关于幼儿的社会性发展和幼儿园的社会性教育

　　在滚筒摩托车的游戏案例中,七个小班孩子独立地选择、积极主动地参与、创造性地表现,他们在游戏中的表现都能够突破日常生活的表现,体现出更高的社会性发展水平。他们在自己的游戏时空中证明:他们正在实现新的社会性发展,甚至个别孩子不仅会轮流、会分享,而且会合作、会协商。这些既让我更深入、全面地认识到每一个孩子,也让我对社会领域有了新的理解——原来只有联结他们在过去、现在的经验,才能更好地理解幼儿园社会性教育潜移默化的特点。

同时，这一次次典型的合作行为都值得进行集体分享。这样的集体分享难道不比一味地"教"对幼儿更有意义？想起以前自己在教学中，总是花费精力去安排适合小班年龄阶段的集体教学活动，遇到问题反复地说教。当看到幼儿之间不会合作时，第一反应就是"正常表现，他们还小"。殊不知他们在自主游戏中已经完全不需要老师来教他们如何如何做了。与其以教师为中心教，不如在游戏中多观察、多倾听、适当回应、少干预，在分享环节多点拨、多引导，在环境创设、材料投放和活动组织上多多支持。

（二）关于儿童观和师幼关系

当幼儿玩滚筒摩托车游戏时，我高度关注幼儿每一次聚焦的问题，虽然没有直接干预，但是拍摄视频的我为后面的探究和分享留下珍贵依据。随着观察和解读游戏的经验积累，我越来越相信幼儿天生具有学习能力。当幼儿在游戏中产生困惑时，正是意味着他们的学习与发展处于关键时刻，所以我选择相信幼儿能够凭借迁移原有经验，或向同伴学习，或向成人寻求帮助来解决问题，推动游戏发展。

不论在游戏中用眼神表达鼓励、用肢体动作表达亲昵、用简单的言语表达信任和支持，还是在每次游戏后的一对一倾听和集体分享环节，我都对他们的每一点进步给予充分的肯定，引导他们积极反思。这些适宜的支持也让师幼关系更融洽。

（三）关于游戏安全

对于投放"滚筒"这个游戏材料，也许很多老师会担忧孩子在游戏中的安全。记得，4 月第一次玩滚筒摩托车游戏时，虽然下滑速度不快，但坐在木板前面的两个孩子还是摔到了地上。当时，我也是急忙跑过去扶住了孩子和木板。不过，看到他们笑着拍拍手马上站起来，继续想要尝试的模样，我选择把"担忧"换成"信任"，并没有中止孩子们继续探索滚筒游戏，也没有停止我对他们在滚筒摩托车游戏中的观察。我发现孩子们在用自己的方式探索游戏的规律。他们在慢慢熟悉滚筒的过程中，挑战各种滚筒的玩法，并且一直在用适宜的方式向老师们呈现真正能够让他们快乐的游戏，也在这个过程中通过自主观察、体验，同伴互学，以及多种形式的师幼互动，逐渐养成自主安全意识和自我保护能力。在滚筒摩托车游戏中，孩子们创造游戏、挑战游戏、深入游戏、享受游戏，而我大胆放手、巧妙介入、有效回应。我们彼此成就！

 专家点评

面对一篇优秀的游戏案例，我常常会这样问自己，也常常想把这个问题抛给更多老师：案例中，仅仅是孩子们的精彩游戏打动了我们吗？为什么会出现如此精彩的游戏？仅仅是放手吗？到底是什么改变了教师？改变了园所？

通过小班游戏案例：《滚筒摩托车来了》的文字本身，更通过围绕该案例与江湾城幼儿园进行一轮轮地讨论、共同修改过程，作为幼儿园课程改革的同行者，我听到了在贯彻《纲要》"以游戏为基本活动"精神的过程中，在《指南》"理解儿童、尊重儿童"的核心精神指引下，基层幼教工作者的蓬勃心跳。

我发现：解开这一切的钥匙一定是掌握在一线实践者手中，那就是自主。让我们回到案例中呈现的若干朴素观点上。

比如，"这一次的游戏刷新了我们对'小班幼儿不会合作'的认知"。

再如，"这样分工合作的能力是他们在自主的游戏探索中自然形成的，并不需要老师的介入与指导，呈现的能力水平居然接近了中大班幼儿合作的发展阶段，这是我意想不到，也是以此为傲的，'我的孩子怎么这么厉害'"。

再如，"可见，同伴影响对游戏的深度发展起着至关重要的作用。不同能力和个性的幼儿在游戏中融合、互补，促进了幼儿合作水平的提升，推动游戏向纵深进行"。

又如，"虽然那一刻停止了录制，但并没有中止孩子们探索滚筒游戏的权利，也没有停止我对他们在滚筒车游戏中的观察，最后才能呈现出小班幼儿超越年龄阶段水平的真实表现"。

类似带有基层鲜明烙印的朴素观点贯穿于案例始终。这些朴素观点的最可贵之处在于它并不是简单复制自某一理论或者某一学说，而是一线幼儿园教师在一轮轮的"放手游戏、发现儿童、反思自身、改进实践"的改革过程中，在面对一个个真实的游戏现场、面对游戏过程中产生的一个个现实问题，在不断积累的主体性认识基础上，最终改变了内心的原有信念，形成了新的信念。而对小班幼儿的新的认识又会作用于教师的实践，带来更大的"放手"、更丰富的"发现"、更深刻的"反思"。

作者这些观点的产生一定受到过诸多儿童发展理论、教育理论的影响，但没有止步于理论陈述本身，而是融入自己在实践中的独特感悟。这样才让这篇小班游戏案例具有了更丰富的内涵价值——既让我们改变了"小班幼儿不会合作"的固有认识，看到了小班孩子在游戏中会主动反思，学习调整自己的态度、语言和行为，采取较为丰富的交往策略，也让我们看到一所新建才两年的公办幼儿园，一群年轻的幼儿园干部和教师围绕幼儿园户外自主游戏，从观察入手，结合教研，不断往复推进的实践与反思。这也刷新了我们对年轻教师、新建园所的原有认识——原来新手教师也有能力观察游戏、解读儿童，原来新建园所在培养教师、开展教研活动方面也有自己的经验。

正是因为根植于教师主体、幼儿园主体意识觉醒的自主教育实践，而非被强行塞入某一理论框架的丧失主体性的被动教育实践，才能产生那么多有意思的聚焦儿童的发现欣赏、那么多有意义的聚焦教师的反躬自省啊！

可以说，幼儿园自主游戏不仅解放儿童，也在解放教师！也可以说，幼儿园自主游戏的生命一定不是仅仅来自于自主游戏的儿童！如果没有自主研究的意识、机会与权利，老师们会不会在游戏中"放羊"而不自知，或者无奈"放羊"却又不知从何改变？如果没有具备自主研究氛围的园所，又怎么会有具备自主研究意识的教师，还怎么可能存在真正有意义的"放手游戏、发现儿童"，怎么可能实现长期、可持续、高质量的自主游戏？

自主不仅仅体现在幼儿园游戏的现场，更体现在幼儿园保教、教研、管理等日常工作中。请珍惜这把被握在实践者手中的钥匙！

点评专家：《学前教育》编辑部　程洁

*此案例获萧山区第二届幼儿园游戏案例评比三等奖

发表于《学前教育》杂志 2023 年第 11 期

大班综合区游戏案例

哇！船儿动起来了

杭州市萧山区江南幼儿园　沈海霞　谢洁

题记：从n次探索与挑战中获得力的经验

一、案例背景

时间：2023年11月27日

地点：草坪区

人物：哼哼、小柠檬、小宝、嘟嘟、小九、兮尔、琪琪、心心、淡淡、沐沐

滚筒是幼儿园常见的游戏器材。在户外游戏中，教师将游戏的主动权还给孩子们后，这些器材完全超越了它们原有的、单一的功能，孩子们依托滚筒自发创造了多种玩法，他们钻进滚筒玩、推滚筒玩、爬上滚筒玩……这一次游戏开始前，哼哼说："我在小区里坐'摇摇车'太好玩了，我坐到上面投币进去，它就会前后晃动起来，另一个开关一按，它会前后开动，按快速键摇摇车开得快，减速键摇摇车就开得慢。"这个话题引起了孩子们极大的兴趣。

二、游戏实录

（一）滚着滚着，"摇摇船"动起来了

11月27日上午，孩子们来到草坪区，户外游戏开始了，哼哼向好朋友们提议："我们一起来玩摇摇船的游戏吧！你们看像我这样两个脚打开坐在滚筒上面，手扶好滚筒，屁股来回摇晃，'摇摇船'就摇起来了。"（图1）兮尔说："我也可以摇起来，你看，我把滚筒横过来，整个人钻进滚筒里，躺在滚筒里也可以晃来晃去。"（图2）小宝说："我跟你们都不一样，我只要两个手推在滚筒上面，脚用一下力，滚筒就能滚动起来。"我发现孩子们每人通过一个滚筒，用身体的不同部位和滚筒充分地"互动"，感知着滚筒不稳定且容易滚动的特性。

这时，躺在滚筒里的小九着急地喊道："我的滚筒一动不动，谁能帮帮我？"柠檬说："我在滚筒外面帮你推动，这样你就能滚起来了。"于是柠檬两个手按在滚筒上用力推动，果然，滚筒滚动了起来。在此次"摇摇船"的探索中，两名幼儿尝试进行合作，小九和柠檬的笑声吸引了哼哼的注意，他转头看了一会儿，对着边上的沐沐和琪琪提建议："我们像她们一样一起合作让船变得再大一些，你们有什么好的办法？"沐沐说："可以增加一个滚筒。"琪琪也说道："我们一起去搬来，一起合作搬，速度

图1

图2

会更快一些。"讨论完，孩子们决定先搭一个"两轮摇摇船"，让沐沐在原地不动，哼哼和琪琪快速地把边上的滚筒推过去和沐沐的滚筒完成了拼接，很快，两个滚筒拼搭的"摇摇船"就出现了。沐沐和琪琪迫不及待地躲到滚筒里面，哼哼则爬到了两个滚筒上面，和刚才一样坐到滚筒上用力摇晃，可是两个滚筒比刚刚一个滚筒更长了，哼哼的两条腿像一字马一样打开在滚筒上无法触碰到地面，而且屁股也有一点陷在缝隙中，而滚筒中的沐沐跪着用力摇晃着膝盖和身体，琪琪则是直直地躺在滚筒之中。哼哼说："怎么一动不动，你们用力了没？"沐沐回答："我已经很用力了。"琪琪说："我的身体也用力了呀！"哼哼说："那为什么还是不能动？我们再试一次，我数 123，我们一起，好了没？123！"随着他们一起用力，"我的好像动了一点点了"沐沐喊道。摇摇船只有沐沐的滚筒微微摇了一下，是怎么回事呢？怎么才能让摇摇船动起来呢？琪琪说："哼哼，是不是你太重了呀，要不你下来吧？"哼哼有点脸红地从滚筒上下来，看着两轮摇摇船，琪琪说："那我们再试试，你们两个到滚筒里，我帮你们推吧。"这次，换成沐沐和哼哼爬到滚筒里，沐沐膝盖跪在滚筒壁上，手支撑在滚筒侧，哼哼则是屁股坐在滚筒中肩膀靠在滚筒壁上，整个身体用力摇晃，接着琪琪两脚一前一后，双手推着哼哼的滚筒，只见他左脚微曲，右脚用力一蹬，咬紧牙齿用力地推，哼哼在滚筒里开始慢慢倾斜，沐沐看着滚筒滚动的方向，自己也跟随着滚筒依靠身体去顶自己的滚筒，一个手支撑在滚筒外，慢慢地移动膝盖。琪琪涨着通红的脸，高兴地说着："有一点点动了，可我感觉推得很重，要很用力才行。"（图 3）

图3 "两轮摇摇船"滚动出现了困难

案例分析

在本次游戏片段中幼儿初次对"单个摇摇船"的滚动进行了尝试，哼哼是坐在滚筒上试图通过摆动身体来带动滚筒；兮尔钻进滚筒，尝试通过平躺转动身体来带动滚筒转动；小宝则是想用手的推力和腿的蹬力让滚筒前进，他们都获得了成功。在"两轮摇摇船"出现后，滚动出现了困难，他们一起数123，同时发力，但滚筒并没有前进，他们认为是哼哼太重坐在滚筒上导致滚筒无法滚动便让哼哼下来，然后，两个人在滚筒里面配合，用身体转动的方式让滚筒动起来，另一个人则在外面推，虽然能够让摇摇船小幅度滚动，但大家都觉得比较累。

（二）"两轮摇摇船"变"四轮摇摇船"

随着"两轮摇摇船"的慢慢滚动，三个孩子开心地在草坪上庆祝，此时，心心过来想加入他们的游戏，他对着哼哼三人说："你们这个好像很好玩，我可以加入你们的游戏吗？"他已经不满足独自一人对摇摇船的探索了，开始发出一起游戏的请求，琪琪有点为难地说："两个就有点重，已经很难推动了。"哼哼说："没事，我们再加一个滚筒不就好了，这样摇摇船还能更长呢。"沐沐提出："要不我们先试试，不试试看怎么知道呢！"心心马上应道："对呀，就让我一起试试嘛。"琪琪被说服了："行吧行吧，那我们就试试看，不行你就出来哦。"孩子们对于心心的加入达成一致后开始分工，最终决定哼哼在第一个滚筒，沐沐在第二个滚筒，刚刚加入的心心进入第三个滚筒，有推动滚筒经验的琪琪则仍旧负责在外面推滚筒。哼哼和沐沐一进去就躺在滚筒里面，刚刚加入的心心面朝前面，背靠在滚筒中，两个脚用力地支撑在滚筒中，琪琪用力地喊："准备，开动。"心心两个脚也用力地向前蹬去，随着琪琪用力地推动，滚筒开始滚动，但只滚动了一点，就马上动不了了。由于心心的姿势和沐沐、哼哼并不相同，随着滚筒滚动导致心心在滚筒中膝盖和身体的角度收紧，脚失去了支撑，滚筒只能滚动半圈就停了下来，同时由于心心的滚筒在最前面

图4　"三轮摇摇船"变成"四轮摇摇船"

阻挡了哼哼和沐沐的滚筒前进。正当四个人在原地难以向前时，滚筒和滚筒"砰的"发出了撞击声，原来是小宝的滚筒正好撞上了"三轮摇摇船"，随着撞击声还被弹开了一些距离呢。孩子们都爬到了筒外一探究竟。"哈哈，原来是撞船了，现在好了，变成四轮了。"哼哼高兴地说（图4）。

琪琪皱着眉头说："三个都只能动一点点了，四个可怎么办呀！"小宝自信地说："没事，我可以自己动，我刚刚不就是自己在滚筒里面滚过来的。""对呀，为什么小宝的船可以滚得这么快？"琪琪发出了疑问。哼哼说："对呀，这是怎么回事？"孩子们陷入了疑惑中，我在边上发现孩子们的思考进入了瓶颈，便和孩子们进行了一次游戏谈话："为什么小宝的滚筒能自己滚动？"琪琪提出："我们可以请小宝演示一下。"哼哼说："对呀，我们怎么没想到。"

于是，孩子们蹲在草坪上，只见小宝跪在滚筒里面，一边身体靠住滚筒用力向前，另一个手支撑在草坪上用力地推动，滚筒就滚动了起来，并且小宝的身体并不会随着滚筒滚动而转动。

琪琪说："小宝是跪在滚筒中，一边的身体用力去靠滚筒，一只手支撑在外面用力。"心心说："好，那我们都这样调整一下。"哼哼也说："那我们大家都学学小宝的方法。"四个人立刻回到了滚筒内，按照小宝的方法进行调整尝试。琪琪喊道："准备好了吗？我要推咯。"孩子们学习了小宝的方法后，果然"四轮摇摇船"开动了起来。

在本次游戏分享中，琪琪表示："在四轮摇摇船的推动中，感觉比之前要更轻松，没有用很大的力气了。"哼哼说道："我不会整个人滚起来了。"随着孩子们的不断尝试与调整，"四轮摇摇船"终于越开越快。这次游戏是孩子们的摇摇船开得最轻松的一次。

案例分析

这个环节我们看到孩子们经过三个滚筒的初玩已经有了让滚筒滚动的经验。心心坐在滚筒里、哼哼和沐沐躺在滚筒里，姿势不一致导致他们的滚筒只能滚动半圈就停住了，我觉得有必要和孩子们讨论一下，在讨论和交流中，孩子们展现出了已有的游戏经验和对力的理解，如："只有同时朝同一个方向用力，摇摇船才可以成功地开起来。"于是，我进一步聚焦问题，通过对方向问题、轻重问题、姿势问题的追问，来激发孩子们进一步思考滚筒的滚动原理。谈话在四个孩子的共同参与中不断碰出火花，最后得出了结论：滚筒里面的孩子需要朝同一个方向，用相同的姿态并同时用力；滚动方向与身体的方向要保持一致。这样可以使滚筒沿圆周运动，保持运动状态。这个核心经验正是在此次活动中获得的新经验。我想，观察幼儿、发现幼儿、支持幼儿、引导幼儿，这就是教师应当发挥的作用。游戏不仅是幼儿学习和实践的过程，也是经验建构和意义理解的过程。

（三）四轮滚筒后的"海浪船"诞生了

随着四个滚筒"摇摇船"顺利地滚动，吸引了边上小九和柠檬的注意。她们看了一会儿，轻声商量着，然后一起手拉手大步向着"摇摇船"走去，她们对着四个男孩说："我们也想玩摇摇船。"同时柠檬也提出了疑问："船不是应该坐在上面吗？我想坐在滚筒上去摇。"小九说："对呀，你们怎么都在摇摇船的轮子里？"心心摸着脑袋说："好像有点道理，那我们到船上面去摇吧！"哼哼表示这么多人怎么坐上去啊？柠檬继续说道："你们跟着我和开火车一样爬到滚筒上跪在上面摇一摇。"孩子们按照柠檬的方法都一个接一个爬上了滚筒，这次所有小朋友动作一致，大家都跪在滚筒上向前面用力，因为在前期的探索中他们已经了解到了要想动起来，需要力往一个方向使（图5）。但是只要滚筒一动，两个滚筒之间就会产生缝隙，孩子们就从滚筒上滑落下来。小九问："怎么解决这个问题呢？"柠檬说："不要跪着，人直接躺上去。"哼哼说："是不是要有一个平平的东西放在上面，这样我们就不会卡到滚筒的

图5　尝试坐到"船"上

缝隙里了。"我顺势接着这个问题提出是不是可以增加一些材料，老师的提示引发了孩子们的讨论，心心说："可以放上纸板，但是到哪里去取纸板呢？"沐沐说："我有办法了，材料柜里有垫子，我们试着把垫子放上去。"大家都认为还是放垫子的想法最靠谱，于是，四个孩子合力搬来了一块二联垫子平铺在了滚筒上面，（图6）心心和小宝率先爬到垫子上面，一个人趴着查看滚筒是否转动，一个人在垫子上打滚尝试带动滚筒，可是无论哪种方法，"摇摇船"始终没有办法动起来。

图6　给"船"上增加垫子

回到教室，我给孩子们准

备了纸筒、奶粉罐等与滚筒有同样特性的材料，邀请孩子们进行了模型模拟小实验。孩子们用纸筒代替滚筒，在纸筒上放置了泡沫砖代替垫子进行实验。在探索中，孩子们发现泡沫砖上放上手用力压住纸筒，纸筒很难滚动，只有用力推动纸筒，泡沫砖才能随之移动。

于是，带着实验得出的经验，孩子们开始讨论"摇摇船"开动计划，哼哼说："需要有人在后面用力推动滚筒，还需要有人能扶住垫子。"小九补充："我觉得左边的人和右边的人扶住垫子的高度要一样，不然垫子就会掉下去。"小宝认为："我之前的工作也很重要，要看好滚筒到底有没有动起来。"带着讨论的结果，开始分工行动，柠檬负责推滚筒，小九一点一点稳稳推动垫子，心心负责观察滚筒滚动，所以肚子向下趴在垫子上，头探出向下看着滚筒，小宝坐在垫子上前后观察，哼哼则在前端扶稳垫子，在所有人的通力配合中，孩子们的四轮滚筒加垫子的"海浪船"终于开动起来了（图7）。

图7　"海浪船"终于开动起来

案例分析

在这个环节中，幼儿前后遇到了三个问题，一是在滚筒移动时，人跪在上面不稳固；二是把垫子放置在滚筒上，当滚筒滚动的时候垫子就会往下掉；三是垫子放在滚筒上，推动的时候如何使垫子和滚筒共同前进。这三个问题是随着游戏的进行自然出现的，环环相扣，对幼儿提出了一个接一个的挑战。面对第一个问题，沐沐通过反复尝试和思考，想到在滚筒上放置垫子的方法；面对第二个问题，孩子们通过观察、思考和操作，解决了垫子滑落的问题；面对第三个问题，通过同伴互助、分工合作，解决了垫子和滚筒同步前进的问题。幼儿积极主动地探索、认真专注地思考，依靠自己的力量得出了"只有两边支撑住，共同合作将摇摇船往一个方向推，增加垫子的摇摇船就会顺利动起来"的宝贵经验。这是多么难能可贵的学习经历。

三、教师反思

（一）当幼儿控制材料时，材料的功能会随之变化

滚筒一直存在于草坪上，孩子们经常会推滚筒、站在滚筒上直立着走动，发挥着运动器械的功能，我们从来没有想过它们还可以干什么。今天我欣喜地发现只要把材料的控制权交给孩子，他们会根据自己的兴趣扩大材料的功能。在游戏过程中，幼儿用滚筒搭建了"摇摇船"、使用多种方法让"摇摇船"晃动起来，并享受着"摇摇船"晃动的乐趣。孩子们用 1 个滚筒、2 个滚筒，直到 4 个滚筒，还在滚筒上放置了垫子，充分发挥材料的组合。这个游戏带给孩子除了运动经验外，还涉及科学、社会等多个领域经验，这让我感受到，幼儿真的了不起。

（二）幼儿在探索中获得对力的感性认识

观察幼儿几次利用滚筒"摇摇船"滚动的过程，我下意识地在脑海里整理了几个重要契机，力学的知识对于孩子们来说是非常深奥的，孩子们虽然一直在利用力的关系，但他们无法解释这种关系，我思考该如何整理并提升儿童的经验呢？在分享环节，我引导幼儿观看和回忆游戏里使滚筒滚起来的几个细节，如推动方向、用力的大小等，在讨论与分享中，孩子们逐渐发现，只有力气朝

同一个方向使，才可以让多个滚筒滚动起来。我由此帮助孩子们梳理力的概念，推动儿童的游戏往深层次发展。

（三）幼儿是游戏中的"问题解决者"

《幼儿园保育教育质量评估指南》中指出："相信每一个幼儿都是积极主动、有能力的学习者"，从遇到问题到想办法解决问题，整个游戏过程，教师充分相信幼儿，支持幼儿的自主探索与学习，探究从单独到多个滚筒的演变中出现的各种问题，在解决这些问题的过程中，幼儿既是经验分享的"专家"，也是有能力的"问题解决者"。整个游戏过程孩子们面临了三种不同的问题，为了让"摇摇船"动起来，他们从材料和滚动方式入手，尝试了10余种解决问题的方法，表现出持续探究、坚韧不拔、不轻言放弃的优秀学习品质。

专家点评

陶行知说过："人人都说小孩小，小孩人小心不小，你若以为小孩小，你比小孩还要小。"如何把滚筒变成摇摇船？在成人看来这是一个非常简单的问题，然而，对于五六岁的孩子来说，要解决这个问题并不容易。本游戏案例源于想象力广场一片空草坪和几个滚筒，幼儿从一个滚筒的滚动到多个滚筒的互动，这个过程充分体现了孩子们的好奇心、合作意识、创新精神和实践能力，让我深深感受到在解决这些问题的过程中，幼儿既是经验分享的"专家"，也是有能力的"问题解决者"。

首先是单个滚筒的滚动。游戏初期，孩子们对滚筒充满好奇，他们尝试用手推动滚筒观察滚筒的运动轨迹，在这个过程中，孩子们初步了解了力的作用，知道了力可以改变物体的运动状态，这个阶段，孩子们表现出强烈的好奇心和探索欲，他们通过亲身体验，感受到力的存在，为后续对力的深入探究奠定了基础。

其次是多个滚筒的滚动。随着孩子们对滚筒游戏的熟悉，他们开始尝试将多个滚筒摆放在一起，观察多个滚筒滚动时的相互作用，在这个过程中，孩子们发现了力的传递作用，如推动一个滚筒，相邻的滚筒也会随之滚动，这个阶段，孩子们的合作意识逐渐显现，他们在游戏中学会了分享和互助。同时对力的探究更加深入，发现了力的传递作用，同时教师适时引导孩子们思考：为什么多个滚筒会一起滚动？如何调整滚筒的摆放方式，使滚动效果更佳？从而激发孩子们的思维，提高他们解决问题的能力。

《发展适宜性游戏：引导幼儿向更高水平发展》一书提出："游戏时间并不是放任儿童自由玩耍的时间（如混乱失控的游戏），而是有建设性的、高度参与性的、高水平的活动时间。"的确如此，当孩子进入有目的、聚精会神投入的游戏活动时，他们才能真正进入深度的学习。当然，教师扮演的角色也相当重要。我们看到，整个游戏过程中教师通过"观察—讨论—实践"的指导策略，支持幼儿自主探索与学习，关注、识别、转化和支持幼儿的问题探究，积极引导幼儿与环境、他人互动，不失时机地给予适当支持，在儿童的"最近发展区"和"更具知识的成人"帮助下进行支持，让问题成为激发反思的动力，再由思考转向幼儿的行动。尤其是基于观察进行持续循环推进，才让游戏进入更为高潮的部分，也从一个全新的视角延续了幼儿新的学习。

点评专家：浙江师范大学儿童发展与教育学院　王春燕

* 此案例获萧山区第二届幼儿园游戏案例评比一等奖

中班综合区游戏案例

"飞檐走壁" 的帆帆

杭州市萧山区金辰之光幼儿园 陈文欣 沈韦青

题记：等待和信任，成功背后的力量。

一、案例背景

时间：2023 年 3 月 24 日至 25 日

地点：攀爬区

人物：帆帆

　　我园北面游戏场新投放的三角屋攀爬架是孩子们热爱的游戏场所，游戏时间坡面上总是挤满了小朋友。三角屋的坡高 190 厘米，坡度为 60°，坡面为光滑漆面。三角屋两面分别有岩点面和绳索面，岩点面可操作性强，有落脚点和着力点，孩子们喜欢踩着岩点到最高处获得满足感。一周后，孩子们已经不满足于踩着攀岩岩点上坡，他们要尝试绳索这一面的攀登挑战，拉着绳索翻越屋顶是孩子们的目标。在游戏场里，帆帆也是其中一位挑战者。

二、游戏实录

（一）探觅技巧向上登

3 月 24 日，帆帆在三角屋攀爬架的侧边搭了一组轮胎，今天他要以轮胎平台为起点开始攀登。他双腿微微弯曲，双臂水平展开以保持平衡，小心翼翼地站在轮胎上，随后就开始了他的攀登挑战。

一开始，他先将身体一点点向坡面挪近，伸出右手使劲去够远处贴在坡面上的绳索，稍微能碰到一点，就用手指将绳索往自己的方向拨动，再一把抓住，将绳索拉进怀里。右手在胸前握绳，左手伸上去抓在绳子的上方，两只手上下抓握。接着，他伸直右腿，绷直右脚尖去够右边的坡面，将右脚踩在坡面上，

图 1　帆帆开始攀登挑战

一蹬，确定好位置后，双臂用力拉绳，屁股借力主动向上提，左脚顺势抬起踏在右脚的左下方，双腿直直地开立站着，双手握拳拉绳，上半身晃动了一会又保持弯腰向前，垂直于坡面站了起来（图 1）。

当帆帆向上伸直左臂抓取更高绳索位置时，手臂发力弯曲，右脚轻轻抬起刚离开坡面，左脚就滑落下来。

借助绳索及手臂力量，站在坡面上形成较为稳定的三角形，是帆帆在这次攀爬过程中的新技能。双腿站直、手臂抓紧、身体向后靠，身体与绳索之间的相互作用和配合体现了他身体各部位及与攀爬工具之间的高度协调性，这种协调性对于攀爬运动中保持平衡和稳定至关重要。而后面落下时不放松的双手、膝盖与坡面的抵抗、脚尖挣扎等，都是他在为"向上"做的每一次努力，不同的动作应变，让自己有不同的可能。作为观察者我也屏住呼吸，在内心为帆帆

能够站在坡面上感到庆幸和惊喜，期待着他迈出"下一步"。

滑落后，帆帆搓搓双手，三下两下再次爬上轮胎组，开启第二次攀登。他先伸长右手向斜上方去够绳索上面的第一个绳结，左手也伸出来抓在了右手的下面，双手使劲。抬起右腿，右脚前脚掌和膝盖一同踮在坡面上，左脚用力一蹬轮胎，全身借助蹬腿的力量向上跃起，结果左腿膝盖撞在了坡面上，和右膝盖一起紧紧贴着坡面。双手紧握顶端的绳结，上身匍匐在坡面上，整个人处于勉强的平衡状态（图2）。

图2　第二次尝试

接着，帆帆双手依然紧紧抓住绳结，双臂收紧用力维持悬挂，双膝弯曲紧贴坡面。他先将右膝向上蹭，刚刚碰到坡面又滑了下来，又将左膝向上提，结果膝盖依然贴着坡面滑下。多次的交替无果，坚持悬挂几秒钟后，帆帆顺着绳子滑落。

在这一次的尝试过程中，帆帆懂得利用抓住绳结与绳索之间产生的摩擦力来保持平衡。这是体力与技巧的双重考验，而抓在绳结处的双手有了绳结的支撑也不易滑落，不仅让自己获得了高度优势，还增加了悬挂和调整姿态尝试再站的时间。帆帆双膝交替向上摩擦却又回落的动作正表明了坡面光滑、膝盖用力无效、摩擦力太小，而仅靠双手向上提拉绳子无法向上攀爬。这两次的尝试给帆帆带来了不同的体验和新的经验，相对比后更易发现在攀登时需注意的姿势和技巧。

下落后，帆帆站在旁边休息了一会，再次走向坡面开始第三次尝试。双腿

图3 第三次尝试

交替爬上轮胎，双手用力将身体撑起，两脚开立让自己先稳稳站在轮胎上。这次帆帆依旧伸长右手先抓绳索的最顶端绳结，紧接着，他的左手瞄准下面一个绳结，并牢牢抓住。右脚抵在正面胸前较高的坡面位置，身体使劲后靠，他小心翼翼地抬起左腿，左脚刚踏上坡面就一滑，没能在坡面上踩实。左脚再次踏回到轮胎边缘，用力一蹬，借助蹬力，双臂收紧绳索把身体向上拉，让左脚踏在了坡面上。右腿膝盖弯曲 90° 蹬在坡面上，左脚在下蹬得笔直，身体使劲向后靠，站在坡面上保持不动（图3）。接着提左脚缓缓向上挪动，然而，就在这时，右脚开始下滑，没有了支撑点，左腿也滑了下来。帆帆双手紧握绳结，猛然转身，将身体侧向一边，双臂被迫侧拉绳子，同时左腿膝盖弯曲，试图寻找坡面上的新支撑点。用脚尖抵住坡面、调整身形，最终还是缓缓滑落。

在攀爬过程中，他不断调整自己的身体重心和姿势来维持平衡。例如，当左脚开始下滑时，他迅速调整双腿的姿态，借力于轮胎来保持身体平衡，左腿二次发力……每一次的变动都借助绳索，让自己的身体找到合适的姿势保持平衡，这些变化和动作对他的平衡能力提出了很高的要求。站稳后再攀爬、有意识地去抓握绳结、每次落脚前踩实自己的脚步等等动作，都是攀登能力和技巧提升的体现，每一次的攀登过程他都在不断学习。

🔵 案例分析

通过三次挑战，我看到幼儿不断迸发的创造性和灵感，而这些尝试让帆帆积累经验，攀爬技能不断地被发现和挖掘。

首先，帆帆展现了腿部力量的运用和对攀爬节奏的把握，在攀登时采取了分步进行的策略，先稳定身体，再逐步向上移动，并在必要时进行调整。其次，帆帆在攀登时能够很好地控制身体重心，如通过身体后倾和腰部向上提等方式，使全身与坡面保持垂直，从而增加攀爬的稳定性和成功率，理解如何调整身体各部位来达到目标。脚部位置的灵活调整，有助于他更好地适应不同坡度和高度的攀爬需求。在这些场景中，帆帆展现出专注和坚持的学习品质，他的游戏状态是投入、专心的，面对难以克服的高度，他的冒险精神和探索欲望不断被激发。

（二）换个坡面往上登

4月12日，帆帆在岩点面攀爬，目视上方，左右脚交替寻找凸点，双手熟稳地抓握凸点，向上抬高屁股，双臂收缩拉动身体，很快到达了顶端。

只见他双手紧紧抓住了三角屋顶的边缘，身体紧紧贴住坡面，手指头用力抠住屋沿，右腿先抬高跨过屋顶，再顺势将上半身翻转侧身，让整个人趴在了三角屋沿上。接下来，帆帆右手向前移动，找到一个稳固的支撑点，右脚向下放，右膝和右脚都抵在坡面上。身体定住后，将左腿也跨了过来，两脚尖抵在坡面上，为身体提供了额外的支撑。同时，双臂收紧，整个人以一种类似"青蛙"的姿态，稳稳地挂在了绳索面的顶端（图4）。

接着双手把着屋沿用力向上撑起，上半身向上抬高，双脚踩实坡面，双腿伸直，右手先抓住最顶端的绳结，左手再握住下一个绳结，最终在坡面上站稳了脚跟。在下落的过程中因为双脚不断向下打滑，双手也只得跟着脚步被迫向下移动，每移动一次就手握住一个绳结，双脚

图4　终于攀顶成功

始终踩在坡面上，让自己的身体保持站立姿势。随着滑落速度越来越快，帆帆接连向下走了三步后，快速下落在垫子上。

案例分析

这一次的尝试中，帆帆转换思维，从另一边上坡，跨过屋沿就到了绳索面的顶端。借助其他材料、寻找不同的角度都是他思考和游戏的一个阶段性成果。翻越屋沿、匍匐稳定的动作，也让我感受到他在这个游戏中的熟练和稳定，我认可他的"新玩法"，不断思考灵活借力的他就是成功的"登顶者"。尽管帆帆最后滑落，但这一次的挑战让我们看到帆帆的动作在不断实践过程中变得熟练自如。帆帆虽然因双脚打滑没能很好地找到着力点，导致下坡速度较快，但他的双手依然有条不紊地交替握在每一个绳结的上端，尝试攀爬的同时也有意识地站在坡面上。

（三）一根绳子登上顶

4月25日，游戏一开始帆帆就冲向三角攀爬屋。跑到三角屋边上，右手

拽过绳子，捋了捋，只见他右脚猛地一踏，在坡面上用力踩实，左手抓住头顶上方的一个绳结，右手握住胸前的绳结，紧接着手臂用力、左腿弯曲蓄力向上蹬，左脚也稳稳地踩在了右脚下方坡面上，保持着上半身弯腰向后靠的姿势，等到身体在坡面上站立不晃动时，提起左脚向上跨一大步，同时左手臂弯曲向上拉，右手马上向上伸抓住上面的绳结。每向上走一步，两手交替移动抓住上一个绳结，而脚都会用力踏在坡面上，双臂始终保持弯曲，肌肉紧绷将身体向上提。动作连贯自然、没有在坡面上做过多的停留。

接近顶端时，右手紧紧抓住当前的绳结保持不动，双腿在坡上呈弓步，左手向前伸出，抠住屋沿。随后，将身体向前扑去，双手抱住屋沿，左腿弯曲挂在屋沿上，此时，他的上半身呈匍匐状态，右手臂弯折并使劲。左脚挂在另一边，踩住对面的岩点，并踩实，右腿抬起翻越屋沿。22秒，帆帆神情自若地完成了登顶和翻越。

案例分析

帆帆这次攀爬除了登顶还翻越了三角屋沿，整个过程动作流畅而有力。没有借助其他工具，凭借一根绳子，攀爬翻越过三角屋，帆帆向我展现了成功的攀爬，打消了我对自己"不出手"是否正确的怀疑。22秒用时也能证明帆帆的攀爬能力有了显著的提升、攀爬技巧能够熟练使用。在一次又一次的游戏尝试和挑战中，我很庆幸没有在他失败的时候过多干预，我耐心等待，相信他在一次一次的挑战中，能够依靠自己的努力成功翻越攀爬架。（帆帆攀登三角屋过程梳理见图5）

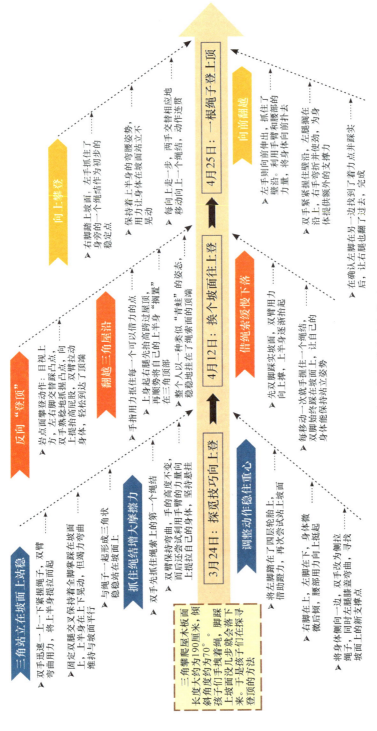

图5　帆帆攀登过程梳理

三、教师反思

（一）攀爬游戏激发孩子的身心成长

在本案例中帆帆攀爬经验的积累和运用是成功的重要原因。在本次攀爬中，帆帆呈现了许多攀爬的技巧，如：寻找观察落脚点、利用腿部力量、在坡上保持平衡、掌握常用手法和脚法等等，根据不同的情况，他会选择不同的攀爬姿势及动作，而每一次新动作的出现不仅代表着肌肉力量的提升，也展示了他对技巧的发现和运用能力。同时，在帆帆的攀登游戏中无数次的挑战，每一次都能紧握绳索不放松，展示了他对向上的渴望，我们也能从中感受到游戏的内驱力给孩子带来的巨大动力，即使手会因绳索磨擦而疼痛，即使数次的失败会打击信心，但我们看到的帆帆是不断尝试、决不放弃的他，这也是他在未来成长中不可或缺的精神。

（二）游戏中获取的经验在孩子的成长中传递

帆帆是一个具有挑战精神和不畏困难的孩子。他对游戏中各种意外情况表现出积极应对的态度。可见，幼儿自身的性格对幼儿游戏的发展有一定的影响。在这次攀爬行动中幼儿面临的挑战，相对于他们自身的肌肉能力、攀爬技巧、抗压能力而言，难度是不小的。只不过当他们多次失败后仍不放弃，他们相信自己的力量，沉浸其中，总结和运用经验，直至获得最后的成功。幼儿的这种心理，使得教师通过体育运动来促进儿童健康性格的生成发展成为可能。

（三）游戏实现"飞檐走壁"需要等待与坚持

足够的空间和时间，是孩子们成长的前提条件，也是我在这次自主游戏中更深的体会。通过观察，创造更有利于他们自主成长的学习环境，看到孩子能够一步一步地前进，庆幸自己持续地关注，捕捉到孩子们"飞檐走壁"的瞬间。"飞檐走壁"非一日之行，孩子自信和从容的背后是一次次的尝试和坚持，虽然失败的环节比比皆是，作为教师，在抱有期待的同时更要对孩子未来的成功充满希望。

 **专家点评**

《"飞檐走壁"的帆帆》案例中的幼儿运用不同的策略进行各种尝试，体现了幼儿在攀爬游戏中勇于自我挑战的精神。在一次又一次尝试中，幼儿不断挑战自我、不断积累经验，最终从"攀登"到"翻越"，获得了成功的体验。

整个案例有以下亮点：

体现了教师持续观察的策略。教师的持续观察能客观地描述整个游戏过程，而非主观臆断或片面地反映案例。教师认真观察并能从各种行为中看到幼儿的已有经验，且教师能从"探觅技巧向上登—换个坡面往上登—一根绳子登上顶"整个游戏的持续过程，看到幼儿通过游戏的三个不同时段所获得的最关键发展经验。教师的持续观察不仅表现了她的专业性，而且也让读者能够清晰地了解整个游戏的过程，特别是幼儿在游戏中遇到问题，以及运用策略解决问题的过程。

体现了教师退后的理念。教师退后，仔细观察，耐心等待。由于教师的放手、放权，在游戏中，充分尊重幼儿游戏的兴趣意愿，幼儿能根据自己的意愿迎接游戏的挑战，这不仅让幼儿成为游戏真正的主人，而且让教师看到了幼儿在游戏中的深入学习过程。教师通过观察与反思，重新认识到幼儿自主游戏、自主探究、自我挑战的价值，反思自身教育行为的适宜性，也体现了教师主动反思的专业性，更新了自己的儿童观、游戏观。

体现了幼儿的学习发展。主要凸显了动作发展与学习品质两个方面。动作发展：此游戏活动是在幼儿相互驱动下"我想攀爬"而发起，看似幼儿在重复练习，但对于幼儿来说，每次尝试都是有着不同体验的自我挑战，获得一种不同的游戏经验和愉悦的体验。这种感觉是幼儿自主游戏中喜欢的一种体验。在攀爬游戏中，幼儿的手脚等大肌肉与小肌肉得到了锻炼，比如手脚的协调性、四肢的耐力、身体的控制能力、肢体的灵活性等，充分体现了幼儿在玩中学的特点。学习品质：在这个案例当中，充分地呈现了幼儿在三个不同时段的攀爬游戏中，遇到困难不放弃，能迁移运用已有的经验去解决问题，不断练习与尝试，充分体现了幼儿的坚持性、挑战性的坚毅品质。

点评专家：湖州市教育科学研究中心幼教教研员　莫娇

＊此案例获萧山区第四届幼儿园游戏案例评比一等奖

大班综合区游戏案例

活力"篮"孩

杭州市萧山区河上镇中心幼儿园　徐湖燕　俞芳

题记：竞技对抗游戏中幼儿的能力与智慧超预期发展。

一、案例背景

游戏时间：2022 年 5 月 9 日至 27 日

游戏地点：纸箱综合区

观察对象：小金、祥祥、昊昊、涵涵、哲哲、洋洋

　　我园户外游戏实行月轮换制度，共设 8 个场地，综合区的主要材料是大小纸箱、大小纸筒、蜂窝板等，孩子们喜欢用大纸箱、蜂窝板平铺来搭建舞台和房屋，并开展各种游戏。2020 年，幼儿园周边的村子开始盛行"村 BA"篮球活动，在家长的影响下，幼儿对篮球比赛表现出浓厚的兴趣，经常随家长一起去观战。在幼儿园篮球活动中孩子们会模仿成人进行对抗。

　　5 月 9 日，祥祥、涵涵、哲哲、昊昊四人看见潼潼正在玩投篮游戏，一下子被吸引了。只见潼潼把两个纸箱并排平铺，上面放高低不一的两个纸筒，用

篮球对准纸筒投（图1）。祥祥问："这个是篮球筐吗？"涵涵指着纸筒说："对呀！这有两个球筐！投进去就赢了！"祥祥："哦！这是篮球比赛呀！篮球比赛可不是这样玩的！"昊昊走过来说："我知道！我看见过爸爸玩篮球！有一个大大的篮球场，两组队员，谁踩到线，谁就输了！"

图1　简易版篮球筐

二、案例描述

（一）篮球比赛应该是这样玩的

5月10日上午，这是孩子们第二次来这个场地玩。这次他们选择了大纸筒和长纸箱两种材料。

祥祥走到昊昊身边说："我们今天用长纸箱和大滚筒当篮球场就好了，长纸箱围起来，大滚筒当篮球筐。"昊昊点点头说："可是我觉得，我们需要画一下设计图，这样我们才搭得出来！"祥祥拿着纸和笔，对昊昊说："你看着，先用大纸箱一个一个围成一个长方形，然后在里面放大纸筒呀！这样就可以投篮了！"

商量好之后，他们便开始搭建篮球场地。祥祥先去纸箱房双手拖来一个纸箱，边拖边说："昊昊，你快去搬纸箱。"祥祥把周围的纸箱一个一个横放平铺、围合，昊昊则在旁边帮助祥祥将纸箱一个个搬过来。祥祥将一个纸箱竖着立在一边，笑着说："给篮球场搭一个门！"涵涵看见了，也帮忙在旁边30厘米

图2　篮球场初建场域

图3　篮球总是被撞飞

的位置竖起另一个纸箱，昊昊快速地将一个纸箱搭在两个纸箱上面。昊昊走到祥祥的旁边，轻声和他说："门搭好了，我们要把篮球场的边界搭好，小边框就行了！"于是，他们开始一起将篮球场的边框进行围合、平铺（图2）。

篮球场很快就搭好了，于是，祥祥拿着篮球准备第一次尝试，祥祥刚想把球投进篮筐，就被涵涵投过来的球撞飞了，于是他就和涵涵说："你不能和我一起投篮，这样我们会相撞的。"（图3）在一旁观察的昊昊听到跑过来说："不是这么玩的，篮球筐有两个，但是篮球就只有一个，我们要分成两队，然后要去投对方的篮筐，这样才能得一分。"听到昊昊的建议后，孩子们开始第二次尝试，这次他们分成两队，祥祥和涵涵各领一队。祥祥正准备投篮，涵涵就赶紧双手将球投向篮筐，但是没想到这次两个球还是各自被撞飞了，经过两次球被撞飞，祥祥他们便开始改造篮球筐，祥祥和涵涵一起再次滚来一个大纸筒，随意放在篮球场中。昊昊发现篮筐的位置摆放不正确，三次主动与同伴商量调整，最后他们决定分别把两个大纸筒摆放在篮球场的南北两面居中的位置，并在场地上留一个篮球。

昊昊组织同伴们将完整的篮球场搭建完成，队友也组队成功，5人一组，便开始了篮球赛。

案例分析

第二次游戏，孩子们对"篮球场篮球筐应该是怎样的？"展开讨论。其实五一节时，幼儿有跟家长一起观看乡村篮球赛的经验。于是在昊昊的提议下，决定用设计图来决定篮球场的样子：篮球场是一个长方形，场地内有篮球筐。根据设计图，通过平铺、围合大纸箱搭建长方形的篮球场地，通过架空纸箱搭建进出的"门"。第一次游戏时，祥祥发现自己的球被涵涵投过来的球撞飞，于是祥祥诉说自己的见解：不能同时投篮，球会相撞。而昊昊也提出了自己的想法：篮球筐有两个，但是篮球就只有一个，我们要分成两队，然后要去投对方的篮筐，这样才能得分。于是在昊昊的组织下，孩子们搭建了一个长方形的篮球场，里面有用纸筒、纸箱搭建的篮球筐两个，分成5人一组的2个小队开始游戏。整个过程让我发现孩子们对于篮球场的搭建是有经验的，在游戏前会商量制定场地计划图——这是孩子们在脑海中勾勒出自己想做什么以及将怎么做的具体思考。这个过程中，幼儿对话交流，选择和决定自己的想法，面对撞球及组队等问题时，幼儿都是通过实践反思、回顾"篮球比赛是怎么打的"了解规则：篮球场地中有两个篮球筐，一个球，队员分组，投进对方的筐才得分。那么他们会成功吗？我继续观察。

（二）怎样把球取出来

5月14日上午，祥祥和昊昊等小伙伴来到后操场，继续投篮游戏，这一次孩子们在投篮的过程中又遇到了取球的问题：祥祥将球投进篮筐后，发现球在里面拿不出来。

祥祥先爬上纸箱，接着一只脚跨上纸筒，随后双手一撑整个人滑进纸筒，

图4　取球方法1

图5　取球方法2

图6　取球方法3

将球直接抛向外面，并让昊昊去捡球（图4）。捡到球后继续游戏，投了两次终于又进了，发现球又出不来，于是昊昊打算用刚才的办法取球，祥祥叹了口气说："太累了这样，我要想个别的办法！"

只见祥祥双手扶住大纸筒，将大纸筒倾斜，往自己身体方向轻轻地倾倒，他想用自己的脚把球踢出去，发现够不到，于是主动向昊昊发出求救信息："我把纸筒往后倒，你蹲下去快把球拿出来！"昊昊听见后，蹲下身，双手往纸筒下把球拨出来，成功取球（图5）。

5月16日，孩子们继续在场地玩投篮游戏。昊昊的球进了篮筐后，想用上一次的方法来取球。祥祥："我还想投篮呢，为什么总是要我帮你捡球！"昊昊不开心地指了指大纸筒，说："可是我拿不到呀！你不帮我我拿不到！"祥祥从纸箱上跳了下来，走到昊昊身边，手扶着大纸筒说："我看到爸爸他们的篮球都不需要自己去拿，它直接会从上面掉下来！"

祥祥："哈哈，我想到办法了！我们可以把纸筒放在空中！""要么我们放在纸箱上面，然后中间给它留个缝不就好了嘛！这样篮球就能掉下去了！"说完，昊昊帮忙找来两个长纸箱，祥祥和涵涵前后扶着大纸筒，携手将大纸筒抬到两个大纸箱上，昊昊看了看纸箱上的纸筒，说："这样没分开，肯定掉不下来！"于是，昊昊将两个纸箱呈八字型分开放在地上，在纸箱开口上方架上大纸筒，这样的设计就可以让篮球更快地落到地面，节省去搬纸筒的时间。调整好后，昊昊拿着球试投一下，球被卡在了纸箱上，于是就走到两个纸箱前，将两者的距离再调开些，开口变大后，球"咕咚"掉下来了！"成功！我们的篮球终于不用去捡啦！"（图6）

案例分析

面对游戏中的取球问题，孩子们用了三种方法，方法一是祥祥爬进纸筒中捡球，这样的方法，祥祥发现太累了，只要有球投进去就要不断地爬进爬出去捡球。于是他们想到了第二种方法，这种方法必须要两个人才能完成，祥祥倾斜大纸筒，露出一个洞，昊昊蹲下去取出纸筒中的球。这样的取球方式能成功取出球，但让孩子们又发生了矛盾：祥祥想要继续投球，昊昊却总是想让祥祥一起取球。这时，祥祥提议说：我看到爸爸他们的篮球都不需要自己去拿，它直接会从上面掉下来！这样的对话引发了孩子们第三次的取球方法的探索：用两个纸箱架起纸筒，让球从纸筒下滚出来，这次的取球最终以还原篮球现场经验而成功。整个过程，我关注到孩子们在一次次面对取球过程中的问题（取球累—合作才能取—自由滚出球）不断地合作、探索，尤其是第三次探索时我没有打断孩子们，而是让他们自己亲身体验，发现要使球滚出来，纸箱间留的缝必须足够大。因此，看到呈八字分开的纸箱时，我知道他们会成功了，于是我静静等候。当球"咕咚"掉下来时，我明显感受到了孩子们成功的喜悦。

（三）球为什么总是飞出去？

解决了取球难的问题，孩子们迫不及待地迎来新一次的游戏。祥祥先发球，准备去投对方的篮筐，不小心将球掉到地上，被小金抢走，抱着球撞倒了纸筒上端，球被弹了出去！

祥祥："哈哈！你的球掉外面去了！你输了，这次我来！"祥祥重新发球后拿着球跑到对方的球筐，刚想投，又被昊昊给抢走，小金迅速带着球一个转身，准备投篮，球再一次被弹到场外！小金生气地说："哎呀，怎么老是弹到外面去，我都投不进去了！"坐在一旁观察的昊昊说："我知道啦！我们的篮球筐这么高，篮球场这么低，球肯定要飞出去呀！"

祥祥："可是我觉得人太多了，这么多人怎么打，乱七八糟的！"

小金："那我们每个队 3 个人，然后把篮球场边界的纸箱全部都竖起来，这样就飞不出去了！"

于是，小金和祥祥一起将地上的纸箱一个个地竖起来，且按照之前的设计图，用长方形围合的方法进行再次搭建（图 7），昊昊则和伙伴一起去纸箱房搬更多的纸箱，一个接着一个地围合，总共用了 60 多个纸箱终于把整个篮球场搭建好了，在篮球场外他们还用两个纸箱叠高的方式，搭建了 3 个观众席。

篮球场调整好后，孩子们又开始了激烈的篮球赛，在尝试了几次后，发现改造后的篮球场更适合他们的需求（图 8）。

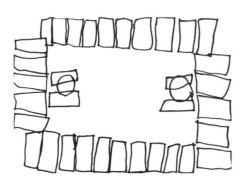

图7　场地改造设计图

图8　场地改造搭建现场

案例分析

　　没有了捡球的烦恼，我观察到孩子们在篮球比赛中又遇到了新的问题：人太多会拥挤；篮球总是弹到篮球场外面。小金提议减少人，把原来的 5 人一组改成 3 人一组，这样就有了足够的比赛空间；然后又将原先横纸箱平铺围合改成竖起纸箱平铺围合，增加围栏高度。在这个过程中，幼儿能紧紧围绕遇到的问题进行分析与讨论，并能快速且精准地找到解决问题的方法，可见幼儿对于篮球比赛的经验变得越来越丰富。同时从空间不变，那么减少人数就会让运动空间变得更大这一解决方案中，我能看到幼儿对空间感知能力的提升。整个过程中，我看到孩子们围绕问题，坚持不懈地探索，合作性行为明显，解决问题的能力不断提升，游戏的内容也变得更加丰富。

（四）激烈的球赛

　　5 月 22 日上午小金裁判站在球场中央，其他幼儿按照自己组好的两支队伍，在搭建好的篮球场地中，A 组昊昊和 B 组祥祥站在球的两侧，根据商量好的 3 对 3 人员分配和站位，两组队员分别站在球场上，裁判站在中间将球抛向空中，昊昊和祥祥同时起跳，昊昊先碰到球并将球拍向队友涵涵，涵涵接到球后低运球，祥祥张开手臂防守拦球，昊昊说传球给我，此时，涵涵从祥祥手臂下方传球给昊昊，哲哲拉住昊昊的衣服，将球抢过来，于是他快速抱着球跑向球筐，"犯规！"裁判小金连忙喊停"打篮球不能拉衣服的！警告一次！"第一场结束。调整 5 分钟后，涵涵和哲哲再次对立站在球场中央，裁判将球抛向空中后，哲哲首先抢到球，并高运球前行，昊昊上前横切抢下了球，低运球前行，乐乐双手打开拦住昊昊，汤圆喊"给我给我"，昊昊刚要从胸前传球给汤圆，球撞到了乐乐身上，反弹后哲哲捡到球，低运球快速上前投篮，这个时候昊昊说："快点回防回防！"，哲哲已投篮，B 组得 1 分。

　　一场篮球游戏结束后，观众席上的晨晨走到篮球场，和裁判小金说："裁判，为什么总是他们在玩？我们也想 PK！"小金裁判说："刚才哲哲犯规了，先罚一场，你先来代替他好了！"昊昊说："好！那等下谁犯规了，就罚一场，替补的队员补上！"

晨晨听到这个建议后，开心地跑进篮球场，跃跃欲试。

案例分析

这场篮球比赛中，孩子们在搭建好的篮球场分 A、B 两队进行比赛，比赛十分激烈。孩子们会高运球、低运球，昊昊会传球给自己的队员涵涵；哲哲拿到球时，昊昊会上前横切抢球等等，这场激动人心的比赛让我看到孩子们在对抗游戏中的激情与对球的操控能力，他们可以单人高低运球，也能多人多个身体部位打比赛，运动量较大；而且我发现孩子能很好把握住篮球的运动方向、速度等，在运用身体移动能力的基础上，不断调节自己的视觉、触觉，克服一定的阻力去完成比赛，运动经验被调动。他们模仿成人制订并创造规则，并遵守篮球的基本规则，当有人犯规时，小金裁判提出可以让观众席想加入游戏的伙伴顶替上场，既是对犯规球员的惩罚，又是对其他幼儿上场需求的满足，多么智慧的裁判！

（五）投篮的得分可以不一样

5 月 27 日上午回忆上一次的游戏，昊昊和小金利用已有的生活经验，和同伴一起制定了很多游戏规则，如：人员分配制、投球比分制、队员替换制等。这次的游戏孩子们有了之前的经验，很顺利地分配好人员及站位。游戏队伍加入了新成员杺杺（一名中班幼儿）。

昊昊和小金分别担任蓝队和绿队的队长，在裁判晨晨的口哨响起后，小金顺利先抢到篮球，昊昊看到迅速上前抢下小金的球，将球传给了杺杺，杺杺低运球来到篮筐前投篮，但是没有投进，因为杺杺的个头比较小，只到篮筐的三分之二处，加上没有投篮的基础，所以第一次投篮失败。

第二次比赛开始，昊昊把杁杁安排去防护篮筐，让对方不进球。这局哲哲抢到了球，将球运给了涵涵，昊昊想去抢球，但是涵涵一个假动作，身体一转，双脚一跳，双手一投球就进篮筐了，杁杁根本碰不到球。蓝队第二次 PK 失败。

杁杁看了看篮球生气地说："这个篮球筐也太高了吧！我根本够不到！太不公平了！"涵涵跳起来说："不难呀，你跳起来就好了！"汤圆走过来加入讨论："我也投不进去，要不换一个矮一点吧！""那不行，这样就不好玩了！"一旁观察的哲哲说："要不我们放一个高的、一个矮的吧！"得到同伴们的回应后，汤圆就叫上昊昊他们一起去纸箱房滚来两个矮矮的纸筒，其他小伙伴搬来纸箱，将纸箱呈"八"字型平铺在地上，并将纸筒架在上方，左右各一个高篮筐和矮篮筐。

第三次游戏开始，绿队和蓝队都做好了准备，小金安排自己防护篮筐，可能他认为篮球筐多了，更容易被对方得分。抢到篮球的涵涵小心翼翼地盯着对方，想趁汤圆不注意将球传给哲哲，但是哲哲没接到球，被汤圆抢先一步，快速将球运到小金把守的篮筐旁，汤圆选了矮篮筐，一跳就将球投了进去，蓝队开心地跳起来："耶！我们进球啦！"正当裁判说蓝队加一分时，小金大声地说："不行！他们进的是矮篮筐！怎么可以得一分，高篮筐也是一分！不公平！"第三次的游戏，就因比分的问题告一段落。

因为比分的原因，孩子们又坐在一起商量，怎么才能让比分变得更公平呢？昊昊想了会，说："我们之前是 1 分 1 分加的，太慢了，我哥哥他每次考试都想要考 100 分，要不我们把高篮筐设置成 100 分，矮篮筐设置成 50 分吧！"

第四次游戏开始，洋洋接过球，准备拍着球去投 100 分的篮筐，在对方阻止及拦球的情况下，洋洋选择了最近的 50 分进行投篮，笑着说："没关系，我再投一个 50 分，我们也是 100 分！哈哈哈。"（图 9）

图9　100分的篮筐

案例分析

这次的比赛，昊昊和小金等几个同伴一起商量了很多规则，如：人员分配制、投球比分制、队员替换制等。一起商量的规则，孩子们都很遵守，可是没有参与规则商量的孩子在游戏中又发现了新问题：个头矮的幼儿总是投不进篮球。大班幼儿一开始坚持自己的规则，但面对中班的弟弟妹妹，他们还是很愿意妥协，以照顾到他们。所以一旁观察的哲哲说："要不我们放一个高的、一个矮的吧！"这是孩子们在篮球游戏中创造的又一个新规则，更好地解决了孩子们投篮中的个体差异问题，让更多的同伴在投篮中获得成功的体验，真的是很暖心的规则改变。虽然篮筐可以有高低，但大班孩子还是需要追求比赛的公平性，所以，他们又提出了不同的篮筐进球应该有不一样的得分。于是人生的第一个"100"分就这样诞生了，把高篮筐设置成 100 分，矮篮筐设置成 50 分！

综合区

这样的比赛既符合了孩子们的当前发展需求，也解决了比赛公平性的问题，还给孩子们进行数学运算提供了机会，如洋洋接过球，准备拍着球去投 100 分的篮筐，在对方阻止及拦球的情况下，洋洋灵活地改变目标，选择了最近的 50 分进行投篮，笑着说："没关系，我再投一个 50 分，我们也是 100 分！"真好，在游戏中，孩子们可以有不同的选择，有对结果坦然的接纳，还有对游戏取胜的持续规划，这就是幼儿游戏的魅力所在吧。

教师反思

整个游戏过程，教师始终坚持为幼儿提供开放环境与丰富材料，并且谨记要为幼儿创设一个宽松、具有安全感的游戏氛围，鼓励、支持幼儿按照自己的节奏挑战自己，相互合作，探究解决问题，不控制、不干扰幼儿的游戏，发现幼儿的才能和潜力。

（一）幼儿对竞技和对抗游戏的热情超乎想象

"篮球游戏"给幼儿创造了更多自主选择的机会，让幼儿感到自己是游戏中的小主人；而且"篮球游戏"贴近生活，密切联系社会，幼儿表现的游戏热情，让整个"篮球游戏"集竞赛与对抗于一体，使得幼儿在游戏中大展身手、收获成长，如在"3 对 3"对抗游戏中感受胜利的"喜悦"，在"智慧取球"篮球筐搭建的学习与探究中实现经验的"飞跃"，在"投篮分数"数学运算的调整与运用中体验创新的"快乐"。

（二）幼儿对问题的解决方法与思路独到精准

"篮球游戏"激发了幼儿的好奇心，创造了更多解决问题的机会。如在游戏中遇到篮球场的设计、规则的制定、取球时的问题等，孩子们都出现了争执与疑惑。他们没有选择放弃，而是和同伴协商、围绕问题不断探索解决问题，并且每一次出现问题，幼儿都会想出各种各样的方法，甚至有些想法和行为天马行空，但是他们通过不断地实践，链接相关的篮球运动认知经验，将原本散落的经验点，逐渐串成一条条经验线，最后完美地解决了所有问题，展示了精彩的表现。

（三）幼儿对游戏规则的遵守与创新充满智慧

"篮球游戏"提升了幼儿的执行力，创造了更多学习和积累经验的机会。如游戏规则的不断创新：比赛的人数减少、比赛的分数改变、替补人员的加入等等，孩子们都能一起协商并且严格遵守，尤其是幼儿在游戏的最后阶段，遇到了进球计分的问题，不轻易求助于教师，而是打破成人的想法，按照自己喜欢的方式，迁移到游戏中，让游戏更有趣。调整后的游戏过程，更多的幼儿参与到游戏中来，幼儿们也获得了新的经验——数学运算的使用，处处充满智慧。

 **专家点评**

一、看见儿童表现

整个游戏中，教师能敏锐捕捉幼儿感兴趣的事物，在尊重幼儿的游戏意愿上生成"一起打篮球"的游戏。游戏中，幼儿从乡村篮球场的生活经验入手，用本土特有纸材搭建篮球场的多种版本。自主协商解决游戏中遇到的问题，并且不断地挑战"要怎么打篮球"。整个游戏过程中，能够让人看到幼儿真实的一言一行，看到他们的坚持不懈探索，看到他们的不停尝试、不停调整，看到他们对"打篮球"有了深度思考与深度探究。

二、看见师幼互动

此次游戏中，教师做到了幼儿在前、教师在后，突出了幼儿在游戏中的主体地位。教师通过眼、耳、心观察儿童的需要，游戏过程中，教师能选择恰当的互动时机，采用适宜的方式，不断支持幼儿的学习与发展。当他们想要搭建球筐时，给予充足的时间，丰富的材料，在他们一次次打篮球的讨论中，教师一直"在场"并"倾听"，观察、记录。游戏结束后，幼儿能用绘画的方式表征游戏过程，如"篮球筐是这样的""篮球场的改造与设计图"进行一对一倾听记录，使教师能更好地了解幼儿的想法，更深入地走进幼儿的世界。

三、看见个体差异

游戏中幼儿处于不同的发展水平，有的幼儿有了"第一个100分"的渴望，有的幼儿对于"100分的高纸筒球筐"望而却步。基于幼儿的年龄特点，教师动态调整游戏材料，降低活动难度，让能力弱的幼儿体验到努力的意义，增强了自信，产生再次挑战的欲望；当幼儿通过无数次的尝试挑战成功时，教师及时给予他们语言肯定和鼓励，使他们再次体验到成功解决问题后的乐趣，也因此他们才有了后续挑战更高难度游戏的自主学习。勇敢、坚强、不怕困难、敢于挑战、专注、坚持等良好的学习品质得到发展。

建议教师：多元参与，体验幼儿成长，做幼儿游戏的参与者；有效互动，激发内驱动力，做幼儿游戏的支持者；深度研究，提升支持能力，做幼儿游戏的识别者。让幼儿"想玩、会玩、乐玩"。

点评专家：浙江师范大学儿童发展与教育学院　张莹

*此案例获萧山区第二届幼儿园活动游戏案例评比一等奖

大班综合区游戏案例

空中餐厅漏水了

杭州市萧山区城厢幼儿园　金栩蕾

题记：给孩子不断试错的机会。

一、案例背景

游戏时间：2020 年 11 月 10 日至 16 日

游戏地点：玩具区"空中小屋"

观察幼儿：CC、悦悦、哲哲、羊羊、子睿、涵涵、小安

　　幼儿园里新建了一座高高的"空中小屋"，这里有沙、有水、有土、有树，弥漫着浓郁的自然气息。11 月，小屋正式对外开放，依据"一月一轮换"制度，大四班孩子们进入此处开展游戏已有十天。他们有的以泥土为材扮演着甜品制作师，有的在收集沙石、落叶当做食物，有的在屋下生火做着火锅大餐，有的忙着在屋里准备下午茶。大伙儿正齐心为即将到来的盛大晚餐而忙碌着。

二、案例实录

（一）发现小屋漏水

11月10日，孩子们第九次来到空中小屋。小屋里，CC拿着勺子边搅拌边加水做饭，倒水时不小心水溢了出来，透过小屋地板的缝隙落到了下面。这时，立马传来了男孩的呐喊："你们地下都漏水了，我们在这儿看到漏了。"（图1）

起初，孩子们都没有把漏水这事放心上。渐渐的，小屋底下进出的人多了，"雨"总是稀稀拉拉落不停。悦悦突然起身说："你们干嘛呀！不要漏水呀！"同在屋下的子睿，也举起手中的铁勺，附和着说："对，别漏水啊！"说完，子睿丢下铁勺，往小

图1　空中小屋漏水了

屋上面走去，边走边嘀咕着："我上去指点下他们。"子睿对着屋里的孩子说："你们怎么又漏水？还漏我头上好几次！"小安："是羊羊干的。"听到子睿被水滴中，羊羊忍不住哈哈大笑起来。而此时，哲哲和羊羊正蹲在小屋里，把水从大壶里倒向小碗，边说边笑。

后来，小屋的"雨"越下越大，每当有孩子说到自己被水滴到时，屋里总是传出阵阵爽朗的笑声。小屋源源不断地落水，引来更多孩子的好奇。有的孩子伸出手去接水，有的孩子用餐碗去接水，有的孩子笑着怂恿楼上继续"下雨"。

案例分析

这是空中小屋游戏时，孩子们第一次发现"下雨"的场景。一开始，羊羊

和哲哲对于"漏水"之事，并没有表现出任何抱歉之意，他们发现小屋会漏水后，还尝试把水瞄准小屋下的人，以水滴中同伴为乐，显然，他们并没有意识到这样的行为会影响到身边人，还可能让别人感到不愉快。小屋下，子睿、悦悦、涵涵虽有不悦，也没有和同伴发生冲突，但他们还是大胆地表达了自己的感受与想法。

游戏后的交流中，指责声此起彼伏，我猜想羊羊和哲哲也一定感受到了自己行为的不妥。玩笑与恶作剧就像天平的两端，孩子们尚无法把握这其中的轻重。当觉得被冒犯时，如果被冒犯一方不把自己的感受说出来，对方也不会意识到自己行为的不妥。因此，我觉得有必要帮孩子分清两者间的界限。在保护儿童天性的基础上，正确引导孩子，学会识别、应对别人的捉弄与冒犯，并和孩子一起面对，让其正确认识"对"与"错"、"是"与"非"，逐渐建立清晰的规则和界限。

（二）从木屋下修补漏洞

第二天，小屋再现"下雨"情境。楼下CC一见立马说："楼下要泡汤了，我去拿点材料补洞。"哲哲听后对屋里的羊羊说："晚饭就要泡汤了，别下了。"只见他拿起泥巴地里一个锅盖，高高举起，挡在小屋下最大的漏洞处，一边挡一边大声说："快来，下雨啊！我不怕！"

这时，CC抱着铁罐走过来，说："你们不要这样了，我拿来了新道具。"说着，她走到小屋下仔细端详了一番，双手举起铁罐，尝试塞入小屋下的长条形缝隙内，但因为铁罐太大，没成功。而后，CC又寻来另一个稍大些的铁罐，这次她平拿着铁罐，每当水落下时，她迅速左右移动，尝试接住更多的水，但效果甚微。就在此时，突然间的大"雨"让她后退了好几步，显然这个办法不可行。

随即，CC又从积木区拿来一块又宽又长的木板，她踮起脚尖，双手举起木板，想堵住长条缝隙，但又一次"大雨"直下，她只好躲开，计划依然失败。

在第四次尝试中，CC取来塑料小水桶想要挂在小屋下，试了试缝隙处无

图2 孩子们用不同的方法接漏水

法固定后，她发现屋下有一个钉子，顺利将水桶挂在钉子上，这次终于接上了几滴水（图2）。

　　游戏后，我和孩子们进行了交流。关于水下漏的原因，有的孩子认为是缝隙数量多、人手不够、挡雨容器不够大导致的，而悦悦和哲哲认为与小屋自身结构相关，小安和CC认为与圆木板倾斜导致放东西会倒落有关。对于几次补漏的失败经历，孩子们畅所欲言，最终，CC提议试一试在上面的小屋里遮盖漏洞。

案例分析

从讨论中我们可以看到，当儿童面临提问时会主动梳理自己的想法，积极调动思维，完善自己的理论认知，并给出自己的分析与评价；当儿童尝试解决问题或者反驳观点时，便是对自己理论认知的一种反思与建构。这个过程不仅完善了幼儿自身的知识结构，思维也得到了一定发展。

游戏观察后，我运用鱼骨图对幼儿的游戏行为进行了记录与分析（图3）。当小屋漏水后，孩子们能够自己去发现问题并不断尝试与探索解决问题。游戏中，CC共进行了四次补漏尝试，每一次补漏失败，她都能及时调整策略，思考新方法，说明她行动力强，同时具有较好的反思与变通力。她不断改变方式努力修复漏洞，表现出较强的学习力和责任意识。结合前期对幼儿的了解，我发现CC是班里年龄相对较大的孩子，心智发展较为成熟。平日里，她就是个善于观察、乐于助人的女孩，社会性发展较好。所以比起别人来说，她的共情力更好，能换位思考预见到漏水这件事对于身边人产生的影响。CC坚信一旦挡住了漏洞，接下来的游戏就会变得顺利。这强大的责任意识，推动着她在游戏中屡挫屡试、不轻言败、不断探索。在CC影响下，最终大部分孩子都回归到自己最初的游戏角色中，尝试用各种办法修补漏洞，让晚餐游戏得以顺利推进，能看到孩子们在游戏中具有强烈的角色使命感。

（三）从木屋上防止下漏

11月12日，孩子们尝试了各种预想中的"防漏"办法，将补漏重点从屋下转移至屋上。CC抱着泡沫砖从悬梯进入小屋，她观察到，木屋中间嵌入的一块圆木板是倾斜的，导致下面有很大一个漏洞。"我们要竖着放，这样才不会漏水"，说着将泡沫砖一块一块竖着首尾相连紧贴着圆木板进行围合。竖起来的泡沫砖的高度正好和倾斜圆木板的最高点持平。之后，她又在木板翘起处的上方平铺了两层泡沫砖加固。在倒水试验中，尽管小屋中间漏水情况有所好转，但水依然会流进小屋横条的缝隙往下落。

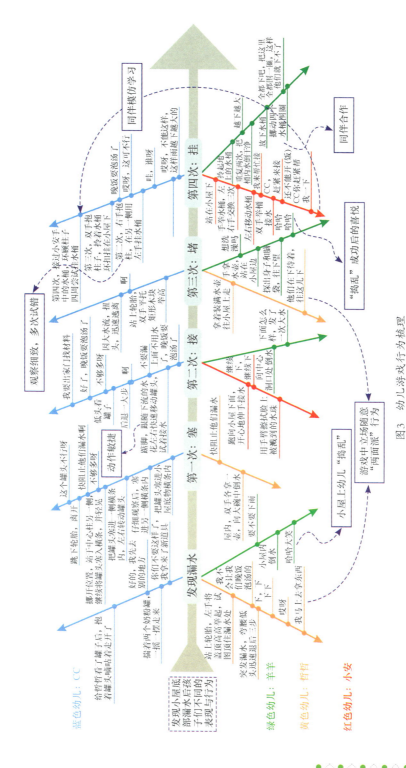

图3 幼儿游戏行为梳理

图4　从楼上尝试各种堵漏

接着，悦悦尝试了自己的办法。他将休息垫罩在圆木板上，并用四块一样的长木板围合拼接在圆木板四周。在倒水试验中，水从圆木板倾斜处迅速流向对侧，流散至休息垫四周漫出了垫子，从小屋外围未能盖住的缝隙里漏了下去（图4）。

此时，小屋下涵涵打开一把大伞，从外围两根立柱中间穿过进入了小屋底部。他不断改变伞的方向尝试让伞打开至最大，但伞面屡次碰到支撑小屋的立柱，无法完全撑开。最终他放弃了撑伞的办法。

案例分析

随着探究的深入，我看到了孩子们面对问题时，与同伴合作共策的智慧。

几次的屋上补漏，孩子们采用了不同的策略。第一次，哲哲和CC聚焦倾斜圆木板的大漏洞。他们的策略是用砖块堵上，把洞口封起来。这也是其原有生活经验的迁移与再运用。第二次，悦悦和小雨，知道上一组同伴的办法失败后，他们选用更大面积的垫子罩住整个圆木板。可以看出，孩子们已经意识到圆木板漏洞的分布面积大且位置零散。而此时，屋下撑伞的涵涵，虽然屡遭失败但一直执着于尝试，不断做出伞面角度的调整。我能感受到孩子们在游戏中的那种尽兴、尽力，迫切想要修复漏洞的强烈的主人翁意识。

屡次试验都没达到孩子们的预期目标，小屋里还是会有水往下漏，问题到底出在哪呢？游戏后的交流中，孩子们纷纷提出自己的想法。

CC："中间的圆木板是斜的，斜的那一侧有一个很大的洞，水都是从那漏下下去的。"

悦悦："其实我们那次用休息垫好多了，但就是垫子不平，然后垫子也不够大，周围还会漏水。"

子睿："水是因为有缝隙，从缝隙里漏下去的，那我们把所有缝隙都盖住一定可以。"

随着讨论的深入，孩子们渐渐地意识到，漏水的不仅仅是圆木板，还有小屋整体的结构。为了帮助其了解更多信息，更加直观地思考，我们一起回顾了游戏视频。视频中有一个镜头，正好扫到小屋上方的木板，锁定后孩子们发现，原来密密麻麻的横条处布满了缝隙。最终，孩子们一致认为用垫子罩是个好主意，打算再试一试。

（四）把所有缝隙盖起来

11月16日游戏开始，悦悦和哲哲将轮胎叠高放置在小屋下，站在轮胎上对小屋底部结构进行了观察。他们发现，小屋的中心柱直穿小屋上方，并且高于小屋地面，导致小屋上方的地面本身就不平整。而圆木板不是固定在中心柱

图5　观察小屋的结构

上，是斜斜地靠在中心柱边缘，很显然这个圆木板是可以被移动的（图5）。于是，很快他们又有了新主意。

　　经过观察，这次悦悦决定交换休息垫与圆木板的位置。他先铺好休息垫，再将圆木板挪至小屋中心位置，压在休息垫上。放好后，悦悦双脚站了上去："哇，哈哈哈，救命！"原来，不平整的圆木板像跷跷板一样晃动得厉害。CC立刻回应："拿砖块把它定住。"说着，她把泡沫砖一块挨着一块平放在小屋里，垫在木板翘起处的下方。CC放好三块泡沫砖后，小安发现圆木板依旧不平："这个还是翘起来了。"CC淡定地说："没关系，两边都这样就行了。"说着，CC拿起第四块泡沫砖垫在圆木板右侧下方，小安把第五块、第六块泡沫砖垫在了圆木板对侧下方。正当小安拿起第七块泡沫砖时，她意外地发现圆木板不再倾斜："平了，平了！"听到消息，CC扭过头，绕着圆木板环视了一圈，开心地说："平啦，不会漏水了！"最后，孩子们将递上来多余的泡沫砖依次放入圆木板下，均匀地围合成一圈，压在下方。经过倒水试验后，孩子们发出了欢呼声："耶，平啦，终于不会空中跳楼啦！"他们拍手、跳着、笑着……（图6）

案例分析

　　通过前几次的游戏讨论分享，孩子们已经对解决漏洞有了自己的思考和想法，并将种种思考付诸于实践。在一次次的尝试中，我看到他们在"观察—体验—比较—反思"之后对自己认知的修正。从用泡沫砖堵住最大漏洞，到撑伞挡雨，再到将休息垫铺在圆木板上，经试验，小屋漏水的情况在一次次的调整中有了明显好转。直至最后，幼儿总结了漏水的原因，再次细致观察了小屋底部结构，发现圆木板是可以移动的。最终想到将休息垫放在圆木板下，再用泡沫砖来平衡的方法，成功修补了漏洞。纵观孩子们解决问题的过程，我不由得赞叹孩子们的智慧，从一开始的接雨水，被动解决问题，到用泡沫砖、休息垫堵住漏水孔，主动化解矛盾，到最后能通过观察木屋的结构，从本质上解决问题；在解决圆木块不平衡导致漏水的问题上，他们从"感到晃动"到"加砖平衡"，"从单侧垫高"到"整体平整"，解决了圆木板一直高低不平的现状。可见孩子们在

图6　完成小屋地面改造

游戏过程中已具有较好的观察、分析、比较的能力，能够进一步理解物体的结构与功能之间的关系，他们的探索看似随机，其实伴随着他们的观察与思考。

教师反思

儿童发现世界，成人发现儿童。无意间的"漏水事件"，引发了幼儿故意"制造餐厅漏水"的游戏情境，而楼下幼儿竭力阻止水下漏的行动，推动着孩子们不断地观察、探索与尝试。在一次次试错的过程中，我看到了儿童更多未知的潜能，也让我对于支持幼儿游戏有了更深刻的思考。

（一）"自主投入"的学习，让游戏有意义

大班幼儿具有强烈的自主意识和探究欲望，并具有执着的精神，喜欢挑战有难度的事情。修复漏水餐厅困难重重，但孩子们置身其中，进行了一次又一次的挑战。每一次尝试修复都是对幼儿知识、能力和学习品质的考验。例如：幼儿站上轮胎，观察发现小屋底部的结构特点，归纳出餐厅漏水的根本性原因，最终利用物体对称性原理解决了木板的倾斜问题。游戏中，幼儿的观察力、反思力、同伴合作互动能力都获得了发展。

（二）"问题推动"的思考，让游戏有深度

修复漏水或许在成人眼里很简单。但是对于六岁的幼儿而言，其已有经验和思维水平的局限，使得游戏每进展一步都要面临一个极具挑战的新问题。孩子们的游戏形成一个问题网络，从发现问题—解决问题—产生新问题—再解决问题的过程中，我欣喜地看到幼儿自发的合作探究、认真的倾听与思考，使幼儿不断在解决实践问题的过程中迁移已有经验、深度思考和不断探索。在一次次批判、反思和试误中，寻找问题突破点，找到最合适的方法将问题逐个击破，最终获得新的经验。问题是幼儿主动学习的起点，在解决问题的过程中，其思

维能力获得了发展，深度学习也在悄然发生。

（三）"真实自然"的体验，让游戏有力量

让教育回归真实的生活，让幼儿回归自然的环境。游戏中的场域"空中小屋"，集结了沙、泥、水、树等自然元素，是大自然最真实的场所。而餐厅游戏中的材料，也源于生活，让幼儿有着天然的亲近感。当锅碗瓢盆、树枝泥沙与空中小屋巧妙融合，幼儿的游戏更贴近自然。在自然自由的状态下，孩子们更乐于释放天性，像探险家一样游戏，像科学家一样工作。儿童的学习过程是经验建构的过程，也是完善认知的过程，游戏过程远比结果重要。

作为老师，当我试着学会放手，转变身份，一个个鲜活的学习和发展的故事让我更加相信幼儿是有能力的学习者。每个孩子都在游戏中发挥着自己独特的价值，体现出良好的学习品质与精神。而我的放手、鼓励和信任，让幼儿的探究与学习更自主，无形中也助推了游戏的深入。儿童是游戏的天然创造者。今后，我也会保持谦卑之心，学习儿童的稚拙与天然，回归赤子之心，静下来细听孩子表达，慢下来和孩子一起成长。

专家点评

一篇优秀的幼儿园自主游戏案例，不仅要向我们展现精彩的游戏现场，刻画生动具体的儿童形象，也要展现出真实教育情境中的教师形象，让那些带着惊喜、感叹，抱着犹豫、试探，或者有所困惑、质疑，又或开启反思、坚定实践的教师形象跃然纸上。

通过本游戏案例，虽然没有亲临现场，我依然看见了精彩游戏着的孩子们，更看到了一群敢于质疑自己、挑战惯习的可爱又可敬的幼儿园教师。

面对空中小屋游戏中的意外"下雨"，金老师觉察到自己的第一反应——羊羊和哲哲在破坏别人的游戏，可能是因为当时更多聚焦观察小屋底下的游戏

现场，而不了解小屋里到底发生了什么，可能带有个人主观性，并进一步及时在事后通过支持幼儿对游戏过程进行表征、开展一对一倾听等，了解到"儿童的视角"——羊羊和哲哲觉得这仅仅是一个游戏，没有意识到自己的行为可能会影响到身边人，让别人感觉到不适。

这样的觉察和行动，真的很了不起！因为改变惯习是非常困难的。很多老师会在游戏观察中，一看到某些场景，马上会习惯性地做出判断——某某很淘气、某某又在恶作剧、某某的行为伤害了他人……金老师为什么就改变了呢？

因为她清楚地知道"孩子们第九次来到空中小屋"，这说明她长期坚持观察孩子们的游戏，并且坚持记录。

因为她提到"试着学会放手，转变身份，一个个鲜活的学习和发展的故事让我更加相信幼儿是有能力的学习者"，这说明她在游戏案例的撰写中没有停留在发现儿童、解读儿童上，而是能同时积极反思自身，转变自己的原有观念。

因为她能"保持谦卑之心，学习儿童的稚拙与天然，回归赤子之心，静下来细听孩子表达，慢下来和孩子一起成长"，这说明她真正理解了儿童是平等的人，是值得我们赋权、赋能的活生生的人，不仅仅是抽象的概念意义的教育对象。

因为伴随游戏现场的观察、游戏案例的撰写，金老师没有停止对自己的反思与调整，所以才能与孩子们同频共振，而不是武断下结论，才能有意义地支持孩子们的游戏，而不是盲目介入。这样不仅展现出精彩的游戏过程，还有深刻的分析与反思。

案例最后，金老师写道"儿童发现世界，成人发现儿童"，我想跟着加一句——同时，成人也在发现自己、改变自己。虽然发现自己，进而改变自己永远是最困难的事儿！

点评专家：《学前教育》编辑部　程洁

*此案例获萧山区第二届幼儿园游戏案例评比一等奖

室内游戏

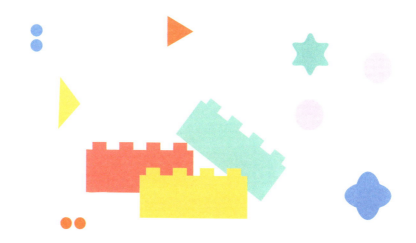

大班室内游戏案例

看！发光城堡

杭州市萧山区世纪博奥幼儿园　陈梦佳　罗茵格

题记：儿童与色彩瓶、纸筒、手电筒"碰撞"，诞生了发光城堡！

一、案例背景

游戏时间：2021 年 12 月 13 日至 20 日

游戏地点：建构区"光影新世界"

观察幼儿：暖暖、盛开、花花、阿泽、一诺、奕歆、俊然、蒙蒙、子昊

　　幼儿园三楼大厅自然光线较暗，因此这里被设置成一块集光影、建构、角色为一体的游戏区域——光影新世界。里面有多样的游戏材料，有纸筒、手电筒、皮影戏材料、透光纸、色彩瓶、纸箱等。孩子们尤其对光影感兴趣，除了会玩常见的光影游戏，更是开发了许多创新玩法，例如影子闯关盒、摇晃的影子怪、影子成花等，而发光城堡的故事，也是从这里开启……

二、案例实录

（一）一个发光的瓶子

12 月 13 日在光影新世界，暖暖将一块雪花片放到手电筒光源上，然后平射到光影墙，墙上出现了雪花形状的影子，"快看，我发现了雪花影子。"在一旁的几个孩子纷纷看向了光影墙，有了一群小观众，暖暖欣喜地摇晃手电筒，墙上的影子也动了起来，"真好玩，我也要玩。"几个孩子也开始找材料进行投射。暖暖照了照雪花片的侧面，发现墙上只有一条影子黑线，就开始寻找其他材料。她拿起材料柜子里的色彩瓶，摇了一摇，把手电筒放在瓶体的侧面，墙上出现了一缕不规则的绿色光斑。同在一旁的盛开说："我们的影子是黑色的，你的影子是绿色的。"盛开说完就去拿了一个橙色的色彩瓶，用暖暖的方式在侧面进行投射，墙面上出现了橙色的不规则光斑。他兴奋地晃动手里的材料，又将手电筒放到色彩瓶底部，然后将瓶子放平投射，这时在墙上出现了微弱的一圈橙色光线，"怎么影子不亮了？"盛开疑惑地看向手中的材料，却惊喜地发现整个瓶子都在发亮，"你们快看，瓶子发亮了，变成发光瓶了！"周围的孩子们都围了过来，有的在摸盛开手中发光的瓶子，有的立马就去拿色彩瓶模仿尝试（图 1）。

图1　会发光的瓶子

色彩瓶就是装有不同颜料水的透明塑料瓶，孩子们此前已经知道光可以照出影子，而通过此次探索，孩子们知道了光还可以透过装有水的瓶子，并且不同颜色的瓶能照出不同颜色的光斑。这一发现不仅让孩子们掌握了新经验，更是带来了新惊喜。在游戏后的交流中，暖暖表示，她探索用手电筒照发光瓶，原本是因为想要照出像瓶子一样的影子，没想到发现了漂亮的光斑；盛开则表示对暖暖用手电筒照色彩瓶的探索十分感兴趣，并且他还不断对墙上出现的两个影子进行对比、分析，在过程中意外发现瓶子发光了。正是因为他们的创新思维，一个发光的瓶子就此诞生了！其他孩子的呼喊声、拍手声，以及争抢着要玩的行为，足以说明发光瓶带来了巨大的吸引力，我的内心也跟着他们一起雀跃。

12 月 15 日花花想要用更多材料探索，她把手电筒和色彩瓶组合往地上立，但是手电筒马上倒了，她又尝试将手电筒单独立在地上，手电筒还是未能立住。花花看了看手电筒的底部，发现手电筒的底部不是平整的，花花起身去建构区拿来两块积木，将两块积木立起来插接拼成 90°角，然后她把手电筒靠在积木中间，想要用积木来支撑手电筒，一手扶着手电筒，一手拿住色彩瓶放上去，放上去的时候，花花的双手依旧没有松开，手电筒一直在摇摇晃晃，最终还是带倒了色彩瓶。这一次花花先用手扶住，立起手电筒和色彩瓶，然后把积木之间的角度调得小了一些，把手电筒夹进去，放稳之后松开了手，积木和手电筒同时倒下。

另一头的阿泽选择了一块有洞的大积木，想把手电筒卡进洞洞中，但是洞洞太小了，手电筒无法放入，于是他又尝试卡另外一个洞洞，这次他直接把手电筒放在洞洞的上方看了看，就把大积木放了回去。

一诺说："我妈妈的手机有个支架的，可以让手机立住。"她到教室里拿来了一本书，她看了看书本的侧面，从书本的中间位置打开，把书本做成支撑架的样子，一只手扶着书，另一只手试图把手电筒卡在"支撑架"的中间，放开手之后，发现手电筒立不住，于是把书本打开的角度调的更小一些，尝试卡住手电筒，发现还是不行。

奕歆拿着一个纸筒，把手电筒靠近纸筒的一头照着光，光从纸筒的另一头射了出来，一束圆圆的光打在了墙面上。她晃动着手电筒，墙上的光圈也一起晃动着，然后她又开始照头顶上的墙面，索性将纸筒立在了地上，把手电筒放在纸筒中，然后从一旁拿来了色彩瓶，"哇，你们看我成功了！"其他孩子听到了都围了过来，看着奕歆的"小成果"，马上模仿了起来（图2）。

 案例分析

在游戏中，幼儿发现用双手拿着手电筒和色彩瓶很不方便，想让发光瓶站立起来。花花在通过两次尝试之后，发现手电筒是无法单独站立的，于是想借助其他材料让手电筒站立起来。

图2 孩子们做各种尝试

在与她谈话后，我知道了她选择积木是因为觉得积木拼接可以形成夹角，夹角就可以让东西靠上去。尝试中她多次改变了角度，但都没有成功。阿泽选择了一块有四个洞的大积木片，尝试用其中一个洞洞卡住手电筒，但是手

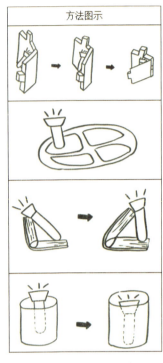

方法图示

图3　各种支撑材料

电筒怎么都卡不住；一诺联想到了妈妈工作用的手机支架，选择了用打开的书本作为支架，"撑住"手电筒，也没有成功。奕歆去材料区找来了一个与手电筒差不多高的纸筒，手电筒刚好可以放置在纸筒里，并且没有倒下来，再在纸筒上面放色彩瓶，成功地让发光瓶站立（图3）。

　　探索过后，我和四位孩子进行了一场讨论，让他们各自分享自己失败与成功的原因，花花和阿泽都说是因为手电的底部没有得到支撑，一诺则说书本是没有力气去支撑手电筒的，奕歆认为手电筒和纸筒高度差不多，可以像灯罩一样把灯泡罩住，支撑手电筒站立。通过讨论，和孩子们一起梳理尝试的过程。四个孩子的尝试，让我看到他们思考过程中蕴含着丰富的生活经验，他们利用了对支撑力的初浅经验，但还没有更多地去思考探究手电筒的高度、重量、稳定性的关系。

（二）一幢发光的高楼

　　阿泽拿起手电筒、色彩瓶来到纸筒摆放点附近的宽阔处搭建"高楼"，来回几次奔跑搬运材料后，他用奕歆的方法将手电筒打开，放进摆好的纸筒中，再将色彩瓶放了上去，发光瓶发出的蓝色光在幽暗的光影新世界中显得格外明亮，他激动地说："我的发光瓶照亮了全世界。"接着他拿起第二个纸筒准备继续往上搭建（图4）。

　　第一次尝试：阿泽把第二个纸筒放到第一层的色彩瓶上时，色彩瓶就歪了，他立马用左手握住色彩瓶和第二个纸筒的连接处，右手拿来了手电筒，把手电筒放入纸筒，左手松开之后，发光瓶一歪，整个"高楼"直接倒了下来。

　　第二次尝试：阿泽扶起纸筒，把手电筒放进纸筒中，在纸筒上方放上色彩瓶。拿起第二层的纸筒继续往上搭建，动作比第一次缓慢了，但双手放开的时候，依旧失败。

第三次尝试：这一次，阿泽似乎找准了色彩瓶的中间位置，他将纸筒细细对准，缓缓放下，最后慢慢地将手从纸筒上挪开，然后放入手电筒后，一只手扶着最上面的纸筒，另

图4　能站立的发光瓶

一手扶着发光瓶，但是当扶着纸筒的手松开的时候，第二层"高楼"轰然倒地。

我在一旁看着阿泽尝试的全程，心里默默赞叹他坚忍不放弃的探索精神，在这三次尝试中，阿泽认为地面的纸筒可以支撑起手电筒站立，那么"叠加"也应该是可以成功的。他选择在原有一组发光瓶的基础上，再增加一组发光瓶。用这种方式往上搭建，由于色彩瓶表面圆滑且有弧度，所以叠在上面的纸筒本身就不稳，阿泽也关注到了这一点，他认为失败的原因是纸筒没有放平稳，所以他不断地调整，验证自己的想法。在第三次纸筒叠加成功时，我能感受到阿泽的惊喜，因为他在不断观察与调整。第一层纸筒终于成功了，但当他把手电筒继续往上放时，本就"摇摇欲坠"的纸筒根本就无法再次支撑其站立，所以还是倒了。我在他一开始的尝试中就知道结果大概率会失败，但是我依旧没有打断他的尝试，因为我觉得这是阿泽的探索过程中宝贵的一环。

与此同时，场地一角，俊然也在尝试搭出高高的发光瓶建筑（图5、图6）。

组合方式1：他也选择了和阿泽一样的方法，先摆好了一组发光瓶，再放上第二个纸筒和手电筒，他的手紧紧地握着第二个纸筒，另一只手去拿色彩瓶，放上去的瞬间，建筑马上倒了下来。他扶起纸筒继续搭，还是没能成功。

组合方式 2：完成了一组发光瓶原始搭法之后，俊然拿起一个色彩瓶放了上去，刚松开手，高楼微微倾斜，他马上伸手扶住后，一边控制住色彩瓶，然后微微起身，拿来了一个手电筒倒扣在色彩瓶盖上，正当他另一手拿着纸筒放上去，高高的建筑物马上倒了下来。

组合方式 3：俊然拿起色彩瓶放在地上，将手电筒朝下倒扣着放在色彩瓶瓶盖上，又将纸筒放在了上面，纸筒稳稳地立在了色彩瓶上，俊然看到开心地笑了一下，立马又拿来了一个纸筒，他一只手拿着纸筒，眼睛对牢第一个纸筒，慢慢地，轻轻地放了下去，两个纸筒成功地叠在一起，看到我在看他，他笑着对我说："还要放进一个手电筒。"他跑着去材料区拿来了一个手电筒，将手

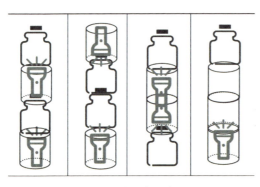

图5　4种组合方式

图6　搭建发光的"高楼"

电筒朝上放进纸筒的瞬间，"高楼"一下子倾斜了，俊然快速将双手扶在了两个纸筒的连接处，"高楼"勉强没倒，他见没倒，轻轻用另一只手拿起一个色彩瓶，放上去的瞬间，"高楼"倒下了。

组合方式 4：这一次，俊然直接在纸筒里放入手电筒，但没有放色彩瓶，而是在上面叠加了一个纸筒，稳稳立住后，又去拿来了纸筒，慢慢地叠在上面，然后双手调整了一下两个纸筒的连接处，直到衔接稳定，就这样三个纸筒被叠在了一起，最后他拿来了一个色彩瓶，两只手一起握住色彩瓶，慢慢放在了最上面，过了好几

秒钟，他慢慢松开了双手，色彩瓶稳稳地立在了上面，发着光芒。"阿泽，你快来看我的，我有一幢发光的高楼了！"把好消息告诉他的好朋友阿泽后，阿泽也立马用这个方法开始搭了起来。

案例分析

　　同样是让发光瓶变高，俊然在尝试"叠加"失败后，开始不断调整三种材料的叠加顺序，瓶子＋手电筒，瓶子＋瓶子，瓶子＋纸筒，手电筒＋手电筒，纸筒＋纸筒，不断尝试材料叠加的可能性。游戏后，俊然告诉我，在第三次尝试时，他已经发现将纸筒和纸筒叠在一起是一种比较稳固的组合方式，这是他对稳定性的探索有了一定的经验成果。所以在第四次尝试时，他选择先把三个纸筒叠加起来，最后再放色彩瓶。他还说前三次的搭建中，都用了两个手电筒，发现"高楼"出现了不稳的现象，所以在最后一次尝试中，他尝试就用一个手电筒，终于成功了。看着俊然成功后的自豪表情，我真为他感到骄傲，特别是听他游戏后的分享，我真为他细致入微的观察和不断自我总结与发现的品质点赞。如何让发光瓶变得更高，如何把纸筒、手电、色彩瓶更合理地进行叠加，在此之前，我也没有想到应该如何做，而俊然却通过四次尝试，快速地发现了不同材料之间组合的稳定性，并能对已有材料（2个纸筒、2个手电、2个色彩瓶）进行非常明确的取舍，足见他在探索的过程中，对材料的组合与不同的作用进行了深入思考和研究，探究似乎可以告一段落，但蒙蒙的发现却让孩子们的探索再次来到高点……

（三）一座发光的"城堡"

　　12月20日，游戏场内，蒙蒙、子昊又开始玩发光高楼的游戏。蒙蒙靠近由三层纸筒搭建的"高楼"，说："有点暗呀！"拿起色彩瓶往筒柱里面张望："手电筒在那么下面。"一旁的子昊也往筒柱内张望，说："光都在下面了，

都照在纸筒上面了，把手电筒垫高一点就会亮的。"（图7）

第一次垫高：蒙蒙先把"高楼"拆得只剩一层纸筒，然后拿起一旁的细纸筒，放入了两层纸筒内，子昊起身寻找一圈，也拿起了一根细纸筒，将其搭在蒙蒙放入的细纸筒上，然后蒙蒙搭上了第二、三层的纸筒，她再捧起色彩瓶，待子昊将手电筒放入之后，放上了色彩瓶。子昊盯着发光瓶柱观察，说："好像变亮了一点，但还是有点不够亮的，要再垫高一点。"

第二次垫高：他们继续起身寻找材料，子昊发现了一根长细纸筒，而蒙蒙找到了一根更长的。两人一起将材料带到搭建处，子昊将两根长细纸筒直立在三层"高楼"旁边，发现两根的长度都超过了一层纸筒，这一次拆除"高楼"保留了两层。子昊先在两层纸筒内放入了一个细纸筒，接着将自己找的长细纸筒放入纸筒中，然后往上搭好了第三层纸筒，放入手电筒之后，他仔细看了看手电筒的位置，说："还是太低了。"于是他拿起手电筒，又将一个细纸筒往里面投，子昊说："你看它更亮了。""试试我的呢？会不会更亮？"蒙蒙建议道，于是他们再次操作，将长细纸筒换成了蒙蒙的，"哇，更亮了！因为我的更长。"蒙蒙惊叹道，阿泽听了回答："但是感觉手电筒离色彩瓶的距离还是有点远。"

第三次垫高：子昊拿掉色彩瓶和最上面那层"高楼"，将纸筒内的细纸筒全部拿走，准备进行重新组合。他先是放入了两个细纸筒，然后在上面叠了蒙蒙的长细纸筒，小心翼翼地搭上第三层的粗纸筒，往里面望了望细纸筒的高度，他又拿来了一根细纸筒和手电筒叠在一起，并没有着急放入纸筒内，而是在纸筒的外面进行对比后再一个一个放入纸筒，"哎，果然太高了，太高了。"于是子昊着急地将蒙蒙的长细纸筒拿出，这次在两个细纸筒之上叠了自己的长细纸筒，又将三层"高

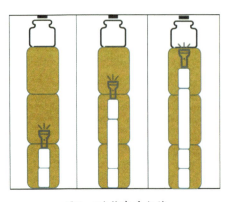

图7　3次垫高手电筒

楼"搭好，然后拿来细纸筒和手电筒叠在一起，放在纸筒外进行对比，他兴奋地说："好了，好了。"边说边将细纸筒和手电筒放入，手电筒终于几乎快要接近筒口了，放上色彩瓶之后，他成就感满满地说："哇，已经很亮了。"

案例分析

　　其他孩子的关注点在搭建组合方式上，但是蒙蒙关注到了色彩瓶的亮度问题，我在和蒙蒙、俊哲的谈话中，蒙蒙说她拿起上面的发光瓶，往高纸筒柱里面看，看到手电筒在很下面；俊哲告诉我手电筒的光是斜着照的，只照在了下面纸筒，而且光距离色彩瓶太远了，所以才会想到要去把手电筒垫高，我发现在探索过程中，孩子们的思维是在不断迁移的，知道许多的现象之间是有关联的。

　　材料摆放处放置了许多不同长度的纸筒，在三次的垫高尝试中，子昊和蒙蒙进行了不同的叠高组合方式。第一次垫高中，他们尝试用细纸筒这一材料来垫高，当投入两个细纸筒，手电筒被垫高了一点之后，他们发现发光瓶亮了一点，证明用细纸筒垫高的办法是成功的。第二次垫高中，子昊先将长细纸筒和"高楼"高度进行对比，然后决定留下两层"高楼"，与第一次不一样，说明孩子的经验是在不断总结的，尤其后来对于两根不同长度纸筒的尝试，说明孩子的思考是在同步进行的。子昊有了这两次的经验，对于纸筒之间的高度有了一定的概念，第三次按照第二次的经验，子昊先投入两个细纸筒和蒙蒙的长纸筒，此时他没有着急放入手电筒，而是将细纸筒＋手电的长度和空余长度进行对比，发现超过了，于是他灵活地将长细纸筒换掉，再将空余长度进行对比之后成功了。在整个手电筒垫高过程中，孩子们的空间感得到了提升，在高低不一的纸筒组合上也有了更多的思考，我惊叹子昊对纸筒垫高方式不厌其烦地探索，我更惊叹蒙蒙和子昊的坚持不懈，他们通过不断调试，让发光瓶有了最好的效果。

（四）尾声

身边的同伴们看到发光的"城堡"也纷纷感叹道："哇，真亮啊，怎么搭的呀？""我来教你们"子昊说道。孩子们一个个加入了搭建行列，有的用两个纸筒垒高，有的只用一个组合的发光瓶在地上排了高高低低的建筑群，包围了城堡。俊然把材料区收纳手电筒的透明箱腾空，子昊也从材料区拿来了一个本是收纳用的透明箱，两个透明箱被当作城墙的地基，孩子们又在地基上搭建了一些发光瓶，又用发光瓶紧紧围着城堡摆放了一圈，透明的地基让光芒反射得更加明亮，就这样，一座发光的城堡搭好了，孩子们欢呼雀跃，又蹦又跳。（图 8）

图8　发光的"城堡"搭建成功

三、教师反思

"城堡"搭建的主题是孩子们自主生成的，在观察中我也曾疑惑，发光瓶还可以怎么玩？孩子们还能生发出新的想法吗？游戏要继续跟进吗？……幸运的是，我们都坚持了下来。看着发光"城堡"一步步地诞生，问题不断生发又被不断解决，最后跃然呈现时，我们被这极具美感的城堡深深吸引，被孩子们运用经验和智慧的游戏行为深深震撼，被孩子们沉浸游戏坚持探究的学习品质深深感动。城堡的故事虽然结束了，但儿童游戏的魅力和价值却值得我们继续反思和研究。

（一）相同的材料在不同孩子手里会产生不同的学习

孩子们不仅能够巧妙地利用手中的材料，还能够利用材料特征在游戏中不断尝试、调整，让每一样材料都起到不一样的作用。例如在垫高手电筒的片段中，蒙蒙和子昊对纸筒、细纸筒和长细纸筒三者之间的对比与尝试，在材料高度上的琢磨与运用，让我们看到游戏材料是幼儿可以直接感知和实际操作的友好对象，且与幼儿学习之间客观存在一种双向嵌入互动关系，直接影响着幼儿的认知和发展水平。后续我们预备创设开放性的游戏环境，投入更多类型的材料来支持幼儿的游戏，通过我们的支持，在游戏中孩子们会有更多元的材料组合出现吗？我很期待……

（二）操作中的失败让我看到了幼儿的"需要"

在游戏过程中我们帮助幼儿梳理经验和游戏思路，引导幼儿回顾与分享，让经历沉淀转变为新的经验。但对一些知识点没有做过多的说明，如案例中提到的用书本、玩具洞口、积木等尝试让手电筒站立，孩子们对于材料稳定性的认识还基于比较粗浅的生活经验，如果在这个时候我们老师能够及时地为幼儿提供多种材料，帮助他们进一步去探究关于稳定性的问题，幼儿是不是会自己慢慢地发现一些被支撑物的高度、重量与支撑物的高度、自身重量之间的关系。

（三）真情投入才能真正读懂幼儿

游戏中，情绪价值可以激发幼儿的内驱力，营造主动积极的探索氛围。我们在观察中看到孩子的情绪是多样的，有失落、懊恼、自豪……如花花总不能用积木立住手电筒时的懊恼、俊然成功垒起发光高楼时的自豪大笑等，幼儿在游戏中的情绪表达是他们正在投入学习的最好证明，也是他们体验游戏的美好过程，教师应该看到并接纳幼儿真实的游戏，也包括幼儿真实的情绪情感，细心观察、真情投入，洞察幼儿的心理，才能更好地理解幼儿的游戏。

专家点评

《看！发光城堡》以大班幼儿在探究游戏中营造"光影世界"为背景，选取并详细记录了"一个发光的瓶子""一幢发光高楼""一座发光的城堡"等三个游戏片段（镜头）。从幼儿的游戏价值、探索能力、学习品质等方面进行了分析，具有较高的理论和实践价值。

1. 从"一个发光的瓶子"到"一个站立的发光瓶"，儿童经历了光的初探到光的转换时，就是通过操控现实来拟合脚本中的目标。这种心理行为背后的实质就是假设分析的思维模式，也是形成更加成熟的假设推理和问题解决思维的基础。这种具有开放性的活动和材料环境，非常有助于儿童不同问题解决能力和创造性思维的发展。在这样的游戏环境下，儿童同时也发展了处理不同特点事件与客观事物的能力。其次，儿童在游戏过程中参与计划、对话、讨论、试错和其他一些口头或肢体上的交流，从而获得交际能力，并促进社会性和情感的发展。

2. 从"一幢发光的高楼"开始，游戏变复杂了，发光瓶的多次组合试错，以及细纸筒的选择和使用，儿童不仅关注项目任务的一个方面，还能进行可逆，即"去中心化"。儿童通过一系列心理动作来进行工作，再逆转这个进程时，说明儿童"运算"能力的出现。达到具体运算阶段的儿童思维比前运算阶段的逻辑性、归纳性和组织性更强。开始具备一定的空间推理能力，它依赖于儿童的具体经验。这种发展是渐进的。

3. 从"一座发光的城堡"开始，儿童在游戏中材料运用更加丰富，结构也更加复杂，规模也更大，经验积累和转换更多，创新点更丰富。充分体现了认知执行功能的发展。执行功能是儿童最重要的能力之一，包括问题表征、计划、执行和评价，其中计划包含形成意向和规则使用两个子步骤，评价包含错误觉察和错误修正两个子步骤。

总之，这个阶段的游戏，能使儿童的高级思维能力得到显著发展，幼儿处理的信息越多，这种发展就越扎实。在此基础上，元认知能力也会得到大的提升，即意识到自己在进行认知加工的能力。当然，教师在观察儿童游戏时，要知道每一位幼儿的发展是不平衡的，对某一类型的信息感兴趣，长期与这类信息接触的儿童将运用具体运算思维来进行认知加工。研究表明，具体运算思维的获得不是自然发生的，而是社会推动的，特定人际交往环境中的实际活动能够发展出皮亚杰理论中的逻辑能力。因此，教师在儿童游戏中，还要营造良好的人际氛围，并提供必要的支持，以促进儿童的发展。

点评专家：杭州师范大学经亨颐教育学院教授、博士生导师　朱晓斌

＊此案例获萧山区第一届幼儿园游戏案例评比二等奖

大班室内游戏案例

一"浪"到底

杭州市萧山区世纪博奥幼儿园　诸喜悦　陈梦佳

题记：幼儿已有经验在游戏中的迁移与改造。

一、案例背景

游戏时间：2022 年 5 月 11 日至 13 日

游戏地点：建构区

观察幼儿：小宝、小马、桐桐、昊昊、子皓

在幼儿园的综合游戏区，投放了许多的碳化木板、管子、软垫、轮胎等，幼儿会利用材料的多样组合创玩游戏。这天，桐桐将一块木板放到两个管子上面尝试滑滑板的游戏，吸引了小宝的注意（图 1）。

小宝："这个跟冲浪很像，妈妈带我去冲过浪。"

桐桐："这个是滑板，我哥哥在学滑板，就是这样滑的。"

小宝："印象城里面妈妈带我去冲浪，很好玩的，很刺激。"

小马："冲浪我没有玩过，我也想试试。"

小宝："冲浪就是站在一块冲浪板上，那个叔叔推了我一下，冲浪板就往前滑了，下面还有很多的水，千万要站稳，不然就摔倒。"

小宝的讲述引发一旁子皓、小马、昊昊对冲浪的好奇，从对话中可以听出孩子们对"冲浪"这个新鲜的游戏非常感兴趣，同时对"木板放

图1 桐桐尝试自制滑板游戏

在管子上""用身体带动滑板"等行为，有较强的挑战欲望。兴趣是儿童积极学习的动力。虽然小宝有过玩室内冲浪游戏的经验，但是幼儿园只有一堆低结构材料，他们又会怎样来玩冲浪游戏呢？我决定继续跟踪观察。

二、游戏实录

（一）平地冲浪——怎么也冲不过去

5月11日上午又到了自主游戏时间，小马、小宝在材料区挑选游戏材料。小宝说："冲浪都是从一个冲浪台下去的，所以要先搭一个冲浪台，可以用木块来搭，再用长的木板当冲浪板。"小马说："桐桐的两根管子不够，用很多管子铺起来搭一个长的海浪，这样就能滚起来。"这时一旁的昊昊和子皓也加入游戏，四人开始分工搭建。小宝和子皓将四块长方形的小木块平铺在地上，并往上加高了三层与管子同高，形成了一个长方形站台，小马和昊昊搬来了很多粗管子，从站台前面开始，一根根平铺在地上。

冲浪场地很快就搭好了，子皓拿了一块长木块，站在冲浪台上准备进行第一次尝试。将木块放到管子浪道上后，他慢慢地侧身站到木板上，木板没有往

图2 子皓尝试平地冲浪

前滑行（图2）。随后，他又利用胯部向前发力带动双腿，冲浪板往前冲过了五根管子的距离，子皓尽力在木板上站稳，结果木板停了，他进行了好几次发力，力度一次比一次大，但木板始终只在管子上来回，一步也没能往前。子皓重新开始尝试，他从肩膀开始发力，膝盖收紧往侧边用力顶，从而带动上半身—胯部—下半身的全身动作。这一次，木板往前冲的距离相较上一次又远了两根管子，随即又停了下来。子皓反复尝试，并且一次次加大力度，但木板仍然滑行在与之前差不多的位置。

看着好几次站不稳跨下冲浪板之后又重新站上去的子皓，在一旁观察的昊昊想到以前骑平衡车从斜坡上下来不用自己蹬，车子前进速度也很快的经验，于是提出把冲浪台改造成斜坡的样子。子皓、小马作为斜坡搭建的主力军，搭建了一个实心斜坡，然后摆上了两块长木板，作为斜坡面。斜坡搭成后，小马进行了冲浪尝试，他把冲浪板放在站台上，学着子皓全身发力的动作，但由于冲浪板的前端在滑下来时直接冲到了浪道下，这一次的游戏也失败了。

案例分析

　　一开始看到子皓尝试会滚动的浪道时，我还是有一点害怕的，因为不确定他会不会一站上去就滑倒。好在他站上去的动作尤为小心，当他在浪道上站稳之后，发现木板一动不动，他想到通过身体的运动来带动木板，再利用管子的滚动把木板往前移动，从而完成"冲浪"的游戏。这可能和他玩过或看到过冲浪运动有关，他想通过模仿冲浪的动作，来完成游戏。于是一次又一次地发力，但木板都没有前进。子皓说："我往前冲一点就又退回来了，我想再用大一点的力气。"可能觉得是自己的往前冲的力量太小了，于是他第二次尝试从肩膀开始发力，带动上半身、胯部和下半身，进行从上至下全身动作。这一改变使木板前进的距离变长了一点，子皓不断调整策略，尝试不同的发力方式以及增加力度，想让木板前进的距离能够再长一些，但效果并不理想。在对子皓这一片段游戏的观察中，我看到了他在游戏行为背后的思考，能够细致捕捉游戏进展中的微小变化，根据冲浪过程中自己的感受，有了调节冲浪力度等改变。昊昊观察到子皓多次尝试无法成功的现象之后，果断地提出"我们要搭斜坡"的想法。我回忆起4月份的一次户外自主游戏中，昊昊与同伴确实玩过让小车从斜坡上滑行精准停入轮胎停车场的游戏，所以这次他是在进行经验迁移运用吗？活动后，我和昊昊进行了交流，他告诉我："上次我玩小车，把它放在斜坡上就可以有动力往下滑，那么木板只要有斜坡就也能产生动力。"昊昊的回答印证了我的想法，但在这次游戏中，斜坡似乎并没有为他们的游戏带来帮助，小马、小宝、子皓相继失败，他们能不能发现问题？又会怎么解决呢？我决定继续观察。

（二）凹凸排列——滑了一半的冲浪板

　　斜坡冲浪失败后，昊昊想到刚才从高往下滑确实会产生较快的速度与更多的动力，想要沿用这一部分的搭建方式。此时小宝说道："钱江世纪城里也有这样往下滑的滑板的，他们下来之后还能再往另一边滑上去。"听了小宝的话，

图3　被挡住的冲浪板

孩子们决定也尝试一下，利用一开始因下滑而产生的惯性动力支撑到后面滑上去。昊昊拿出了一筐管子，在地上开始排列管子。他将浪道中间部分的粗管子抽掉，放了细管子，整个浪道呈现凹凸的样式。小马迫不及待地开始冲浪尝试，昊昊便坐在一边观察小马冲浪的情况。只见小马轻轻地站上冲浪板，胯部带动腿部往前一顶，冲浪板顺利地滑行到了细管子的部分，小马表情有些欣喜地再次发力，冲浪板除了只在细管子的部分来回滑动，没有继续往前滑行。小马眼睛看着下面的浪道，指着挡住冲浪板的粗管子说："我知道哪里出问题了，你们看，这里差了好多！"（图3）

案例分析

在游戏后的分享交流中，我问昊昊为什么要把浪道的中间部分换成细管子，昊昊说因为木块斜坡没有用，如果把浪道中间的部分换成细管子的话，浪道上就有斜坡了。原来昊昊通过观察同伴的几次"冲浪"，发现了斜坡站台并没有起到推动木板的作用，转而把"斜坡可以产生动力"这一经验用到了管子的排列上，利用管子的粗细制造一个斜坡，使其产生动力。我真的很佩服昊昊的观察与经验迁移的能力。小马这次冲浪过程，从粗管子部分滑行到细管子部分时，也确实产生了一定的动力，验证了昊昊的想法。他们都以为要成功了，但是发现冲浪板在到达细管子后又开始停滞不前，这次昊昊仔细观察冲浪板在浪道上的变化，又一次发现了问题。

（三）小山坡式排列——上冲动力不足

到了第二天的建构游戏时间，由于孩子们还是没有探索出冲浪成功的方式，他们决定今天用不同的方法试一试。到了建构区，昊昊和子皓立马开始讨论起了管子的排列，昊昊说："让冲浪板上去之后再下来，就不会挡住了，应该是中间要大，其他都要小啊。"他们去搬了一箱管子，用"细—粗—细"的管子排列顺序将浪道排列好，小马问："啊？这样怎么玩？"昊昊说："我们搭的就是跟小山坡一样的，下面先小一点，然后再用充足的动力上去，再从小山坡上滑下来就可以到终点了。"于是子皓和朵朵开始试验小山坡式浪道是否能成功。这次，他们用了双人的方式冲浪，（图4）子皓和朵朵分别拿了一块冲浪板站了上去，子皓将手搭到朵朵的肩上，两个人的胯部一起发力，随着冲浪板的前后摆动，朵朵一个没站稳，一屁股坐到了冲浪板上。那一头的昊昊在浪道最后一段用两

图4 双人冲浪

块木板搭了一个斜坡，对小马说："马俊哲，你再试试看！"小马马上开始了尝试，他用脚用力蹬了几次地面之后，发现木板还是停留在浪道中间粗管子的部分。

案例分析

在这一次的游戏中，昊昊设想利用充足的动力到达粗管子部分后，借助下坡时产生的动力成功冲浪，这样只要提供一个初始动力就好了。但是他们上山坡的时候所产生的动力不足以抵挡冲浪板重力的牵引，并且靠近斜坡放置的细

管子只有三根，而冲浪板很长，只要一放下去就是在中间的粗管子部分，所以前面的细管子基本没发挥什么作用，产生的问题跟平地排列是一样的。同时在小山坡式排列的冲浪尝试中，子皓与朵朵觉得两个人同时冲浪就可以增加动力，所以他们用了双人冲浪的方式，但是在实践过程中他们发现，双人冲浪需要的配合度非常高，需要两人同时发力，一旦发力有前后就非常容易摔倒。

（四）波浪式排列——蹬地后的动力

5 月 12 日，小马在浪道上来回发力了几次之后，突然像发现了什么似地从浪道上跳了下来。边说边用冲浪板模仿随着浪花波动的样子对昊昊说："不如我们把管子排成波浪踩上去，再下来，然后再上去再下来吧。"

昊昊听了小马的意思之后，重新开始排列管子。他先是排列了三根粗管子，接着排列了几根细管子，以此规律不断重复，将粗细的管子数量都调整均匀，最终根据小马描述的类似海浪起伏的形状将管子排成"粗—细—粗—细"的波浪线样式（图5）。改造结束，小马开始验证这个排列方式行不行得通，他将冲浪板架在波浪式浪道的粗管子部分，一只脚站在冲浪板上，另一只脚在地上用力一蹬之后站到冲浪板上，冲浪板成功往前滑行，当滑到细管子部分时，整块冲浪板头低尾高倾斜了，为了让身体平衡，小马的一只脚跨到地上保持平衡，待冲浪板静止之后，他试着让跨下来的脚重新站上去，尝试了三次都没法在冲浪板上站稳。

图5　尝试波浪式排列

案例分析

通过小马的讲述，原来小马波浪式排列的想法是想到海浪的波动可以让漂浮在海上的物品动起来，如果把浪道排列成波浪的样子，冲浪板也可以动起来。昊昊排列管子时非常专注仔细，想把每一道波浪的大小都排列成一样，所以他一直在不断地调整。小马尝试时，与之前的冲浪方式有所不同，之前的方式是两只脚平稳站到冲浪板上再开始发力，而这次小马是先一只脚站上冲浪板，另一只脚在地上一蹬再踏到板上。小马说："我爷爷骑自行车的时候，会先用一只脚蹬几下让自行车动起来另一只脚才跨上去，那我先用脚在地上蹬一下，冲浪板就能够产生动力了，就可以往前了。"这个做法确实解决了前期动力不足的问题，成功让冲浪板开始往前滑行，但由于浪道上的管子存在高度差，冲浪板放置在浪道上主要是由几根粗管子支撑着，人能在上面站稳，但随着冲浪板的前行，管子也移动到了细管子的部分，就出现了只有中间一部分高管子支撑，两边都是细管子的情况，所以冲浪板就倾斜了。

（五）斜坡式排列——冲浪成功啦！

5月13日，建构区内，小宝、昊昊、子皓、小马正在布置冲浪现场。小马和昊昊排列管子时，昊昊将细管子拿出来对小马说："这个细的放在后面吧，把粗的先放完，然后再放中再放细，这样不就是一个斜坡嘛。"说完就与小马开始按照"粗—中—细"的顺序依次排列管子，他们一根接着一根排列，最终浪道形成了由粗到细的斜坡形状。（图6）浪道搭好了，小马将冲浪板放到浪道上，一只脚站

图6　冲浪成功

在冲浪板上，后脚用力一蹬，冲浪板带动小马往前滑行，随着管子高度的不断降低，冲浪板不断产生向前的动力，一直滑行到浪道结束，小马为自己滑行成功而面露笑意，一旁的昊昊观察到冲浪板从粗管子滑到细管子处时自然产生的动力，激动地说："下去了下去了，动了动了！"

案例分析

经过三天的努力，孩子们的冲浪游戏终于成功了。当听到昊昊说将管子从粗到细排列出来就是一个斜坡的时候，我十分惊讶，他能够在没有具象实物的情况下将管子排列出斜坡的想法提出来，足见他对于"斜坡可以产生动力"这一经验的深信不疑，在不断排列组合与冲浪尝试中，对木板前进的动力特点也有了更好的理解，最终提出从粗到细排列。当我问他"为什么觉得管子从粗到细排列冲浪板就能一直往前？"他告诉我："要把冲浪板滑动的地方改成斜坡才能够动起来，先用粗管子再用细管子就会形成一个从高到低的斜坡。"配合着这个斜坡管道的搭建，小马在不断地尝试中，也发现第一动力源的产生，选择用"蹬地"的方式来替代用身体摆动来产生动力，终于使冲浪板成功地到达终点。

三、教师反思

孩子的游戏兴趣从哪儿来，学习兴趣就从哪儿来。以桐桐的模仿滑板游戏为引，孩子们生发出了"冲浪"这一游戏情境。他们对成功冲浪的期望又进一步激发了观察并解决问题的兴趣，最终在游戏中展现出孩子们学习与发展所带来的重要、独特的价值。

（一）迁移与应用

游戏中孩子们利用数学、科学知识原理解决问题，将已有经验自然迁移，在排列管子的过程中，充分使用排列、推理、连接等概念解决问题，不仅是数学经验的迁移运用，更是生活经验内化的过程。凹式、山坡式、波浪式等多种管子排列方式都不是孩子们凭空想象的，而是从日常生活中对波浪、斜坡等实际现象的观察中得到的。他们将这些形状的特点迁移到游戏中，进行创造性地应用，并通过直观的操作，让他们的学习过程可视化、游戏具像化，从而增强了学习的有效性与吸引力。总之，冲浪游戏不仅是儿童知识迁移与技能提升的桥梁，更是促进其全面发展、实现深度学习的重要途径。

（二）调整与优化

虽然冲浪游戏的材料很简单，只有粗细不同的管子和长短不一的木板，但就是这些简单的材料在游戏中成为探索的隐形驱动力。在第一次管子排列时，他们使用的是最常见、普通的平地式排列，这样的排列虽然简单，但也将最关键的问题引申出来——冲浪需要足够大的动力。因此在接下来的游戏中，他们将管子的排列作为核心探究点，不断调整其顺序、优化其作用，以追求更好的游戏体验。他们通过动手操作、比较，在一次次失败后，立马投入到下一种排列规律探究中，且每一种排列都是经过思考与揣摩的。从全部是粗管子的平地式排列，到加入了细管子的凹凸式、小山坡式、波浪式、斜坡式排列，在这个过程中幼儿深切体会到管子排列与冲浪结果的密切关系。而这一次次的探究行为背后，实际上就是游戏材料与幼儿之间的互动，也正是这些游戏材料的调整，表征出他们不断提高的经验与探究水平。

（三）学习品质

纵观整个游戏，孩子们围绕着管子的排列顺序进行了一系列探索活动，中途也遇到了动力不足、冲不过去等问题，但他们都能以积极的状态、不怕困难的心态，认真专注地去探究这些问题。这也说明冲浪游戏是他们真正好奇、感兴趣的。我也特别注意到昊昊在梳理管子排列前后的进程时，他全程都在围绕"斜坡"这一问题点展开探索。当昊昊最初提出的斜坡站台被拆除后，我以为他的探索就到此为止了，直到游戏结束后我在回顾时才发现，他已经把斜坡的经验应用到了管子排列上，用另一种方式呈现出斜坡的作用。在整个游戏中，他对斜坡的探索都是主动的、抱有强烈的学习兴趣的，我也从他对斜坡的各样探究中看到了他作为学习者的潜能，以及敢于探究和尝试的宝贵学习品质。

专家点评

　　案例《一"浪"到底》以大班幼儿在探究游戏中生发的"冲浪"故事为背景，幼儿从一个偶然契机引发了冲浪游戏，探究了不同的经验，形成了新的迁移学习价值。

　　1. 案例以儿童为视角，指向儿童最直接的游戏场景，因地制宜为幼儿创设游戏环境，提供丰富适宜的游戏材料，让儿童在实际操作、亲身体验的过程中获得试错、领悟和发展。幼儿们通过"冲浪"，在"动力探究""管子排列探究"和"垫子距离探究"等系列探究过程中，推动着游戏的进展。

　　2. 在项目的具体实施过程中，以问题为导向。如斜坡能够产生动力吗？如何排列能让冲浪板动起来等？留给了幼儿尽可能大的游戏和思维探索空间，通过幼儿亲身探索活动来内化，让学习真正发生，并真正激活了幼儿的探究兴趣。内化事实上是把感觉运动所经历的经验在自己大脑中再建构，舍弃无关的细节形成表象。内化的动作是思想上的动作而非具体的躯体动作，内化的产生是幼儿能力的重大进步。通过这个项目活动做了有效的探索。

　　3. 幼儿项目活动中的相互协作在教育中居于优先地位。活动与动作是主体与客体相互作用的桥梁，知识是主客体相互作用的产物，作为智慧活动的动作，不仅仅限于邻近空间当前一刹那间正在进行中的动作，而且能够广泛涉及远距离的空间，直接感知范围以外的事物。皮亚杰曾将"活动教学法"视为儿童教育的最重要的原则，强调只有儿童自己具体参与的各种活动，才能获得真正的知识，才能形成自己的假设并予以证实与否定。项目活动"从搭建一个斜坡转至把管子排列成一个斜坡的样式"，激活了儿童成长动力，提升了儿童的思维力、表达力和行动力。

4.幼儿的游戏或学习是一个试误过程，通过不断地尝试形成刺激—反应联结，从而不断减少错误，提高成功率。例如，在围绕"如何排列能让冲浪板动起来"的探索过程中，他们有多次失败，前后用五种不同的排列方式来排列管子，从微小细节中寻找突破口，创生出更多排列可能。这就是试误过程。他们通过自己的观察、发现、探索，在多次的失败中累积经验，提取出有效的经验，不断丰富、积累自己的经验，终于掌握了"利用管子的粗细排列达到让冲浪板自己动起来"的诀窍。同时，在游戏中，如果幼儿正在做自己喜欢或心情愉悦的项目，那么这种联结会增强，反之会减弱。因此，教师应尽量使幼儿获得满意的游戏感。

点评专家：杭州师范大学经亨颐教育学院教授、博士生导师　朱晓斌

*此案例获萧山区第三届幼儿园游戏案例评比一等奖

中班室内游戏案例

把水保住

杭州市萧山区金山幼儿园　高舟　厉君

题记：寻常材料玩出新经验。

一、案例背景

游戏时间：2023 年 11 月 22 日

游戏地点：洗手池

观察幼儿：泡泡、小芬达、朵朵、开心

　　班级中的洗手池平日会在室内游戏中发挥另一个特别的作用，那就是作为中班幼儿科学探究的乐趣池。在这一方小水池中，孩子们会进行各类科学活动：探究泡泡液的配比、观察不同物体的沉浮现象、制作纸船等等，因此这里也是激发孩子们探究欲望、诞生很多惊喜发现的学习池。11 月 22 日上午，区域游戏开始了，泡泡、小芬达、朵朵三个小朋友穿好防水罩衣，朵朵先来到洗手池将下水口关闭，打开水龙头让水池蓄半池水。随后，他们兴冲冲地将之前在户外和教室各处搜集来的、想在水中探究的新材料纷纷投入水池：有晨间户外锻炼捡来的落叶、石头，教室里投掷用的实心海绵球，美工区的吸管、空气泥盒、泡沫球。（图1）他们在水池中专注地摆弄这些材料，仔细观察着物体在水中的状态。小芬达选择了一根长 20 厘米、直径 1 厘米白色半透明的粗奶茶吸管，他先用吸管向水中吹气，水中出现了连续的气泡，鼓着嘴巴

图1　水池里的探究

越大力吹，水中爆破的气泡就越大。他的游戏吸引了其他小朋友的兴趣，朵朵和泡泡看到后也拿起吸管玩起来。

二、案例描述

（一）装不了水的吸管

泡泡学着小芬达在水中吹气，吹出了爆裂声音更大的气泡，小芬达看着泡泡笑着说："你在游泳吗？"两个人开心地相视而笑。奶茶吸管一端尖口一端平口，小芬达把吸管的平口端贴近水龙头口，吸管变成一根"管道"，他前后左右晃动吸管下端，水柱也随之"舞动"起来。随后，他关上了水龙头，开始用一根手指将吸管横着按到水底，然后快速松开手指，吸管立马就浮出水面了。小芬达再次将吸管摁入水中保持不动时发出了惊叹："哇，我的吸管不见啦！它变成透明的了！"一旁的伙伴们都围过来看他水池中的吸管（图2）。

"吸管好像不见了！"泡泡发出疑问。

"是因为我把它摁在水里了，吸管里面都是水。"小芬达解释着。

"拿出来会变回原来的颜色吗？"朵朵看着水池里的吸管反问小芬达。

图2　将吸管横放入水中，装满水

图3　松开吸管的上口，水从手心流出

小芬达捏住吸管中端从水中取出，吸管又"现形"为半透明的了。倾斜而出的吸管使得水快速从下方流掉。"哎呀，漏了，漏了，水漏出来了！"朵朵兴奋地叫道（图3）。

"它拿出来就变这样了呀。"小芬达捏着吸管边观察边说。看罢，朵朵也开始尝试。"你要平平地把它拿出来，而且不能太快。"朵朵为小芬达做了横着慢慢取出吸管的示意动作。

小芬达将吸管摁入水中又松开，观察吸管在水中沉浮的状态，这和他之前在水池进行过的物体沉浮小实验有关。当他将吸管摁入水中时，吸管似乎变得更加透明了，这个新发现也引起了其他小朋友的兴趣。

听过朵朵的话后，小芬达好像想到了什么，他把吸管横着摁入水底，待吸管充满水变透明后，在水中分别用左右手食指指尖堵住吸管两端。确定堵好后，他轻轻将吸管横着移出水面，眼睛小心地盯着吸管中的水。这次吸管没漏水了，水被"保住"了！

"哎，哎，你们快看！"旁边也试着横取吸管的泡泡注意到了小芬达。于是他开始学着小芬达一样的方式将吸管缓缓从水池中移出，平移到自己胸前。第二次时，他慢慢扭转胳膊让吸管竖起来，他发现吸管里的水只是晃动但并没有流出。

第三次时，泡泡在水中改用两只手掌掌心堵住充满水的吸管，小心翼翼地移出水面。当他发现水并没有流出来后大胆地将双手方向从水平变成垂直，轻轻晃动让吸管中的水倒来倒去："你们看，我这样倒过来水也没有漏出来哦。"之后，他又一次选择用右手掌心堵住平口，左手捏住吸管中部把吸管移出水池，水平吸管随着右手手掌转动变为垂直，这次变成了只由一只手掌在下堵住吸管平口。泡泡发现吸管中的水竟然开始下降，慢慢全部流完了！他自言自语道："水都流掉了！""你没按紧。"小芬达看到后说。泡泡："我手一直堵着很累啊。""可以用其他东西不让它漏水啊，和这个下水道一样。"一旁的朵朵指着水池的下水道口提出了自己的办法。

案例分析

三个小朋友在直接操作、把玩和感知中意外发现了奶茶吸管的多种玩法及其特性，尤其是当小芬达将吸管摁入水中时，观察到"吸管会变透明"的新现象。当他把吸管从水中取出后，它又恢复了半透明的状态。这个发现激起了几个小朋友的好奇心，转而成为他们的探究兴趣，他们对比观察吸管取出前后的颜色，意识到是"吸管充满水"所致。于是他们产生了"用吸管装水"的想法。在之后的探究中，小芬达尝试用双手食指堵住吸管口取出，吸管中的水被保住了。泡泡在模仿小芬达的方法后，改用两只手掌堵住充满水的吸管，水也同样被保住了。但当泡泡转动吸管，只由一只手掌贴住吸管下方时，水没有被完全密封，吸管中的水流光了，朵朵提议使用材料来解决吸管漏水的问题。至此，小朋友们的探究兴趣从吸管本身拓展到新的问题情境中去，即"用什么材料可以实现吸管装水"。他们的好办法会是什么？这让我对孩子们接下来的探索充满了期待。

（二）从外改变吸管的n个探究

泡泡听完朵朵的建议后将吸管放入水池中，开始观察水池中的其他材料。他先把吸管横着摁入水中充满水，用选中的鹅卵石抵在吸管平口一端，接着将尖口端微微抬出水面一小截，下半部分仍浸在水里，观察吸管中水位没有变化后，他才小心翼翼地把用鹅卵石贴住的吸管完全移出水面，但水快速从吸管下端流掉了。接着他又以同样的方法尝试了用泡沫小球来堵吸管，结果都是抬出水面后水就流光了。"这些都不行，有缝。"泡泡盯着吸管平口和小球的贴合处，球体有弧度，确实有个小缝隙。接着他又挑了池中的一个表面平整光滑的塑料盖来贴住吸管，他观察到还是有水从吸管贴合塑料盖的缝隙边缘流出。泡泡左右环顾水池里的材料，用力拨动水面："这里都没有好的材料了。"我看到后说："泡泡，看来你对这些材料并不是很满意，你还想到了什么材料呢？"一旁用塑料盖也尝试失败的小芬达听到后立马说："可以用胶带！用胶带粘住！"他转身去材料超市拿来了胶带，"哎！哎！这个可以！"泡泡和朵朵看到胶带很欣喜。

泡泡先想到用鹅卵石、泡沫小球、塑料盖来堵住吸管，结果都未能留住吸管中的水。他几次观察和操作后发现使用这些材料未能解决问题的原因，是因为这些材料与吸管口之间留有一些缝隙。于是我鼓励他大胆猜想寻找教室里的其他材料，其他小朋友也开始思考挑选适宜的新材料。

小芬达先剪下一段宽胶带贴在吸管的底部，从外朝上包住吸管口。当他装满水把吸管竖着拿起来时，很快就发现不一会儿就有水流下来。"是这里没粘住。"一旁观看的朵朵指着胶带漏水的地方说，她帮小芬达又剪了两块胶带叠层包裹到漏水的地方，然后再次进行尝试：一开始没有水滴下来，于是朵朵用手捏了捏吸管中部，吸管轻微变形，但水没有漏出来，最后朵朵又捏了捏靠近胶带包住的地方，发现开始有水滴下来（图4）。

图4　用胶带粘住的吸管底部

图5　用毛巾包裹吸管底部

　　小芬达第一个想到了用新材料——胶带来密封吸管，他使用胶带从外包裹吸管口，但由于粘贴不当，有水滴出。朵朵观察到胶带漏水的问题所在。她提出用2层胶带的方法来增强密封性，调整过后密封性得到了改善。过程中，朵朵运用捏的方式验证胶带的密封性，捏吸管中部，水未流出，接着又捏胶带包裹处，开始有水滴下来。这表明虽然胶带在一定程度上阻止了水的流出，但受到外力挤压时，胶带与吸管之间的密封性仍然存在问题。

　　泡泡看了他们的方法后似乎受到了启发，跑去材料超市找了一块小毛巾。他剪下一块正方形小毛巾，包在吸管口外端，并用胶带围着吸管与毛巾的边缘绕了一圈来固定。他迫不及待地来到水池打开水龙头往吸管里灌满水，当他提起吸管的瞬间，毛巾下端直接出现了一个水柱（图5）。他有点难以置信地盯着漏完水的吸管，又装了次水，水仍然是迅速流掉了。"哈哈漏掉了。"泡泡笑着说。

　　与此同时，进入洗手间的开心感兴趣地凑到了几个人中间，从材料超市里拿来湿纸巾打算加入试一试。他专注地拿着湿纸巾开始了他的实验，包裹的方法和泡泡一样，也是从外包裹，并用胶带固定边缘。"你们快看，哈哈哈，吸管变成水龙头了。"开心兴奋地向大家展示自己的实验成果，当吸管从水中拿出水面时，吸管里的水成水柱向下漏出。"你和我的一样。"泡泡笑着对开心说。

泡泡和开心显然并不满足于"胶带"这一种材料，源于不同的认知、经验和兴趣，他们分别选用了自己喜欢的材料，均采用从外包裹的方式，而此时胶带也从原来的主要密封材料成为组合材料中的一部分。虽然毛巾和湿纸巾都未能留住吸管中的水，但我看到孩子们自己想办法解决问题，大胆、快乐地和大家分享漏水的结果时，感受到了孩子们沉浸于探究的满足感，于是更相信孩子们应该会有他们的解决办法。

"毛巾上有很小很小的孔，这个（湿纸巾）也漏水的。"小芬达看着开心的吸管说。

"垃圾袋可以！塑料袋不会漏水！"朵朵说完跑去向保育员老师要了一个垃圾袋，她剪了一块方形塑料袋以对折的方式包住吸管平口，用宽胶带先在塑料袋的边缘处缠了两圈，待吸管接满水后开始观察：一开始吸管中水位没有变化，当捏了捏吸管后有水滴出。小芬达拿来也试了两次，他学着朵朵捏吸管的方式验证着，说："还是漏的，下面要多粘点胶带。"于是，朵朵甩干吸管上的水，和小芬达又剪了两大块胶带对折包裹在吸管底部的垃圾袋上，和他们第一次用胶带合作加固时一样（图6）。

图6 用垃圾袋包裹吸管底部

大家围过来观看朵朵的方法：发现装满水的吸管真的不漏水了。泡泡开心地说："终于没有缝隙了！"于是，他们都运用垃圾袋加胶带三层包裹的方式各自做了一个，尝试后兴奋地向我展示："老师我们成功了！"游戏最后他们将装满水的吸管竖靠在洗手池的墙边，打算一会过后继续来玩。

案例分析

　　在小朋友的持续探究中，我们看到他们的科学探究已经有了明确的目的性和方向性：一开始他们运用鹅卵石、泡沫小球、塑料盖、胶带等各种材料来解决吸管装水的困难，但他们发现池中材料的不适宜性——单纯靠一个物体贴住吸管口不能完成密封，因为存在缝隙。随后在老师的启发下，他们自由选择材料超市的胶带、毛巾、湿纸巾、垃圾袋，以从外包裹的方式进行了深入探究。对比各自的试验结果后，他们初步对胶带和垃圾袋组合的方式最满意。在这个较长时间的探索中，几个小朋友都能专注于现象的观察和材料的操作，尽管毛巾和湿纸巾尝试结果"失败"，但他们仍然很乐观地坚持，并沉浸其中。同伴间还对胶带的包裹方式进行了合作完善，学习迁移别人"以捏的方式验证材料密封的牢固性"。中班小朋友的问题意识、问题解决能力及合作分享的学习品质逐一展现出来。

　　从后续朵朵的分享中我们了解到，原来她在家里看到爸爸倒垃圾的时候水漏出来，爸爸就会再套一个垃圾袋，这样就不会漏了。朵朵细心的生活观察给予了她创造性的新思考。

（三）给吸管加个"塞子"吧

　　午饭后4个小朋友意犹未尽地进入洗手池。开心赶紧查看了自己的吸管。他拿起自己的吸管看了看没有滴水，然后捏了捏包裹处，竟然有水滴下来。仔细看，原来是有一处胶带对折，没有完全把垃圾袋粘到吸管外壁上，用力挤吸管，水从这个不容易被发现的缝隙里流了出来，水的渗透也让胶带没了粘性。"又漏了！垃圾袋不好粘，要是能堵住就好了。"小芬达也出现了同样的情况。

　　"这个'软的'可以从里面全塞住，肯定不会有缝隙了。"开心找来了空气泥和一根新吸管。他揪了一块空气泥从吸管的平口端塞进去，想堵住吸管的"洞"。泡泡也想试试，他还是采用了之前从外包裹的方法：先把空气泥在桌子上按出一个圆饼状，接着把它包裹在吸管的平口端，用手使劲捏好吸管壁和

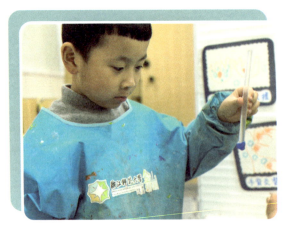

图7　用空气泥从外包裹吸管底部

图8　组合使用空气泥和胶带两种材料

空气泥粘合处，使空气泥粘得更紧。很快他们就完成了，然后来到水池进行实验（图7）。两个人的吸管接满水后一开始都没有水漏出，正当他俩兴奋地向同伴和老师分享着他们的成果时，泡泡吸管下方的空气泥破洞，有水流下来。

"哈哈，我的没掉！"开心正庆幸自己的空气泥很牢固，几秒后，他的"空气泥塞"就从吸管里"扑通"掉了出来，水也随之流了下来。

他俩相视一笑。"空气泥碰到水会变软啊。"泡泡说。

"它变湿了就会滑出来。"开心补充道。

"用胶带纸粘在外面可以吧！"小芬达很快就想到了他们用过的胶带（图8）。

泡泡和朵朵马上跑向桌边开始操作，泡泡用空气泥将吸管底部塞住，朵朵等待泡泡塞好后帮忙在空气泥外面包裹了一层胶带，"要多包一些，不然会漏。"泡泡在一旁提示给空气泥多包几层胶带。这次，他们先用两大块胶带横着包裹空气泥底部，检查确认胶带都粘在吸管外壁上了，然后又绕着吸管底部的外壁缠了一圈，把底部凸出的胶带裹进去。完成后两人再次尝试，灌满水后他们持续观察了一会，发现都没有水漏出来，用手捏也不会漏水。果然，有了胶带的加持，空气泥粘得更牢固了。小芬达和开心兴奋地为他们鼓掌，称赞这真是一个不错的方法。其他人也尝试了这个方法，水真的不漏了！

游戏分享中，四个小朋友介绍了今天的吸管游戏，开心、小芬达和泡泡认为用空气泥塞结合胶带包裹就能成功保住吸管内的水了。小芬达提出了一个妙趣横生的想法："我们给空气泥穿上了一件'雨衣'！"听到这个别出心裁的比喻，我好奇地追问："那么这件'雨衣'究竟有什么神奇之处呢？""它可以让空气泥不会滑出来！"小芬达的回答充满了童真与智慧。朵朵则认为自己想到的垃圾袋包裹方法也很好，并没有漏水。孩子们能对自己猜想的材料大胆操作、试验，最终实现吸管一点也不漏水，我们认为皆有道理。

案例分析

新的问题情境引发小朋友们不一样的探究行为。孩子们的探究并没有因为获得了一个暂时的结果而结束，包裹方法致使开心和小芬达的吸管漏水，同时也激发了他们对更易于操作材料选择的新思考。他们自己探寻问题的答案，选用常用的、喜欢的、柔软易塑形的新材料空气泥从内堵住吸管，总结之前胶带密封的经验为空气泥"穿件雨衣"，这样组合的方式怎么能不算是一种创新呢？

在最终的游戏分享中，小朋友们对各自解决问题的方法提出了不同的见解。小芬达、开心和泡泡认为空气泥和胶带更便于操作，能保住吸管的水，而擅长手工制作的朵朵更喜欢自己想到的垃圾袋和胶带的组合方法。由此，我们深深地感悟到，幼儿的科学探究环境应该是开放的、包容的，孩子的探究不存在唯一的、最好的办法，给予孩子机会动手操作，他们便会运用寻常材料玩出新经验，找到"更不错"的解决方式，建构属于自己对问题的理解。

三、教师反思

一根寻常的奶茶吸管，在孩子们的游戏中成为兴趣的"燃点"。在和孩子们一同进行"把水保住"的科探游戏中，深深启发了我们对幼儿游戏材料和自主游戏的认识。

（一）低结构材料更易激发和满足幼儿探究的好奇与需要

中班幼儿探究游戏的内容选择易受日常生活经验的影响，他们更关注与现实生活相关的具体事物，更喜欢了解这些事物的属性、特征与变化。在这次吸管探索中，我们看到了孩子们"用吸管装水"的问题解决过程，他们运用生活中的材料不断尝试操作：用手指堵、用手掌堵、从外包裹吸管口、组合材料包裹、组合材料塞，由此创造性地、深入地解决"吸管漏水"的问题。孩子们从吸管的特性出发，又在新问题下拓展开去，他们充分地动手操作，感知和发现材料变化导致的结果，自然而然地获得经验，低结构材料的可塑性和创造性在本次游戏中得到了充分的展现，也让我们进一步感悟具有开放性、变化性、趣味性的低结构材料对幼儿游戏的重要价值。

（二）互相学习的模式更易激发幼儿深度学习

四位小朋友在"把水保住"的探究中，因为一个共同的探究兴趣形成了一个小组。他们依据自身的理解与想象，大胆地尝试各种方法保住吸管的水，有的使用胶带、有的使用毛巾、有的使用塑料袋等，同时他们也出现了合作学习的意识萌芽。他们相互合作包裹吸管，一同完善方法；会模仿、迁移学习同伴的动作，如捏吸管试验材料的密封性；也会比较观察彼此的试验结果，互相讨论分享经验。这种相互影响、相互学习的方式，激发和支持着他们探究与学习的持续深入，实现了探究思维、游戏乐趣、自信心与满足感的共享。

（三）持续观察更易洞悉幼儿游戏的深意

游戏刚开始，幼儿对吸管"仿佛不见了"产生了好奇，继而产生了"把水保住"的探究兴趣。他们先用手来堵住吸管的洞，然后开始思考借助身边的材料到选择材料超市的更多材料，再从单种材料到材料的组合，还进行了用一个物体靠在吸管口、从外包裹管口、从内嵌入塞住管口的多种策略尝试。正是基于持续观察，我们才能看到幼儿深入探究的行为，才能捕捉到幼儿好奇的问题，从小朋友每一个语言、神情和动作中逐步解读与理解他们的思考方式和行为意图。我想，游戏观察的意义是用心期待孩子用他们自己的方式来发现世界，是在持续观察中跟着幼儿一起沉浸、一起好奇、一起欣喜，读懂幼儿的思维图式、倾听幼儿的真实想法，看到更真切的、具体的儿童学习过程。

专家点评

在高冉和厉君老师的这个案例中，有三个特点是比较吸引和打动我的：

一是日常生活、寻常材料中的学习。我们很多老师现在都已经基本认可了游戏材料的低结构性对幼儿游戏的价值，尊重和鼓励幼儿对游戏材料的多种玩法，但很多老师未必真正理解生活设施、生活环节中使用材料对儿童学习多样化的价值，比如水池就是洗手的，只能是洗手的；水池里的水是一定不能溢出外面来的；……但对孩子来说，在形成一日生活常规的过程中，能够主动、有意识去探究这些日常生活设施的新用处、寻常材料的新玩法，会给孩子带来新的学习和情感体验。

二是没有教师对幼儿学习的"野心"。有时我们会看到很多案例，其中的游戏、探究的契机就是一个偶然事件，可能孩子并没有特别注意，甚至未必有特别兴趣，但我们的老师觉得里面有特别的教育价值，所以会努力地引导幼儿来进行探究。当然更多的是孩子可能对某个现象、某个事件、某个材料产生了兴趣或疑问，我们的老师抓住了这样的兴趣和疑问，充分地以"儿童立场"的视角、全面地以"儿童为主体"支持孩子的探究，这本无可厚非，但我们常看到的是，也许孩子可能就只想把这个事情解决，只想玩这么一段时间，我们的老师却比孩子更有"兴趣"更有"动力"，希望孩子们从原理—方法—过程全面地进行持续性探究，当然期待最后的探究结果是正确且圆满的。但在这个案例里，我们的老师没有那么大的野心，小朋友要解决的就是怎么样堵住吸管，那就看着、支持儿童去解决这个问题，不会把这个问题或兴趣扩大到水的流动、洞庭湖堵缺口、不同材料与水的关系等；最后孩子得出的结论"用空气泥加胶带"和"用垃圾袋加胶带"的方法，未必是真正科学、有效的，但老师没有给孩子进一步制造难度，形成对比，推动孩子去找到我们老师心目中的答案。

三是教师时刻期待孩子的"哇！"时刻。金山幼儿园近年来在积极构建学习品质课程，老师们已经初步对学习品质在幼儿一日生活、游戏和教学中的表现有初步概念，能够带着这样的视角来看孩子的活动，看到孩子在活动中表现出的学习品质，看懂孩子正在学习的学习品质。她们看到的不是孩子缺少的学习品质，而是孩子正在展现的学习品质（好奇、专注、问题解决），也就是能够有意识地带着"哇！"时刻的视角来观察孩子，并与孩子互动。正是这样的心态，我们才能在本案例中感受到孩子行为、过程描述的字里行间教师对孩子的关注、观察和欣赏。

点评专家：浙江师范大学儿童发展与教育学院　刘宝根

＊此案例获萧山区第三届幼儿园游戏案例评比一等奖

小班室内游戏案例

伊咕抢萝卜

杭州市萧山区浦阳镇径游幼儿园　杨丹红　邵凯丽

题记：规则游戏中看幼儿的数数学习。

一、案例背景

时间：2024 年 6 月 11 日至 20 日

地点：益智区

人物：嘟嘟、棵棵

在班级的益智区里，投放了数学思维游戏材料，它是一套高低结构相结合的游戏材料，可以通过图卡引导幼儿进行数学规则游戏，也可以让幼儿通过材料来开展低结构的建构与想象游戏。我们会根据幼儿年龄特点和数学学习的需要，每个月选择性地投放 3 个规则游戏的材料，帮助幼儿进行相关数学经验巩固和练习。本月我们玩的是"伊咕抢萝卜"的游戏，游戏材料：6 块 2×2 单元底板（24 个空格），分别 2 个伊咕小人，2 个橙红萝卜，4 个硬币。游戏玩法：幼儿根据硬币数字移动主角棋，几个硬币朝上就往前走几步，最先到达萝卜处为赢，主要的目的是帮助小班幼儿学习 5 以内的点数。

二、游戏实录

（一）伊伊、咕咕抢萝卜

6 月 11 日下午，室内自主游戏开始了，嘟嘟和棵棵看着"抢萝卜游戏"的图卡，开始游戏底板的拼搭，棵棵先点数图卡中底板的数量："1、2、3、4、5、6，6 块。"然后，从筐里拿出 6 块 4 单元底板进行拼接，（图 1）接着拿出 1 个橙色萝卜和 1 个红色萝卜，放在底板的底端，拿出 2 个伊格硬币和 2 个咕咕硬币，最后，拿出 1 个伊大大和 1 个咕大大，而嘟嘟则是坐在一边，看着棵棵，直到棵棵对嘟嘟说："好了，我要咕大大"。嘟嘟点点头："好的，那我伊大大。"

在游戏开始阶段，棵棵已经能按照图卡有条不紊地拿取游戏材料，可以看到他对材料的熟悉度很高，也能看懂图卡，并独立完成底板的搭建，我想这可能与幼儿上学期运用这些材料来玩建构游戏有关。此外，棵棵点数了图卡中底板的数量，并且能准确地进行相应数量底板的拼接，这让我感到十分惊讶，棵

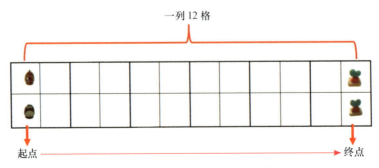

图 1　6 块 4 单元积木完成的游戏底板

棵已经能够点数6并说出总数了。在搭建的过程中，嘟嘟始终是看着棵棵搭建，从嘟嘟的眼神中，我可以看到嘟嘟对于游戏有一定的兴趣，而从嘟嘟全程没有参与底板的搭建中看，我猜嘟嘟可能是还只会自主拼搭，不会看图卡拼搭。

第一轮投掷，开局后，棵棵率先投掷硬币，只见棵棵双手捧着4枚硬币来回搓动，然后双手打开，硬币掉落在桌面上，硬币正面朝上的有2枚，于是他说道"走2步"，这时候嘟嘟在一旁说："到你走了。"棵棵就拿起咕大大向前2步（图2）。轮到嘟嘟投掷，嘟嘟从座位

图2　游戏开始了

站了起来，接过棵棵递过来的4枚硬币，双手握住，朝上一抛，硬币落下，硬币正面朝上的有3枚，嘟嘟眼睛看了看，没有说话，棵棵则直接对嘟嘟说："啊哟，有3个，走3步。"于是，嘟嘟手拿伊大大，很慢地走了3步，棵棵则一直用小眼睛看着嘟嘟走了3步。

我仔细观察着两位孩子的游戏过程，在第一次投掷中，棵棵看到正面硬币2枚，说走2步，手拿咕大大前进2格，这个过程中，棵棵数数，说出总数，转化为行动，一气呵成，没有丝毫的犹豫。在嘟嘟游戏的过程中，他在看到嘟嘟投出3以后，立刻就报出了3的总数，可见棵棵对游戏的规则理解能力及3以内的数数能力都很强。而嘟嘟在第一次投掷完后，还是对玩法和结果不太确定，向棵棵投去求助的目光，在听到棵棵说"有3个，走3步"后，才犹豫地走出了3步。

　　第二轮投掷，棵棵所有的硬币图案都朝下，嘟嘟建议他重来，所以棵棵再次投掷，有 2 枚图案朝上，他往前继续走了 2 步。与此同时，嘟嘟也用手指表示了 2，并嘴巴说："2 步。"棵棵随手拾起 3 枚硬币交到嘟嘟手上。嘟嘟直接开始投掷，硬币散开，立即说道："1 步。"然后又立刻把两个反面聚在一起，双手推了一下 1 个正面硬币，拿着伊大大没有进行点数，而是直接往前走了 2 步。棵棵立马凑上前，嘟嘟又拿着伊大大向前走了 2 步，这时，棵棵拿起了嘟嘟已经放置在底板上的伊大大，直接后退了 3 步。而嘟嘟眼睛看了看棵棵，不说话。

　　在这轮投掷中，棵棵仍然保持着上一轮投掷和点数的速度。对于嘟嘟只掷到"1"却连续往前走 4 步的做法，棵棵能非常准确地将嘟嘟的伊大大后退 3 步，这着实让我感到惊讶。他在嘟嘟投掷的过程中，始终保持专注，观察嘟嘟的移动行为，在第一次发现嘟嘟明明掷了"1"往前走 2 步时，他应该是已经发现了错误，所以凑上前去观察，没想到嘟嘟又多走了 2 步。这个时候，他没有跟嘟嘟交流，而是直接作出"退 3 步"的操作，我想在棵棵的脑海中，他已经能够较好地理解这个游戏的规则，并能准确地将数字转化为游戏的行为，并且他还准确得出 4 步比 1 步多 3 步的结论，及时调整嘟嘟的游戏行为。而嘟嘟在这个游戏的开始阶段，似乎还不太明白"几个圆片朝上就走几步"的游戏规则，因此，对于投掷数字 1，虽然嘴上说"1 步"，但还是不能准确地行进，而是先出走出了 4 步，直接被棵棵纠正，嘟嘟也只是看了眼棵棵，也表示认可。

　　第三次投掷，棵棵接过硬币开投，当硬币落到桌面时，棵棵发现硬币少了一枚，于是他拿起所有 4 枚硬币重新投掷，正面朝上的有 4 枚，随即就说道："4 步"，与此同时，嘟嘟则在一旁边用手指点数萝卜、小人、硬币的数量边说着："1,2,3,4,5,6,7。"然后棵棵依次点数了 4 枚硬币后，手拿咕大大，一边数一边往前走了 4 步，4 步走完，他笑着拍起了小手鼓掌。嘟嘟说："到我了，到我了。"但是嘟嘟只拿了 3 枚硬币，得 2 枚正面朝上，拿着伊大大，一边数一边往前走了 2 步。棵棵把旁边的 1 枚拿起，又从嘟嘟手里接过 3 枚硬币，掷了 3，直接说3步，走了3步，率先抢到萝卜。棵棵高兴地说："我赢啦！"嘟嘟脸上有点失落，说道："再来一次。"

　　棵棵前面两次投掷到3时，基本是靠目测来完成的，第三次投掷到4枚时，我发现他开始点数，前进时也需要一边数一边走，或许点数4就是棵棵的最近发展区。嘟嘟拿3枚硬币，正面硬币2个，手口一致走了2步，这是嘟嘟独立完成投掷并能前进到正确的一次，我看到了嘟嘟的进步，也让我为他感到高兴。（伊咕抢萝卜游戏梳理见图3）

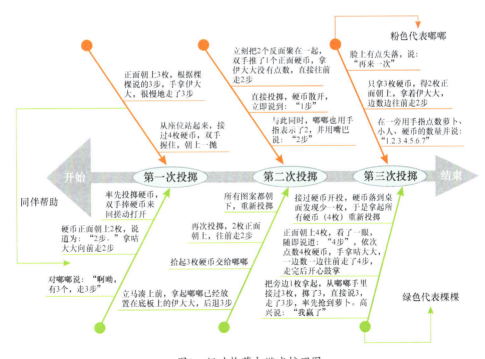

图3　伊咕抢萝卜游戏梳理图

🔵 **案例分析**

棵棵在这轮游戏中无论是规则的理解还是数数能力，都超于小班年龄特点的发展水平。从游戏中我们看到他对规则了如指掌，对于 3 以内的数，已经可以通过目测完成，但对于 4，则还是需要通过点数来完成，这也让我们对棵棵数数的最近发展区有了更好的认知。

嘟嘟在与棵棵一起游戏的过程中，逐渐地理解了这个游戏的规则，让我们看到了嘟嘟的进步以及同伴互动的力量。同时我们也感受到嘟嘟在数数上的进步，从一开始投掷完成，请求棵棵帮助数数，操作小人走步到后来能自己数对硬币正面，走对步数；第三次，嘟嘟不仅尝试进行了 7 的点数，还独立且正确地完成了一次 2 的点数与走步，已经可以把投掷硬币（实物）—点数（数量）—走步（行为）这个过程进行连贯地转换，这是嘟嘟对数有了更好的认知。

（二）还有1步就抢到萝卜了

6 月 14 日，棵棵和嘟嘟又一次进行了"抢萝卜"游戏。这一次，我发现他们的底板和上次游戏不一样了。他们把原先的 2 列拆分为 1 列，同一起点变成了两端为起点，终点设置在中间。我回想起上次游戏，因为两个小人在同一侧起步，游戏过程中，两个小人容易因碰撞而倒地，这次他们的调整很好地解决了这个问题。（图 4）

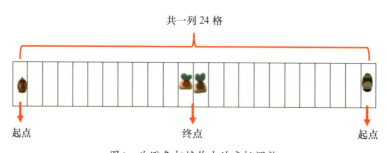

图4　为避免相撞作出的底板调整

第一次投掷，棵棵首先投掷硬币，掷到 3 个正面，边走边数："123，3 个。"棵棵把硬币给嘟嘟，嘟嘟拿到硬币后，没有急着投掷，而是把 4 个硬币进行了颜色分类，然后叠高，握在双手中，摇一摇再投掷，硬币正面朝上的有 1 个，棵棵对嘟嘟说："有 1 个。"就这样，嘟嘟拿着咕大大朝前走了 1 步。

棵棵在掷到硬币正面 3 个，边走边数到 3，说出 3 个中，我看到他的数数能力稳定发展，巩固了 3 以内的点数经验并能说出总数。嘟嘟这次的表现也让我很意外，他并没有着急投掷，而是对 4 枚硬币进行了颜色分类和叠高，我能感受到他对硬币数量已经开始有了一定的感知。

第二次投掷，棵棵继续投掷，其中 1 枚硬币掉落在地上，重新投掷，这一次其中 1 枚硬币立了起来，其他 3 枚正面朝上，棵棵用手把立起来的那 1 枚推倒，正面朝上，得 4 个正面，边走边数："1，2，3，4。"嘟嘟说："我看下，要抢到萝卜啦！"这时，棵棵底板上还剩 5 个空格。嘟嘟也掷到了 4 个正面，这时棵棵说道："4！"嘟嘟重复了一遍："4 步。"随之拿起咕大大向前走，棵棵数着"1,2,3"嘟嘟只走了 3 步，嘟嘟又看了一下棵棵，棵棵就说："再来 1 步，就是 4。"于是，嘟嘟又前进 1 步，棵棵在一旁说"4"（图5）

棵棵在投掷正面朝上有 4 枚硬币后，边走边数"1,2,3,4"这一行为中，可以看出当他再次掷到 4 时，还是需要手口一致地点数。此外，当嘟嘟投掷 4 枚硬币后，棵棵却能直接说出 4，说明他在多轮游戏后，已经对 4 的数量有了更好的感知。嘟嘟

图5 棵棵调整硬币

在本次投掷游戏中，能够观察到棵棵的游戏动态，在棵棵走了 4 步后，还剩 5 个空格时说出"我看下，要抢到萝卜了"这一行为说明嘟嘟对游戏的规则有更好的理解了，为快要抢到萝卜而高兴。在嘟嘟不能够进行 4 的点数时，棵棵帮助嘟嘟进行 4 的点数，告诉他 3 步走完后再走 1 步就是 4 步，在这样的互动场景中，我看到了孩子之间的共同学习，嘟嘟通过棵棵的帮助学习 4 的点数，而棵棵则是巩固 4 的点数。

第三次投掷，再次轮到棵棵，他掷到 2 个正面，边走边数 "1,2" 嘟嘟也掷到 2 个正面，边走边数："1,2，我马上要抢到萝卜啦。"棵棵说："我还有 1 步就到了。"嘟嘟随即用手指着离萝卜还有 1 步的空格说："我也还有 1 步了。"棵棵掷到 3 个正面，说："3 步，我拿到萝卜啦！"棵棵开心地跟嘟嘟说，嘟嘟则表现出失落（图 6）。

图6　棵棵嘟嘟相互说着对于胜利的理解

从这一轮的投掷中，嘟嘟已经能够独立完成 2 的点数，相对比上一次能够看到他的进步。在游戏中，两位孩子都说"还有 1 步就到了。"但实质上他们对于胜利的理解不一样，棵棵是指再走 1 步碰到萝卜则为抢到赢了。而嘟嘟则是指再走 1 步靠近萝卜则赢。两人的表现中可以看到棵棵对于游戏规则的理解已经是掌握了，而嘟嘟则还停留在硬币是几就往前走几步这一条规则的基础上，对于谁最后能先到达萝卜处为赢的这条规则还不是很清楚。当然，当我们返回去看嘟嘟的表现，发现他没有胜利过，我想也是我们忽略了他对赢的规则的理解。

室内游戏

案例分析

在本次游戏中可以看到，楳楳在数数上已经得心应手，每次都能迅速又准确地报出数字，特别是对于 4 的感知，又有了明显的进步。而嘟嘟虽然起初在理解游戏规则和数数上有些吃力，但随着游戏的深入和与楳楳的互动，他的数数速度明显加快了，对游戏中按硬币走步数的规则也越来越熟练。这充分证明游戏不仅是孩子们的乐趣源泉，更是他们提升自我、学习新知的有效途径。

（三）我们一起PK吧！

6 月 20 日，两人又一起玩游戏，这次还是继续用一列 24 格的游戏底板。两人开始了游戏 PK。

第一次投掷（用时 58 秒），嘟嘟先开始掷硬币，掷了 3 个正面，嘟嘟直接拿起咕大大在底板自己那一端开始走 3 步。轮到楳楳掷硬币，掷了 1 个正面，楳楳拿起伊大大在底板自己那一端开始走了 1 步。

这次游戏从嘟嘟开始，我看到他在掷到 3 后，直接拿起咕大大走了 3 步，这是他在和楳楳玩了 7 次游戏后，第三次独立完成游戏，且相对比前一次点数 2，嘟嘟又一次突破自己独立完成点数 3，说明他不仅理解了游戏规则，也更好地学会了按数走步。此外，让我感到惊讶的是，这一次游戏的时间想比之前要快很多，且顺利进行，我想这就是重复游戏带给孩子的游戏经验吧！

第二次投掷（用时 1 分 12 秒），嘟嘟接着掷硬币，撞倒了自己的白色小人，放错了位置，比原先位置后退了 1 步，硬币掷了 2 个正面，走了 2 步，走完后，嘟嘟用手点着前面空的底板开始"1，2，3，4，5，6"嘴里说着 6 个，6 步。楳楳掷了 2 个正面，走 2 步，直接把萝卜摆在第 2 个空格（图 7）。

在这一轮游戏中，嘟嘟嘴里说着 6 个，进行点数后，说出 6 步，又让我看

图7　嘟嘟点数空的底板格数

到了嘟嘟的闪光点，他能够正确点数到6，并说出6的总数。从棵棵目测硬币数量后，跳过第1个空格，直接走到第2个空格的行为中，可以看出他越来越果断，目测能力增强。

第三次投掷（用时32秒），嘟嘟掷了3个正面后拿起小人往前走了3步。棵棵掷了4个正面，直接报出数字"4"，然后边数边走了4步，嘴里说就剩最后3步了。

在本次投掷中嘟嘟掷了3个正面后拿起小人往前走了3步这一行为，可以看出嘟嘟游戏的速度也在加快，相比前几轮游戏用时明显进步，这一次嘟嘟只用了17秒就完成了游戏。而棵棵掷了4个正面，已经能够目测报出总数4，相较于前一次按数走步，能直接目测并走到第2格，面对数字4，棵棵还是需要一步一步走到4，这可能与底板长条的形状有关系，不利于幼儿目测，也可能与棵棵当前目测4的能力有关。在走了4步后看着剩下的空格，嘴里说"就剩最后3步了"的行为中，我们可以看出棵棵对于剩余步数3的目测还是能够完成的。

第四次投掷（用时20秒），嘟嘟掷的硬币没有正面，停一次。棵棵掷了3个正面，走了3步，率先拔到萝卜（图8）。

图8　嘟嘟硬币没有正面，停一次

当投掷的硬币没有正面时，立刻作出停一次的反应，我们可以看到两个孩子之间的默契增加，游戏的速度增快，对于游戏的理解更深入。

案例分析

从游戏用时上来看，两位小朋友的计数能力和游戏规则理解能力有了明显的提升。首先，棵棵在计数上展现了超凡的速度，游戏初始即能迅速统计硬币正面数量，其对数量的敏感性及目测能力令人赞叹。随着游戏的进一步开展，他的计数更为精准与迅速。而嘟嘟虽起初在计数上稍显生涩，但逐渐熟悉了玩法后，从初时的犹豫不决到后来的从容不迫，进步显著。其次，在游戏规则的理解层面，两位小朋友各有特点，棵棵凭借出色的观察力与逻辑能力，迅速领悟游戏核心，准确把握并灵活运用规则。嘟嘟初时对规则理解不深，但他坚持不懈，通过与棵棵的互动及反复尝试，逐步加深了对规则的理解，在不断地游戏中见证了他们各自所获得的新经验。

三、教师反思

（一）游戏能培养幼儿的数学思维

幼儿数学学习的实质是促进思维发展，是理解的过程。幼儿学习数学开始于动作，从具体到抽象，在幼儿的数数学习中，游戏变成了一个"支架"，帮助幼儿在反复游戏中，提升对数概念的理解，同时也帮助他们的思维水平从具体思维向抽象思维提升，回顾此次思维游戏的整个过程，让我看到了它带给幼儿的价值和意义。通过游戏，他们能够直观地感受到数学与日常生活的联系，增强了对数学的兴趣和好奇心，并且在游戏中进行了动手操作和亲身体验，这也有助于他们更好地理解和掌握数学知识。这就是游戏带给孩子们真正的价值内涵。

（二）游戏能够激发幼儿的情感体验

当我在观察幼儿游戏时，我总在想，游戏能给孩子带来什么呢？现在，我已经有答案了，对于小班孩子，游戏的直接体验与孩子的情感表达相关。游戏的体验首先来自于游戏的选择和参与，根据自己兴趣和能力选择游戏，积极地参与其中。本次游戏虽然是老师预设、带有目的的规则游戏，幼儿依旧在游戏中体验到了数学学习的乐趣和挑战。同时幼儿的情绪情感变化也会体现在经历成功和挫折的过程中，当完成游戏后会表现出自豪感，当面对挫折时会失望。还有，游戏带来了幼儿之间的互动，如嘟嘟请求棵棵帮助数数，以及棵棵帮助嘟嘟纠正错误，显示了他们之间的合作和互相学习。

（三）游戏让教师看懂了幼儿成长的每一刻

在游戏中，当我们深入剖析儿童在游戏中的一举一动时，不难发现，每一次的游戏，实则都是一次微妙的进步之旅。儿童在游戏中不断地练习、试错、调整，这种循环往复的过程，正是他们积累经验、提升技能的关键所在。细观孩子的每一次变化，我们从之前只关注幼儿的数学核心经验发展，到现在的能够静下心来逐字逐句对幼儿的行为、表情、语言以及动作进行详细地解读时，让我们真正看到幼儿的真游戏，看懂了游戏中不同幼儿不一样的学习经验。在本次游戏案例中，两位幼儿虽然呈现出非常大的差异性，但是通过反复游戏和互动，我们依然能看到两个孩子自己的最近发展区中有着不同的提升，棵棵在数数和理解游戏规则方面表现出色，尤其是对数量 4 的反复感知，这可能是他的最近发展区。嘟嘟则通过与棵棵的互动和反复尝试，逐步提高了自己的数数能力和对游戏规则的理解。

所以，孩子的游戏远非简单的"随意玩耍"，它蕴含着深远的教育意义，是孩子社会性发展的关键途径，是表达能力提升的宝贵舞台，更是学习品质塑造的隐形课堂。在游戏的世界里，老师扮演着重要的角色，需要仔细观察孩子们在游戏里的一举一动，还要懂得这些动作背后的意义，更好地帮助孩子们把游戏玩得更深入、更有意义。

专家点评

　　作为教师，最重要的任务就是支持幼儿的学习与发展，然而，这并不那么容易，因为这对教师专业素养有很高的要求。首先，教师要能辨别儿童在他当下的活动中可能会促进哪些方面的学习与发展，其次，教师要能理解幼儿的学习表现，最后，教师要能预测幼儿发展的进阶并提供幼儿所需要的支持。而在这个过程中，观察是必不可少也是极为关键的能力。要能真正看到幼儿在做什么，或理解为什么有这样的行为表现，需要教师能够搜集到幼儿活动中的相关资讯并能进行解释。也就是说教师绝不仅是看到幼儿游戏的样子，并且要记录下你看到了什么，而且要赋予它意义。教师能否完整而有效地搜集到信息并赋予它有价值的内涵，仰赖于教师已有的知识经验和观察力，这需要理论和实践经验的支撑。在这里需要强调的是，教师的观察应是有目的的，有结构性的，包含知道自己要观察什么，要如何观察，依据什么来解释观察到的信息等要素。

　　在上面的案例中我们可以看到，教师的观察具有结构性。首先，教师分析"伊咕抢萝卜"的游戏过程明确要观察的内容是幼儿感知数量的能力。小班幼儿是计数能力发展的关键时期，而计数的过程不仅促进其计数能力的发展、数概念的获得，还帮助幼儿理解数的逻辑：如数物对应、自然数的数差关系等，是对幼儿数学能力发展起重要作用的内容。所以，观察小班幼儿计数过程是有意义的。其次，教师是采取事件取样的方法对两名幼儿进行了持续观察，并记录和描述了他们的学习行为。教师描述幼儿游戏行为的过程中重点呈现了幼儿数数的过程和游戏的结合，说明教师的观察讯息是有预定范围的，保证了观察的有效性。再次，教师对幼儿行为的解释是有理论根据的。儿童数数能力是从点数到说出总数再到按数取物，而计数的过程有如下几个原则：一一对应、顺序无关、基数原则等。教师正是依据儿童数学认知发展理论对两名幼儿进行了分析，从而发现棵棵能够按数走棋子的步数，初步理解数的意义，而嘟嘟能做到一一对应点数，而还不理解数的意义，所以在按数走棋子时会出现不一致的情况。也是基于对发展理论的理解，教师能够看到幼儿在游戏中的发展并提供支持。另外，值得一提的是，教师能够看到幼儿游戏过程中对游戏规则的理解与熟练可能是幼儿数数能力表现的一个影响因素，并对此进行分析，这说明教师看到幼儿活动的完整性和融合性。

案例的呈现不仅是教师教育活动的记录，更是教师对教育活动"为何"和"何为"的思考，所以，优秀的活动案例需要在更广阔的视野下看到这二者之间的联系，并在实践中不断增强这种联系。

点评专家：浙江师范大学儿童发展与教育学院副教授　朱蓓凌

*此案例在萧山区第 3 届 HUI 玩游戏课程成果展示中交流

混龄室内游戏案例

小猪的泥房子

杭州市萧山区汇宇幼儿园　童佳丽　朱洁婷

题记：混龄游戏中的共同学习。

一、案例背景

时间：2024 年 4 月 22 日至 26 日

地点："陶哩陶气"泥工坊

人物：欣欣（大班）、柯柯（中班）、诺诺（中班）、弟弟（小班）

我园工坊游戏在经历了同年段一班一坊、同年段混班进坊的组织探索后，如今已进入混龄玩坊阶段，全园幼儿在每月月初的工坊招募会上自主选择某一工坊，并在该月的周一、三、五进坊开展混龄游戏。

在四月的工坊游戏中，柯柯、诺诺、弟弟三人在泥工坊相聚。他们先按照工坊"计划—工作—回顾"的流程，讨论本次游戏的内容——制作泥房子，并由柯柯执笔填写计划单（图 1）。接着，弟弟将泥块揉成一大团，用手捏出一个长方体立柱，兴奋地说："快看，我的大房子！"柯柯："这都没有门，也算房子吗？"

图1 泥房子计划单

弟弟："我画一个门不就好了？"诺诺："不行，房子里面是空心的。"三人的讨论引来了欣欣的加入，"什么房子？房子有很多样子的，三只小猪都有三种房子呢！"弟弟："我知道，我演过三只小猪！"

从孩子们的对话中我能感受到他们明显的年龄特点，小班弟弟捏出一个长方形体的立柱，是他发现的房子最明显的特征；中班柯柯和诺诺提出"房子要有门，里面是空心的"是对房子的基本特性的认知，而大班欣欣提出"房子有很多种类"是对房子种类的理解，在混龄游戏中，这样的场景是经常发生的。另外，四位孩子都对《三只小猪》这个故事中的房子感兴趣，是因为在阅读节活动中，弟弟参与了故事表演，其他几人也都听过、看过这一故事，小猪的房子给他们留下了深刻的印象。

二、案例描述

（一）歪倒的泥片房子

4 月 22 日，孩子们再次尝试做泥房子。诺诺："我想还是要做空心的房子。"柯柯："泥片围起来，中间就是空心的！"弟弟："好呀好呀，我们做泥片房子吧！"于是，柯柯递给弟弟一块泥："弟弟，和我一起做泥片。"柯柯将泥块揉搓成圆球，接着按成饼状，再用擀泥杖慢慢地前后交替滚动制成泥片，弟弟边看边模仿，当他用擀泥杖快速地前后一滚时，泥巴却紧紧粘在擀泥杖上了。弟弟向柯柯投去求助的眼神，柯柯并未

图2　歪倒的泥片房子

发现，弟弟只好自己反复擀泥，而柯柯快速地做了四片泥片，接着先将一块泥片铺在木板上当底座，再将另一泥片贴合底座边缘竖直放置，手指沾水在泥片连接处来回涂抹。当他用同样的方法组装第三片泥片时，泥墙变得歪歪扭扭，柯柯呼唤："弟弟，快帮我扶住这两块泥片！"弟弟赶忙两只手同时扶住两面墙，柯柯用力压了几秒泥片，"好了，我们放手吧。"但随着两人将手放开，泥片很快歪倒（图2）。

　　弟弟："为什么还倒了？"诺诺："会不会因为扶得不够久，泥片还没粘住，扶得久一点看？"柯柯点头赞同，接着将两块泥片小心地取下来，重新擀平，再将两块泥片组装到底座上，这次，不等柯柯呼唤，弟弟马上扶住。"1、2、3……"诺诺在边上数数计时，弟弟默默跟着数，"50，好了，这次好久了。"两人先后将两只手慢慢放开，泥片墙固定住了！"我再去拿点泥做屋顶！"柯柯兴奋地说，但当他拿来新泥，泥片又歪倒了……大家看着歪倒的泥巴房一筹莫展，弟弟困惑："这个泥房子怎么跟猪大哥的房子一样不牢固？"

　　游戏后的回顾环节，柯柯分享："我们今天用泥片做房子，但是泥片一直倒，试了两次都会倒，最后也没成功……"我："你觉得泥片为什么一直倒？"弟弟抢答："因为我们扶得不够久。"柯柯："不是的，后来扶了很久还是倒了，我觉得可能是泥片太大了，立不住。"我："小一点的泥片可以立住，房

子就不会倒了吗？"柯柯："小的泥片很奇怪，我也不知道……"我："不如再看看绘本故事，说不定有新发现。"于是大家重新阅读了《三只小猪》，弟弟手舞足蹈地指着猪小弟的房子说："砖头房最牢固，我们做一个泥砖房吧！"柯柯："对呀！砖头就是小的泥片！我们下次试一试！"

案例分析

　　混龄游戏中，同伴间的模仿学习是经常发生的，本案例中，擀泥是弟弟本不会的技能，但他却很自然地边看边模仿着柯柯的动作，只是还不能关注到"慢慢地前后滚"的细节，导致了他擀泥没有成功；当诺诺数数时弟弟也会默默跟数；当房子第二次需要扶住时，弟弟已经能够主动配合、完成帮助等。这些都是混龄游戏中幼儿共同学习的表现。另外，混龄幼儿一起游戏时，因认知水平的差异引发的讨论也能带给我们不同的启发。如幼儿在总结泥片歪倒的原因时，弟弟说出了游戏中柯柯曾经说过的理由，认为是扶的时间太短的原因，而柯柯则通过实践，已经调整了自己对这一原因的分析，认为可能与泥片形状大小有关系。无论是对于小班的弟弟还是中班的柯柯而言，在这样一次共同游戏中，他们对墙体的搭建都有了自己新的认知与学习。

（二）倒塌的泥砖房子

　　4 月 24 日上午，共同参与计划制订的四位孩子终于聚齐了，柯柯急着向欣欣汇报周一的情况："前天我们用泥片做房子但是失败了。"欣欣："什么情况？"诺诺："用来做墙面的泥片立不住，试了两次都不行，最后柯柯想到做泥砖房，但我们还没试过。"欣欣："这样啊，那我们用泥条一圈一圈绕着做吧！"，柯柯在边上小声说了句："可是这样的话……"没等他说完，弟弟已经跟着欣欣一起搓泥条了，于是柯柯也默默开始制作。接着，弟弟不断搓出细长的泥条，柯柯和欣欣将泥条一层层盘着绕上去，可到第五层时泥墙有了向外倾斜的迹象，柯柯立马用手将泥墙向中间压，泥墙稳定后，大家继续盘条垒高，可没过多久，墙面慢慢地不断向外歪倒，最后像花一样往外"盛开"了（图3）。

图3 "盛开"的盘条房

房子倒塌后，柯柯不断抿嘴。我看到后问："柯柯，你有什么想法想要和小朋友们分享吗？"柯柯深吸一口气，指了指泥工坊门口的墙壁说："我刚刚就想说，盘条像杯子，房子应该像墙上的砖头一样，都是方方的。"诺诺："对哦！猪小弟的房子是方方正正的砖头房！"于是，大家将之前的粗泥条掰成一段段的"泥砖"，接着，开始搭泥砖墙：欣欣在放置泥砖时会用手向下轻轻按压一下，柯柯、诺诺看到后效仿欣欣，弟弟却将泥砖拿在手中，在离泥墙还有2厘米高时松手让泥砖自由下落。诺诺看到弟弟搭的砖块一块突出一块凹进的情况，说："弟弟，你别搭了，房子会倒的。"弟弟听后不知所措，欣欣马上建议："我们重新分工好啦，我和弟弟一起吧！"于是接下来：弟弟、欣欣负责泥砖的制作，柯柯和诺诺进行组装搭建，最终制作了一个正方形泥砖房。

原来柯柯认为房子应该是方方正正的，而盘条的样子是圆的，在看到盘条房子倒塌后，大家都决定用新的方法进行尝试。在看到了欣欣放置泥砖时下压的动作后，柯柯和诺诺或许是看懂了，所以马上模仿，但弟弟对于伙伴们提出的要用方方的泥砖进行搭建的理解还不是很清楚，所以只是让泥砖随意落下，但诺诺却已经能够预判，这样"一块突出一块凹进"是会让房子倒塌的。为了照顾弟弟，又不影响房子质量，欣欣提出分组，并由自己来带弟弟工作，很好地体现了大班哥哥姐姐的担当。

图4　泥砖墙又倒塌了

下午，再次进坊时，泥砖房又倒塌了（图4）。孩子们左看右看，欣欣指出："难道是因为砖块有长有短、有方有扁才倒了？要做一模一样的砖才会成功。"弟弟妹妹纷纷点头赞成，接着分别提出了自己的制砖想法：弟弟认为可以搓长条制作；诺诺觉得在泥片上划出泥砖形状比较快；欣欣结合雪花酥制作经验，提议直接用刮刀将陶泥一块块切成长方体。三人谁也说服不了谁，最终用各自方式进行生产。

面对房子的倒塌，欣欣认为与砖块的形状大小不一致有关的观点，得到了大家的认同。但在制作方面，大家都有自己的想法。这个过程中，我们能感受到混龄游戏中，各年龄段的孩子都能够大胆地表达自己的想法，并试图说服对方接受自己的想法，这本就是非常好的表达与交往的机会。在大家谁也说服不了谁的时候，他们进行各自尝试，用行动证明的方式，互相尊重。

几分钟后，欣欣制作了十多块长方体泥砖，诺诺才划出四块大小一样的泥砖，而弟弟搓了好多长条，柯柯看到后惊讶："欣欣，你好厉害啊，怎么做出来的？"诺诺："是啊，教教我们吧！"于是，欣欣请大家跟着一起制作。可当欣欣在泥片上动作迅速地切第一刀的时候，柯柯、诺诺还在擀平泥片，"欣欣你慢点，我们跟不上啊……"欣欣皱眉不知道怎么办，突然，她转头看到了拉坯区的小斌正站在糖糖身后，手把手地教她制作瓶子，看了一会后欣欣说："我知道了！我们先做一块泥片。"欣欣看诺诺和柯柯的泥片是厚薄均匀的，但弟弟的泥片中间薄两边厚，于是欣欣将弟弟的泥片揉成泥团，再拉着弟弟的手抓住擀泥杖，在泥块上前后交替滚动，并强调："要慢慢地前后滚。"接着弟弟独自用擀泥杖缓缓前后滚动，成功制作泥片。"接下来切泥砖，把边上薄薄的切掉，留下中间一样厚的泥。"欣欣边说边拿刮刀在泥片四边用力一压，把泥片切成方形（图5）。柯柯、诺诺看到

图5　欣欣教授切泥砖

后开始尝试，欣欣则又握住弟弟的手进行教授。很快大家都除去了多余的泥片，欣欣继续说："手指放在泥片边边上，沿着手指切一切。"只见欣欣拿着刮刀沿着食指划线，再用力将刮刀按进泥片，前后滑动分割出泥条。很快，弟弟妹妹跟着欣欣做出了长方体泥砖。

在事实面前，大家欣然接受了欣欣的做法，并要求欣欣教教他们，我想这就是混龄游戏最大的价值。欣欣小老师教授的过程中，面对弟弟妹妹跟不上的情况，学习了边上幼儿的表现，马上调整自己的方法，并采用了分步教授的方法，先做一块泥、再切边、最后再划线，对能力最弱的弟弟，采用手把手教的方法，终于让弟弟也学会了使用擀泥杖，真的很棒。

案例分析

游戏观察后，我们运用鱼骨图对幼儿的游戏行为进行了记录与分析（图6），发现一些不同年龄段幼儿在一起学习的精彩之处：大班欣欣加入游戏后，马上

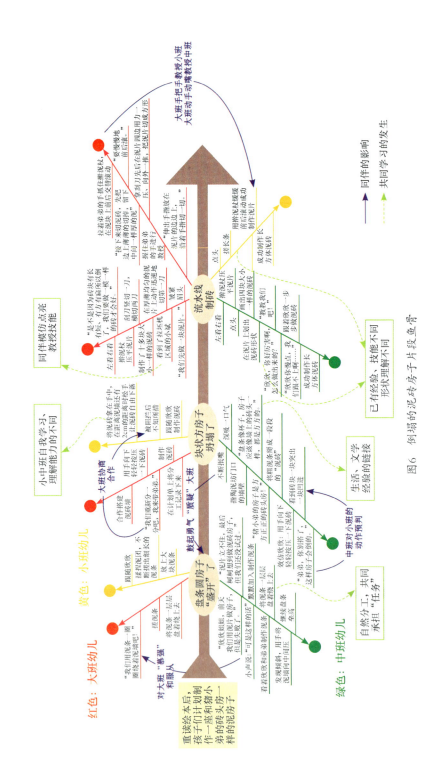

图 6 倒塌的泥砖房子片段鱼骨

成为核心人物，弟弟是完全听从和跟随的状态，而柯柯即使自己有想法也没有立马表达，而是在教师追问下才表达，让我们深深地感受到小中班弟弟妹妹对大班哥哥姐姐的"仰慕"；也看到了作为大班姐姐的欣欣，她确实能够更快抓住问题的关键，大胆地提出自己的想法，引领弟弟妹妹开展活动、解决问题。面对失败，她也能进一步听取弟弟妹妹的想法，尊重每个伙伴的建议，而不是一味地把自己的想法强加给他们。当弟弟妹妹在技能方面跟不上时，她又能化身小老师认真地教他们，还能针对弟弟妹妹的能力，对学习任务进行分层设计，特别是对弟弟的帮助，真是有方法、有耐心，确实很有哥哥姐姐的担当，也难怪她能在弟弟妹妹面前有这么高的"威信"，这些共同学习带来的效能也更令我相信儿童自身的力量！

（三）牢固的泥砖房子

4月26日再次进坊，在游戏前四人商定了本次的分工：柯柯、弟弟自告奋勇组装泥砖，诺诺和欣欣继续制作泥砖。正式游戏时，柯柯和弟弟很快制作了一张布满大半个木板的泥片，接着柯柯用木刀在泥片正上方来回比划，最终轻轻画了一个正方形。弟弟："为啥画个方块？"柯柯："这是房子的位置，等下在这上面搭墙不会歪。"弟弟边鼓掌边说："柯柯你好厉害呀！"柯柯听到后笑着挠了挠头，接着开始了第一层的搭建：柯柯拿起一块泥砖对着划线部分放下去，泥砖内侧与划线重合，接着轻轻向下按压了一下泥砖。弟弟认真看着，跟着也拿起泥砖放在划线处并向下按压。在柯柯的带领下，两人很快完成第一层。在放第二层砖时，柯柯将泥砖放在第一层两块砖中间，弟弟则是将泥砖重合搭高，柯柯看到后指着泥工坊门口的砖对弟弟说："你看，砖头要这样叠在两个中间，像搭积木一样。"弟弟连连点头，马上拿下泥砖重新放。

两人很快就将泥砖房搭建到六层的高度，此时边上的开开被吸引来，他手中的擀泥杖一不小心碰到了泥砖房，泥砖顿时四分五裂，弟弟生气地说："你把房子弄坏了，你赔。"开开低头："我不会搭……"柯柯拍了拍弟弟的肩膀："再搭一次也很快的。"弟弟："做好又被弄坏了怎么办？"欣欣笑着说："这

图7　第一次搭建的泥砖房

图8　泥浆胶水加固泥砖

次我们用上泥浆吧，它可以让泥砖粘得很牢。"（图7）

说完欣欣拿来一杯泥浆，用毛笔蘸取泥浆，均匀地涂在一块泥砖的上层，接着将泥砖倒扣放在另一块上，随后欣欣朝泥砖吹气、煽风了好一会儿，说："像这样，干了就会变得很牢。"（图8）弟弟好奇地拿着两块砖，很用力才把它们分开，"这个好！我们赶紧做一个更牢的房子吧。"于是，欣欣不断调试着泥浆，其余三人在泥砖的一面刷上泥浆，倒扣放置并按压，很快，泥砖房子恢复原样，诺诺时不时对着房子吹气，弟弟："要多久才会变牢啊？"欣欣："要好一会儿，不如我们放学的时候再来看看？"欣欣的建议得到了大家的赞同。

放学前，四人来到泥工坊，柯柯上手推了推墙壁，发现泥砖房一动不动，"我们成功啦！泥房子真的很牢固啦！"

 案例分析

柯柯在观察了砖头墙的结构特征后用交错放置的方法进行了第二层的泥砖

搭建，弟弟虽然认真看柯柯的动作但用的却是垂直放置的方法，这其实也是小中班学习方式差异的体现，中班有一定的自学能力，能将生活中观察到的现象运用在游戏中，小班却只能模仿，甚至需要哥哥姐姐提醒。

当泥砖房倒塌时，不同年龄幼儿对于事情处理的方式各有不同：弟弟想到的是谁弄坏谁赔偿，柯柯在安抚弟弟的同时提出重新做，欣欣则在思考后提出了解决方案。后续泥浆使用中我也看到了欣欣继续使用动手动嘴的教授方式，将自己的陶泥经验教给弟弟妹妹，而诺诺也很快吸收内化，如"时不时对着房子吹气"等细节，这些都是混龄游戏所带来的独特价值：小龄学习大龄、大龄帮助小龄、提升自身经验，共同学习、共同发展。

三、教师反思

泥房子的制作是孩子们自发生成的，看着孩子们一次次地制作泥房子，问题不断生发又不断被解决，这过程中，我被混龄的魅力以及三个年龄段孩子的智慧和成长所震撼。

（一）儿童不同年龄阶段的特点是混龄的优点

混龄的工坊游戏令我在"井然有序"中看到了三个年龄段孩子的特点：面对"做一模一样的泥砖"这一任务时，弟弟只想到搓长条，诺诺提出画一模一样的泥砖，欣欣却联系到生活经验从而想到制作长方体的泥砖。这三种不同的想法不仅没有带来游戏的"分裂"，反而令游戏的发展产生无限可能，我想这大概是游戏的真正价值：让儿童成为游戏的主人。

（二）儿童互相学习发生的状态是混龄的亮点

曾经我认为混龄游戏都是"大带小"，大龄很难学到什么，但回顾泥房子的游戏，我惊讶地发现，受益者并不是只有小龄，大龄也在互动中和小龄一起学习，得到自身的发展提升。制作泥砖时，小班学会了擀泥片的技能，中班学到了长方体泥砖的制作方式，而大班虽然在教弟弟妹妹，但学到了手把手教、动手动嘴两种教法。更让我相信混龄中的共同学习是真实发生的，虽然有时候看起来微弱渺小，但不能否认它的发生，应该相信水滴才能石穿，量变才能引起质变。

（三）只有静静跟随、默默支持才能读懂幼儿

泥房子的混龄游戏对我们老师而言也是观察、解读的新挑战，不仅要对三个年龄段幼儿的能力发展和最近发展区有清晰的认识，还要因时而动地提供有针对性的支持策略。一开始这"重担"令我焦虑，但当我认识到不同年龄特点带来了角色优势：大班像位"小老师"，不仅会做，更会教，点亮了教授技能；中班像块"夹心饼干"，不仅向上学习大班具备的技能，还将自身的技能向下传递给小班；小班像张"白纸"，在互动中自学新技能，较快达到最近发展区。这些学习成长令我诧异，更意识到我需要真正做到静下来观察、停下来倾听，追随他们在混龄中的主动学习、合作互动，也更需要阅读相关书籍汲取经验，精准把握最近发展区，更好地支持儿童，成为游戏的背后力量！

专家点评

社会建构主义学习理论认为学习是一个文化参与过程，学习者通过借助一定的文化支持参与某个学习共同体的实践活动来内化有关的知识，掌握有关的工具。也即，知识的建构不仅仅需要个体与物理环境的相互作用，还需要通过学习共同体的合作互动来完成，因此，同伴间的互动交流对于知识的生成具有重要作用，在此案例中三个年龄段的幼儿在工坊游戏中交流合作，让我们看到他们在混龄游戏中通过独特的互动来建构知识。案例从"歪倒的泥片房子—倒塌的泥砖房子—牢固的泥砖房子"三个部分依次递进，重点突出三个年龄段的

幼儿在混龄游戏中的行为表现：大班欣欣作为"小老师"面对应该怎么教的挑战、中班柯柯面对姐姐时学什么、面对弟弟时教什么的两个不同状态，以及小班弟弟遇到问题时怎么处理的能力，可以清晰地捕捉到四位幼儿在工坊混龄游戏中的年龄特点以及他们之间互相学习的一种状态的发生。

幼儿园混龄游戏是指将不同年龄段的幼儿混合在一起进行游戏活动。混龄游戏打破了传统的按年龄分班的模式，为幼儿提供了更多元的学习和交往机会。在混龄游戏中不同年龄段的幼儿可以相互学习、相互帮助，建立起平等、合作的社会关系。小龄幼儿可以向大龄幼儿学习知识、技能和经验，大龄幼儿可以帮助小龄幼儿解决问题、克服困难。在混龄游戏中，幼儿可以体验不同的社会角色，学习如何与他人相处，如何解决人际冲突，从而促进其社会性、思维能力和问题解决能力的发展。

案例中我们也看到：大班欣欣根据自身游戏经验带领弟弟妹妹做长方体泥砖，带来了游戏新方向；小班弟弟习得了搓长条等技能，较快达到最近发展区等等，这些行为表现更好地印证了教育差异是优势，即游戏中幼儿不同的年龄特点及水平差异是同龄游戏相对缺乏的一种优势，正是因为这种优势所在，能够让他们在互相学习的状态发生的时候共同得到各自的发展，形成了生态学上"互利互补互生"的关系。

另外，如何更好识别不同年龄幼儿的经验并提供分层支持对教师来说其实是一大挑战，从教师的分析反思中我们也能真切感知到教师自身对混龄游戏价值的认知和思考，也能看到教师在游戏中的对话介入、在游戏后的倾听等等的支持策略在一定程度上助推了游戏的深入，更让我们看到了教师在背后支持的力量。

点评专家：浙江师范大学儿童发展与教育学院　王春燕

*此案例在浙江师范大学专家团队入园活动中作交流

图书在版编目（CIP）数据

慧玩·慧研：幼儿园游戏共生实践的26个现场 / 俞春云编著. -- 杭州：浙江大学出版社，2025. 6.
ISBN 978-7-308-26286-6

Ⅰ. G613.7

中国国家版本馆CIP数据核字第2025P92N37号

慧玩·慧研：幼儿园游戏共生实践的26个现场

俞春云　编著

责任编辑	赵　静	
责任校对	董雯兰	
封面设计	周　灵	
出版发行	浙江大学出版社	
	（杭州市天目山路148号　邮政编码310007）	
	（网址：http://www.zjupress.com）	
排　　版	大千时代（杭州）文化传媒有限公司	
印　　刷	杭州杭新印务有限公司	
开　　本	710mm × 1000mm　1/16	
印　　张	21.25	
字　　数	300千	
版 印 次	2025年6月第1版　2025年6月第1次印刷	
书　　号	ISBN 978-7-308-26286-6	
定　　价	68.00元	